＝はじめに＝

　簿記は，１３〜１４世紀ごろイタリアの商人が考案し，１４９４年に僧侶で数学者であったルカ・パチョーリ（Luca　Pacioli）が「ズムマ（スンマ）」という世界最初の簿記書の中で複式簿記のシステムについて発表しました。日本には，１８７３年にアラン・シャンドの翻訳書「銀行簿記精法」，１８７４年に福沢諭吉がアメリカの商業学校で使用していた教科書を翻訳した「帳合之法　第二編」が出版され，ひろく紹介されました。以後，その頃までに完成された記帳技術は，資本主義経済の発展とともに世界各国で広く使われ，現在に至っています。

　簿記とは，帳簿に記入する技術を意味しますが，私たちは，普段の生活の中で簿記に身近に触れ合ってきました。例えば，小遣い帳や家計簿に小遣いや給料などの収入や食費，衣料費，交際費，公共料金などの支出を記入し，その時々の残高から現在の財政（財産）状態を把握しています。その時に使用する帳簿に記録・計算・整理する方法（技術）が「簿記」と言えます。

　今日の経済社会における企業は，その経済活動のすべてを簿記会計によって計数的にとらえながら，目的達成をめざしています。従業員の給料の支払い，備品の購入，商品の仕入れや売り上げなど，企業活動のすべてを数字におきかえ記録・計算し，そして企業や企業をとりまく利害関係者に会計情報として提供しています。提供された会計情報は，企業の経営者にとっては企業活動の方針決定のための判断材料として，また，株主や債務者，取引先などにとっても，さまざまな重要な判断をする材料となります。

　このように，簿記は家庭や企業のなかで，きわめて重要な役割を果たしているのです。

　本書は，初版発行以来，日頃担当している簿記の授業の経験をもとに，学習効果を上げる方法や検定試験に合格できる方法を十分に検討し，より使いやすく，学習効果の上がる問題集をめざして改訂を重ねてきました。

　簿記会計の学習にさいしては，頭を働かせて学習内容を知る，理解するというだけではなく，実際に問題に取り組み，頭と手を同時に働かせて，１問また１問と解答を紙に書いていかなければ，学習効果は上がりません。本書はこうした着実な学習ができるように，いろいろと工夫をこらして編集してあります。

　みなさんが，本書の解答欄をうめつくして実力をつけ，検定試験に合格して自信を得，さらに高度な簿記会計の学習に進まれることを期待します。

検定簿記問題研究会会員一同

3級勘定科目一覧表

以下の勘定科目は，全商3級簿記実務検定試験に出題されるものです。
該当ページは，本書の「学習のまとめ」や問題に初めて登場するページを表記しています。

ア　行

受　取　地　代	（うけとりちだい　　　）	6
受　取　手　数　料	（うけとりてすうりょう）	6
受　取　家　賃	（うけとりやちん　　　）	6
受　取　利　息	（うけとりりそく　　　）	6
売　　　　　上	（うりあげ　　　　　　）	6
売　　掛　　金	（うりかけきん　　　　）	4

カ　行

買　　掛　　金	（かいかけきん　　　　）	4
貸　倒　損　失	（かしだおれそんしつ　）	68
貸　倒　引　当　金	（かしだおれひきあてきん）	96
貸倒引当金繰入	（かしだおれひきあてきんくりいれ）	96
貸　付　金	（かしつけきん　　　　）	4
借　入　金	（かりいれきん　　　　）	4
仮　受　金	（かりうけきん　　　　）	76
仮　払　金	（かりばらいきん　　　）	76
給　　　　料	（きゅうりょう　　　　）	6
繰　越　商　品	（くりこししょうひん　）	52
減　価　償　却　費	（げんかしょうきゃくひ）	98
現　　　　金	（げんきん　　　　　　）	4
広　　告　　料	（こうこくりょう　　　）	6
交　　通　　費	（こうつうひ　　　　　）	6
小　口　現　金	（こぐちげんきん　　　）	50

サ　行

雑　　　　費	（ざっぴ　　　　　　　）	6
仕　　　　入	（しいれ　　　　　　　）	6
支　払　地　代	（しはらいちだい　　　）	6
支　払　手　数　料	（しはらいてすうりょう）	85
支　払　家　賃	（しはらいやちん　　　）	6
支　払　利　息	（しはらいりそく　　　）	6
資　　本　　金	（しほんきん　　　　　）	4

車　両　運　搬　具 ほか

車　両　運　搬　具	（しゃりょううんぱんぐ）	82
従　業　員　預　り　金	（じゅうぎょういんあずかりきん）	76
従　業　員　立　替　金	（じゅうぎょういんたてかえきん）	76
商　　　　品	（しょうひん　　　　　）	4
商　品　売　買　益	（しょうひんばいばいえき）	54
商　品　売　買　損	（しょうひんばいばいそん）	
消　耗　品　費	（しょうもうひんひ　　）	6
所　得　税　預　り　金	（しょとくぜいあずかりきん）	76
水　道　光　熱　費	（すいどうこうねつひ　）	6
損　　　　益	（そんえき　　　　　　）	30

タ　行

建　　　　物	（たてもの　　　　　　）	4
通　　信　　費	（つうしんひ　　　　　）	6
定　期　預　金	（ていきよきん　　　　）	43
当　座　預　金	（とうざよきん　　　　）	43
土　　　　地	（とち　　　　　　　　）	4

ハ　行

発　　送　　費	（はっそうひ　　　　　）	52
備　　　　品	（びひん　　　　　　　）	4
普　通　預　金	（ふつうよきん　　　　）	43
保　　険　　料	（ほけんりょう　　　　）	85

マ　行

前　　受　　金	（まえうけきん　　　　）	76
前　　払　　金	（まえばらいきん　　　）	76
未　　収　　金	（みしゅうきん　　　　）	76
未　収　入　金	（みしゅうにゅうきん　）	76
未　　払　　金	（みはらいきん　　　　）	76

ラ　行

旅　　　　費	（りょひ　　　　　　　）	85

〈凡　例〉

◀頻出!!・・・検定試験によく出題されている問題

⩕進んだ学習・・・2級で学習する論点

もくじ

第1章　簿記の基本

① 資産・負債・純資産―貸借対照表―

①資　　産

企業が所有している**財貨**（金銭や物品）および**債権**（将来，金銭などを受け取ることができる権利）が**資産**である。

財貨には，**現金・商品*・備品・建物・土地**などがある。

債権には，**売掛金・貸付金**などがある。

*商品売買の取引を3分法によって記帳している場合，商品の在庫は「繰越商品」として扱われ，貸借対照表には「商品」として表示される。

②負　　債

企業が負っている**債務**（将来，金銭の支払いなどをおこなわなければならない義務）が**負債**である。

債務には，**買掛金・借入金**などがある。

負債は，将来返済しなければならないので，企業の資産を減少させる性質をもっている。

③純　資　産

企業が所有している資産の総額から負債の総額を差し引いて残った資産を純資産という。

$$\boxed{資　産} - \boxed{負　債} = \boxed{純　資　産}$$

純資産には，**資本金**などがある。

④貸借対照表 (balance sheet ; B/S)

貸借対照表は，左側に資産を，右側に負債と純資産を記入して作成する。次の等式を，**貸借対照表等式**という。

$$\boxed{資　産} = \boxed{負　債} + \boxed{純　資　産}$$

この式を表にしたものが，**貸借対照表**であり，それは企業の一定時点の財政状態を明らかにする。

⑤純利益（当期純利益）・純損失（当期純損失）の計算

純損益の計算をするために区切られた期間を**会計期間**といい，会計期間のはじめを**期首**，終わりを**期末**という。1会計期間の当期純利益または当期純損失は，次の式で計算することができる。

期末純資産 － 期首純資産 ＝ 当期純利益（マイナスは**当期純損失**）

練習問題

解答 ▶ p.2

1-1 次の各項目のうち，資産に属するものにはA，負債に属するものにはB，純資産に属するものにはCを，それぞれ（　）のなかに記入しなさい。

1．繰越商品（　　　）　2．資本金（　　　）　3．貸付金（　　　）　4．備　品（　　　）
5．売掛金（　　　）　6．現　金（　　　）　7．買掛金（　　　）　8．建　物（　　　）
9．借入金（　　　）　10．土　地（　　　）

1-2 山形商店の資産・負債は，次のとおりであった。よって，貸借対照表の（　）のなかに金額を記入しなさい。

現　金　¥286,900　売掛金　¥733,100
繰越商品　¥250,400　備　品　¥359,600
買掛金　¥358,700　借入金　¥271,300

貸 借 対 照 表

資　産 （¥　　　　　　）	負　債 （¥　　　　　　）
	純 資 産 （¥　　　　　　）

1-3 三重商店の1月1日（期首）の資産および負債は，次のとおりであった。よって，貸借対照表を完成しなさい。

現　　金	¥ 301,900	売　掛　金	¥564,700	繰越商品	¥612,800
建　　物	¥1,827,400	備　　　品	¥463,200	買　掛　金	¥635,700
借　入　金	¥ 715,300				

貸　借　対　照　表

（　　）商　店　　　　　　　　令和○年　月　日

資　　産	金　　額	負債および純資産	金　　額

1-4 前問の三重商店の12月31日（期末）の資産および負債は，次のとおりであった。よって，貸借対照表を完成しなさい。

現　　金	¥ 473,700	売　掛　金	¥610,200	繰越商品	¥596,100
建　　物	¥1,827,400	備　　　品	¥463,200	買　掛　金	¥475,800
借　入　金	¥ 756,800				

貸　借　対　照　表

（　　）商　店　　　　　　　　令和○年　月　日

資　　産	金　　額	負債および純資産	金　　額

1-5 次の空欄の金額を計算しなさい。ただし，不必要な欄には斜線を引くこと。

	期首資産	期首負債	期首純資産	期末資産	期末負債	期末純資産	純利益	純損失
1	695,000	295,000		851,000	365,000			
2	583,000			464,000	290,000	90,000		

② 収益・費用―損益計算書―

学習のまとめ

① 収　　益

経営活動によって，純資産が増加する原因となることがらを**収益**という。収益には，**売上・受取手数料・受取家賃・受取利息・受取地代**などがある。

② 費　　用

経営活動によって，純資産が減少する原因となることがらを**費用**という。費用には，**仕入・給料・広告料・通信費・消耗品費・水道光熱費・支払家賃・交通費・雑費・支払利息・支払地代**などがある。

③ 純利益・純損失の計算

1会計期間の収益の総額から費用の総額を差し引いた差額が当期純利益（マイナスは当期純損失）である。

　　　収益の総額 － **費用の総額** ＝ **当期純利益**　　（マイナスは**当期純損失**）

④ 損益計算書（profit and loss statement ; P/L）

純利益を計算する式の費用の総額を右側に移し，左側と右側を入れかえると，次の等式が導かれる。この等式を**損益計算書等式**という。　　**費用の総額** ＋ **当期純利益** ＝ **収益の総額**

この式を表にしたものが，**損益計算書**であり，それは企業の一定期間の経営成績を明らかにする。

損益計算書等式　　　　　損 益 計 算 書

| 収　益 16,000 | － | 費　用 12,000 | ＝ | 純利益 4,000 | ⇒ | 費　用 12,000 | ＋ | 純利益 4,000 | ＝ | 収　益 16,000 | ⇒ | 費　用 12,000 / 純利益 4,000 | 収　益 16,000 |

純損失の場合の損益計算書等式は，次のようになる。

　　　費用の総額 ＝ **収益の総額** ＋ **当期純損失**

貸借対照表によって得られる当期純利益（損失）と，損益計算書によって得られる当期純利益（損失）は，必ず一致する。なお，損益計算書の当期純利益（損失）は赤字*で記入する。また，「売上」は「売上高」，「仕入」は「売上原価」と表示する。　　　　　　　　　　＊黒字で記入する場合もある。

練 習 問 題

解答 ▶ p.3

2-1　次の各項目のうち，収益に属するものにはA，費用に属するものにはBを，それぞれ（　）のなかに記入しなさい。

　　1．交 通 費（　　　）　2．受 取 利 息（　　　）　3．給　　料（　　　）
　　4．支 払 家 賃（　　　）　5．仕　　入（　　　）　6．売　　上（　　　）
　　7．消 耗 品 費（　　　）　8．水道光熱費（　　　）　9．受取手数料（　　　）

2-2　各商店の収益および費用の資料から，当期純損益を計算しなさい。

〔京都商店〕　売　　　上　¥764,900　　仕　　　入　¥583,200　　水道光熱費　¥ 41,700

〔山口商店〕　売　　　上　¥913,500　　受 取 利 息　¥ 4,800　　仕　　　入　¥670,200
　　　　　　　給　　　料　¥239,100　　広 告 料　¥ 84,500　　支 払 利 息　¥ 6,700

京都商店	当期純（　　　　　）¥	山口商店	当期純（　　　　　）¥

2-3　芦屋商店の1会計期間の収益および費用は，次のとおりであった。よって，損益計算書の（　）のなかに金額を記入しなさい。

売　　　上 ¥965,300　受取手数料 ¥ 21,400
仕　　　入 ¥587,300　給　　　料 ¥196,400
広 告 料 ¥ 72,900　通 信 費 ¥ 15,400
水道光熱費 ¥ 36,400

損 益 計 算 書

費用（¥　　　　　）	収益（¥　　　　　）
当期純利益（¥　　　　　）	

2-4 次の空欄の金額を計算しなさい。ただし，不必要な欄には斜線を引くこと。

	期首純資産	期末資産	期末負債	期末純資産	収益総額	費用総額	純 利 益	純 損 失
1	270,000	1,300,000		350,000	680,000			
2		891,000	456,000			745,000	50,000	／
3	581,000		423,000		946,000	984,000		

2-5 千葉商店における1月1日から12月31日までに発生した収益および費用は，次のとおりであった。よって，損益計算書を完成しなさい。

売 上	¥2,865,700	受取手数料	¥341,900	仕 入	¥1,543,600
給 料	¥872,900	広 告 料	¥238,300	通 信 費	¥149,500
雑 費	¥67,100				

損 益 計 算 書

（　　　）商 店　　　　令和○年　　月　　日から令和○年　　月　　日まで

費 用	金 額	収 益	金 額

2-6 岡山商店における1月1日から12月31日までの収益および費用の発生高は，次のとおりであった。よって，損益計算書を完成しなさい。

売 上	¥596,300	仕 入	¥309,800	給 料	¥156,400
広 告 料	¥72,300	通 信 費	¥91,500	消耗品費	¥84,600
雑 費	¥7,200				

損 益 計 算 書

（　　　）商 店　　　　令和○年　　月　　日から令和○年　　月　　日まで

費 用	金 額	収 益	金 額

総合問題Ⅰ

解答 ▶ p.4

1 弘前商店の下記の資料によって，次の金額を計算しなさい。

a．費 用 総 額　　　b．期末の純資産

資　　　料
- i　期首の資産総額　　¥3,190,000
- ii　期首の負債総額　　¥1,419,200
- iii　期間中の収益総額　¥5,678,000
- iv　当 期 純 利 益　¥ 523,700

a	b
¥	¥

2 令和○年1月1日に，現金¥1,000,000と備品¥400,000を元入れして開業した東京商店の12月31日における資産・負債およびこの期間の収益・費用は，下記のとおりである。なお，仕入れた商品はすべて販売済である。よって，

(1)損益計算書を完成しなさい。

(2)期末の貸借対照表を完成しなさい。

現　　金 ¥ 724,600	売 掛 金 ¥ 769,800	建　　物 ¥ 980,000
備　　品 385,600	買 掛 金 721,700	借 入 金 500,000
売　　上 934,600	受取手数料 152,700	仕　　入 349,800
給　　料 172,500	通 信 費 61,600	水道光熱費 79,600
支払家賃 140,000	雑　　費 27,500	支 払 利 息 18,000

(1)
損 益 計 算 書
（　　）商店　　　令和○年　月　日から令和○年　月　日まで

費　　用	金　　額	収　　益	金　　額

(2)
貸 借 対 照 表
（　　）商店　　　令和○年　月　日

資　　産	金　　額	負債および純資産	金　　額

3 次の各文の[＿＿＿＿]にあてはまるもっとも適当な語を，下記の語群のなかから選び，その番号を記入しなさい。

a．企業の簿記は，経営活動に関する金銭や物品などと事業主個人の生活で使用する現金や物品などを区別し，記録・計算・整理することを前提としている。この前提条件を[＿ア＿]という。

(第92回一部修正)

b．企業は，一定時点の[＿＿イ＿＿]を明らかにするために，貸借対照表を作成する。この表を期末に作成する場合には，期末純資産を期首の[＿＿ウ＿＿]と当期純利益（または当期純損失）に分けて記載する。

(第46回一部修正)

語群
| 1．財 政 状 態 | 2．経 営 成 績 | 3．貨幣金額表示 | 4．支 払 利 息 |
| 5．会 計 期 間 | 6．資 本 金 | 7．会 計 単 位 | 8．費 用 |

a		b
ア	イ	ウ

4 押上商店の令和○年12月31日における資産・負債および令和○年1月1日から12月31日までの収益・費用は，下記のとおりである。よって，損益計算書と貸借対照表を完成しなさい。ただし，仕入れた商品はすべて販売済である。なお，期首の資本金は¥1,000,000であった。

現　　金	¥ 420,000	売　掛　金	¥ 670,000	建　　　物	¥ 830,000
備　　品	200,000	買　掛　金	580,000	借　入　金	380,000
売　　上	993,000	受取手数料	60,000	仕　　　入	400,000
給　　料	110,000	広　告　料	180,000	支 払 家 賃	160,000
雑　　費	30,000	支 払 利 息	13,000		

損　益　計　算　書

（　　　）商店　　　令和○年　　月　　日から令和○年　　月　　日まで

費　　用	金　　額	収　　益	金　　額

貸　借　対　照　表

（　　　）商店　　　令和○年　　月　　日

資　　産	金　　額	負債および純資産	金　　額

③ 取引と勘定

①取引

資産・負債・純資産に増減が生じることがらを，簿記では**取引**という。収益・費用の発生は，資産・負債・純資産の増減をともなうので，取引となる。

簿記では，このような取引を簿記上の取引として，記帳の対象とする。

②勘定・勘定科目・勘定口座

資産・負債・純資産の増加・減少，収益・費用の発生・消滅を明らかにするために，具体的な項目（種類）別に設けた記録・計算の単位を**勘定**という。それぞれの勘定の名称を**勘定科目**という。また，それぞれの勘定の増加・減少を記録する帳簿上の場所を**勘定口座**（標準式と残高式）という。学習上略式のT字形を用いることが多い。簿記では，左側を**借方**，右側を**貸方**という。

［標準式］　　　　現　金

令和○年	摘　要	仕丁	借　方	令和○年	摘　要	仕丁	貸　方

［残高式］　　　　現　金

令和○年	摘要	仕丁	借　方	貸　方	借または貸	残　高

［略式のT字形］

現　　金

（借　方）	（貸　方）

③勘定口座の記入法

	資産の勘定	負債・純資産の勘定
貸借対照表	増加を借方，減少を貸方に記入	増加を貸方，減少を借方に記入
	費用の勘定	収益の勘定
損益計算書	発生を借方，消滅を貸方に記入	発生を貸方，消滅を借方に記入

（借方）　貸借対照表　（貸方）

資　産	負　債
	純資産

（借方）　資　産　（貸方）

| 増　加 | 減　少 |

（借方）　負　債　（貸方）

| 減　少 | 増　加 |

（借方）　純資産　（貸方）

| 減　少 | 増　加 |

（借方）　損益計算書　（貸方）

| 費　用 | 収　益 |

（借方）　収　益　（貸方）

| 消　滅 | 発　生 |

（借方）　費　用　（貸方）

| 発　生 | 消　滅 |

④取引要素の結合関係

取引を構成する要素を**取引要素**という。取引要素は借方4要素と貸方4要素からなり，これを取引の8要素という。すべての取引は，必ず，借方要素と貸方要素との結びつきから成り立っている。これを**取引の二重性**という。一つの取引における借方要素と貸方要素は，それぞれ一つとは限らない。

〈取引の8要素の結合関係〉

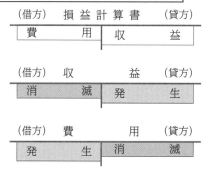

（借方要素）／（貸方要素）
資産の増加／資産の減少
負債の減少／負債の増加
純資産の減少／純資産の増加
費用の発生／収益の発生

（注）点線で結んだ取引要素の結合はまれにしか生じない。

⑤貸借平均の原理

一つの取引で，借方の金額と貸方の金額は必ず一致する。借方の金額は借方に，貸方の金額は貸方に転記するので，すべての勘定口座の借方金額の合計額と貸方金額の合計額とは必ず一致する。これを**貸借平均の原理**という。

練習問題　　　　　　　　　　　　　　　　　　　解答 ▶ p.5

3-1 次のことがらのうち，簿記上の取引にはAを，簿記上の取引でないものにはBをつけなさい。
(1)倉庫に保管していた商品¥700,000が焼失した。…………………………………(　　)
(2)得意先へ商品¥300,000を売る約束をした。………………………………………(　　)
(3)営業用のトラック¥2,500,000を買い入れ，代金は月末に支払うことにした。……(　　)
(4)1か月¥80,000で土地を借りる契約をした。………………………………………(　　)
(5)店先の商品¥30,000を盗まれた。……………………………………………………(　　)

3-2 次の勘定科目を，資産・負債・純資産・収益・費用に分類し，その番号を記入しなさい。
1. 現　　金　　2. 建　　物　　3. 資本金　　4. 売　　上
5. 買 掛 金　　6. 雑　　費　　7. 受取手数料　　8. 貸 付 金
9. 受 取 利 息　10. 備　　品　11. 売 掛 金　12. 給　　料
13. 借 入 金　14. 土　　地　15. 消耗品費　16. 広 告 料
17. 繰 越 商 品　18. 水道光熱費　19. 支払利息　20. 仕　　入

資　産:	収　益:
負　債:	費　用:
純資産:	

3-3 次の勘定科目のうち，貸借対照表に属する勘定科目にはB/S，損益計算書に属する勘定科目にはP/Lを（　）のなかに記入しなさい。
(1)広 告 料（　　）　　(2)受 取 利 息（　　）　　(3)繰 越 商 品（　　）
(4)買 掛 金（　　）　　(5)資 本 金（　　）　　(6)支 払 利 息（　　）

3-4 次に示した勘定の（　）のなかに増加または発生・減少または消滅の文字を記入しなさい。

資　　　産		負　　　債		純 資 産	
(　　　)	(　　　)	(　　　)	(　　　)	(　　　)	(　　　)

収　　　益		費　　　用	
(　　　)	(　　　)	(　　　)	(　　　)

3-5 次の各勘定口座に記入してある(a)〜(j)の金額は，増加または発生の記入か，減少または消滅の記入か，答えなさい。

現　　金		売 掛 金		売　　上	
(a) 1,680,000	(b) 590,000	(c) 670,000	(d) 150,000		(e) 890,000

給　　料		資 本 金		買 掛 金	
(f) 220,000			(g) 50,000	(h) 700,000	(i) 150,000	(j) 370,000

(a)	(b)	(c)	(d)	(e)	(f)	(g)	(h)	(i)	(j)

3-6 次の各勘定の勘定口座に記入する場合，増加（発生）の記入は借方か貸方か，（　）のなかに記入しなさい。

(1)備　　　品（　　　　　）　　(2)受取手数料（　　　　　）　　(3)給　　　料（　　　　　）

(4)資　本　金（　　　　　）　　(5)売　掛　金（　　　　　）　　(6)借　入　金（　　　　　）

(7)現　　　金（　　　　　）　　(8)通　信　費（　　　　　）　　(9)消耗品費（　　　　　）

3-7 次のことがらは，それぞれの勘定の借方・貸方のどちら側に記入されるか，（　）のなかに記入しなさい。

(1)現金を借り入れた。………現金勘定の（　　　　）方と借入金勘定の（　　　　）方に記入する。

(2)商品を掛けで仕入れた。…仕入勘定の（　　　　）方と買掛金勘定の（　　　　）方に記入する。

(3)地代を現金で支払った。…現金勘定の（　　　　）方と支払地代勘定の（　　　　）方に記入する。

(4)買掛金を現金で支払った。
　　　　　　　　　　…現金勘定の（　　　　）方と買掛金勘定の（　　　　）方に記入する。

(5)備品を現金で購入した。…備品勘定の（　　　　）方と現金勘定の（　　　　）方に記入する。

(6)雑費を現金で支払った。…現金勘定の（　　　　）方と雑費勘定の（　　　　）方に記入する。

(7)売掛金を現金で受け取った。
　　　　　　　　　　…現金勘定の（　　　　）方と売掛金勘定の（　　　　）方に記入する。

(8)給料を現金で支払った。…現金勘定の（　　　　）方と給料勘定の（　　　　）方に記入する。

3-8 次の取引要素について，借方要素の場合は（借方），貸方要素の場合は（貸方）と，（　）のなかに記入しなさい。

(1)資産の増加（　　　　）　　(2)費用の発生（　　　　）　　(3)負債の増加（　　　　）

(4)純資産の減少（　　　　）　　(5)収益の発生（　　　　）　　(6)資産の減少（　　　　）

(7)負債の減少（　　　　）　　(8)純資産の増加（　　　　）

3-9 次の(1)と(2)の取引要素について，それぞれ結合の可能なものを選び，（　）のなかに○印を記入しなさい。

(1)資産の増加─┌ 負債の増加（　　　　）　　(2)負債の減少─┌ 資産の減少（　　　　）
　　　　　　　│ 純資産の増加（　　　　）　　　　　　　　│ 負債の増加（　　　　）
　　　　　　　│ 費用の発生（　　　　）　　　　　　　　　│ 費用の発生（　　　　）
　　　　　　　└ 収益の発生（　　　　）　　　　　　　　　└ 純資産の減少（　　　　）

3-10 次の取引は，右記に示したどの取引要素の結合関係にあたるか，記号で答えなさい。

(1)店主が現金￥650,000を元入れして営業を開始した。（　　　　）　　a．費用発生−負債増加

(2)営業用の金庫￥210,000を購入し，現金で支払った。（　　　　）　　b．費用発生−資産減少

(3)商品￥340,000を掛けで仕入れた。………………………（　　　　）　　c．資産増加−純資産増加

(4)借入金￥120,000を現金で返済した。……………………（　　　　）　　d．負債減少−資産減少

(5)給料￥160,000を現金で支払った。………………………（　　　　）　　e．資産増加−収益発生

(6)手数料￥70,000を現金で受け取った。…………………（　　　　）　　f．資産増加−資産減少

3-11 次の取引は，下記に示したどの取引要素の結合関係にあたるか，記号で答えなさい。

(1)商品￥2,000,000を買い入れ，代金のうち￥1,200,000は現金で支払い，残額は掛けとした。
　　………………………………………………………………………………（　　　　）

(2)商品￥75,000を売り渡し，代金は掛けとした。………………………………（　　　　）

(3)借入金￥80,000とその利息￥1,000を現金で支払った。……………………（　　　　）

a．費用の発生─┌ 資産の減少
　　　　　　　└ 負債の増加　　b．┌ 負債の減少
　　　　　　　　　　　　　　　　　└ 費用の発生 ─→ 資産の減少　　c．資産の増加──収益の発生

3-12 次の取引について，**例**にならって取引要素の結合関係を示しなさい。ただし，（ ）のなかには勘定科目を記入すること。

例 従業員に本月分の給料￥180,000を現金で支払った。

費 用 の 発 生（給 料）￥180,000──資 産 の 減 少（現 金）￥180,000

(1)現金￥700,000を元入れして営業を開始した。
(2)商品￥300,000を仕入れ，代金は掛けとした。
(3)商品￥76,000を売り渡し，代金は現金で受け取った。
(4)買掛金￥200,000を現金で支払った。
(5)広告料￥50,000を現金で支払った。
(6)銀行から￥140,000を借り入れ，現金で受け取った。

(1)	＿＿ の ＿＿（ ）	￥ 700,000──	＿＿ の ＿＿（ ）	￥ 700,000
(2)	＿＿ の ＿＿（ ）	￥ 300,000──	＿＿ の ＿＿（ ）	￥ 300,000
(3)	＿＿ の ＿＿（ ）	￥ 76,000──	＿＿ の ＿＿（ ）	￥ 76,000
(4)	＿＿ の ＿＿（ ）	￥ 200,000──	＿＿ の ＿＿（ ）	￥ 200,000
(5)	＿＿ の ＿＿（ ）	￥ 50,000──	＿＿ の ＿＿（ ）	￥ 50,000
(6)	＿＿ の ＿＿（ ）	￥ 140,000──	＿＿ の ＿＿（ ）	￥ 140,000

3-13 次の取引を勘定口座に記入しなさい。ただし，勘定口座には，日付と金額を記入すること。

4月1日 現金￥2,000,000を出資して開業した。
2日 営業用の机・いすなどの備品￥270,000を買い入れ，代金は現金で支払った。
7日 商品￥600,000を仕入れ，代金は掛けとした。
12日 商品￥400,000を売り渡し，代金は掛けとした。
14日 売掛金￥200,000を現金で受け取った。
20日 買掛金￥300,000を現金で支払った。
26日 本月分の従業員給料￥80,000を現金で支払った。
30日 雑費￥16,000を現金で支払った。

現 金 ／ 売 掛 金 ／ 備 品 ／ 買 掛 金 ／ 資 本 金 ／ 売 上 ／ 仕 入 ／ 給 料 ／ 雑 費

仕訳と勘定への記入

1 仕 訳

取引が発生した場合に，①どの勘定科目に記入するのか，②借方・貸方のどちら側に記入するのか，③いくらの金額を記入するのか，を決めることを**仕訳**という。

2 転 記

取引が発生すると，まず，仕訳をして，次に仕訳をもとにして勘定口座に記入する。これを**転記**という。

＜転記の方法＞

①借方に仕訳した勘定科目は，その勘定口座の借方に日付と金額を記入する。

②貸方に仕訳した勘定科目は，その勘定口座の貸方に日付と金額を記入する。

例 4月1日 現金￥*10,000*を元入れして営業を開始した。

（仕訳）4/1（借方）現 金 *10,000* （貸方）資 本 金 *10,000*

（転記）

練 習 問 題

解答 ▶ p.6

4-1 次の取引の仕訳を示しなさい。

5/ 1 現金￥*2,500,000*を元入れして営業を始めた。

 4 商品￥*780,000*を現金で仕入れた。

 6 現金￥*700,000*を借り入れた。

 8 商品￥*310,000*を掛けで売り渡した。

 15 備品￥*300,000*を現金で買い入れた。

 20 商品売買の仲介をして，手数料￥*50,000*を現金で受け取った。

 25 給料￥*130,000*を現金で支払った。

 27 商品￥*400,000*を現金で売り渡した。

 30 売掛金のうち￥*160,000*を現金で回収した。

 31 借入金￥*350,000*と利息￥*2,000*をともに現金で返済した。

	借 方	貸 方
5/ 1		
4		
6		
8		
15		

5/20		
25		
27		
30		
31		

4-2 前問の仕訳を下記の各勘定口座に転記しなさい。ただし，勘定口座には，日付と金額を記入すること。

現　　　金		売　掛　金	

		備　　　品	

借　入　金		資　本　金	

売　　　上		受　取　手　数　料	

仕　　　入		給　　　料	

支　払　利　息	

4-3 前問の各勘定口座の，借方金額の合計額と貸方金額の合計額は，いくらで一致するか答えなさい。

借方金額の合計額と貸方金額の合計額の一致額	￥

4-4 次の取引の仕訳を示し，下記の勘定口座に転記しなさい。ただし，勘定口座には，日付と金額を記入し，（　）のなかには適切な語を記入すること。

6/10　現金￥2,000,000を銀行から借り入れた。

18　山梨商店から商品￥600,000を仕入れ，代金のうち￥200,000は現金で支払い，残額は掛けとした。

20　長野商店に商品￥400,000を売り渡し，代金は現金で受け取った。

25　給料￥180,000を現金で支払った。

	借　　　　方	貸　　　　方
6/10		
18		
20		
25		

資産の勘定　現　金

（　　）の勘定　（　　）　借入金

（　　）の勘定　売上

費用の勘定　仕入　（　　）

4-5 次の取引の仕訳を示しなさい。

(1)甲府商店は，現金￥800,000と建物￥1,200,000を元入れして開業した。

(2)商品陳列用ケース￥250,000を買い入れ，代金は現金で支払った。

(3)静岡商店から商品￥780,000を仕入れ，代金のうち￥580,000は現金で支払い，残額は掛けとした。

(4)事務所用建物の家賃￥120,000を現金で支払った。

(5)中部銀行から￥500,000を借り入れ，現金で受け取った。

(6)長野商店に商品￥390,000を売り渡し，代金は掛けとした。

(7)長野商店の売掛金のうち￥250,000を現金で回収した。

(8)静岡商店の買掛金のうち￥100,000を現金で支払った。

(9)従業員の給料￥150,000を現金で支払った。

(10)名古屋商店に商品￥600,000を売り渡し，代金のうち￥150,000は現金で受け取り，残額は掛けとした。

(11)商品売買の仲介をおこない，手数料￥36,000を現金で受け取った。

(12)事務用文房具￥8,000を買い入れ，代金は現金で支払った。

	借　　　　　　方	貸　　　　　　方
(1)		
(2)		
(3)		
(4)		
(5)		
(6)		
(7)		
(8)		
(9)		
(10)		
(11)		
(12)		

5 仕訳帳と総勘定元帳

①仕　訳　帳

すべての取引の仕訳を発生順に記入する帳簿を**仕訳帳**という。仕訳帳により，営業活動を一覧できる。

①仕訳をして，同じ側に勘定科目が二つ以上あるときは，その上の行に**諸口**（カッコなし）と記入する。

②取引の簡単な説明を記入する。これを**小書き**という。

②総勘定元帳

すべての勘定口座を設けた帳簿を**総勘定元帳**という。または**元帳**という。

③総勘定元帳の摘要欄には，その取引の相手科目を記入する。

勘定口座の番号
またはページ数を書く欄

仕　訳　帳　　　　1

仕訳帳の
ページ数

令和○年		摘　　要	元丁	借　方	貸　方
4	1	（仕　　入）　　諸　　口①	20	100,000	
		（現　　金）	1		80,000
		（買　掛　金）	14		20,000
		長浜商店から仕入れ②			

転記をした
あとに書く

総　勘　定　元　帳

仕訳帳のページ数を書く欄

仕訳が記入されている
仕訳帳のページ数を書く

現　　金　　　　1

令和○年	摘　要	仕丁	借　方	令和○年	摘　要	仕丁	貸　方
				4　1	仕　入③	1	80,000

各勘定口座
の番号また
はページ数

買　掛　金　　　　14

| | | | | 4　1 | 仕　入③ | 1 | 20,000 |

仕　　入　　　　20

| 4 | 1 | 諸　　口③ | 1 | 100,000 | | | |

③主　要　簿

仕訳帳と総勘定元帳は，すべての取引を記入するので，**主要簿**という。

練習問題

解答 ▶ p.7

5-1 次の取引を仕訳帳に記入しなさい。ただし，元丁欄の記入は省略する。

5/15　前橋商店から商品￥700,000を仕入れ，代金のうち￥300,000は現金で支払い，残額は掛けとした。

　20　大宮銀行から現金￥500,000を借り入れた。

仕　訳　帳　　　　1

令和○年	摘　　　　　要	元丁	借　方	貸　方
	前橋商店から仕入れ			
	大宮銀行から借り入れ			

5-2 次の取引を仕訳帳に記入して，総勘定元帳に転記しなさい。

4/ 5　長崎商店から商品¥380,000を仕入れ，代金のうち¥200,000は現金で支払い，残額は掛けとした。

10　広島商店に商品¥290,000を売り渡し，代金は掛けとした。

25　広島商店から売掛金の一部¥190,000を現金で回収した。

仕　訳　帳　　　　　3

令和○年	摘　　　　　要	元丁	借　方	貸　方
	前ページから		2,500,000	2,500,000
	次ページへ			

仕　訳　帳　　　　　4

令和○年	摘　　　　　要	元丁	借　方	貸　方

総　勘　定　元　帳

現　　金　　　　　1

令和○年	摘　要	仕丁	借　方	令和○年	摘　要	仕丁	貸　方

売　掛　金　　　　　3

買　掛　金　　　　　14

売　　上　　　　　21

仕　　入　　　　　24

（注意）仕訳帳の1〜2ページ分についての総勘定元帳の各勘定口座への転記は省略してある。

5-3 次の取引を仕訳帳に記入して，総勘定元帳に転記しなさい。

5月1日　香川商店は，現金￥640,000と備品￥260,000を元入れして営業を開始した。

　　5日　宮城商店から商品￥680,000を仕入れ，代金は掛けとした。

　　8日　山口商店に商品￥320,000を売り渡し，代金は掛けとした。

　13日　山口商店から売掛金のうち￥160,000を現金で受け取った。

　19日　福島商店に商品￥256,000を売り渡し，代金のうち￥16,000は現金で受け取り，残額は掛けとした。

　24日　宮城商店に買掛金のうち￥280,000を現金で支払った。

　26日　本月分の給料￥40,000を現金で支払った。

　31日　本月分の家賃￥16,000を現金で支払った。

仕　訳　帳　　　　　1

令和○年	摘　　　　　　要	元丁	借　方	貸　方

総 勘 定 元 帳

現　　　金　　　　　　　　　　1

令和○年	摘　　要	仕丁	借　　方	令和○年	摘　　要	仕丁	貸　　方

売　掛　金　　　　　　　　　　2

備　　品　　　　　　　　　　3

買　掛　金　　　　　　　　　　4

資　本　金　　　　　　　　　　5

売　　上　　　　　　　　　　6

仕　　入　　　　　　　　　　7

給　　料　　　　　　　　　　8

支　払　家　賃　　　　　　　　9

5-4 次の取引を仕訳帳に記入して，総勘定元帳に転記しなさい。ただし，仕訳帳の1ページには，6月27日までの取引を記入し，繰越記入もおこなうこと。

6月1日　現金￥650,000を出資して開業した。
　　3日　島根家具店から営業用の机・いすなどの備品￥300,000を買い入れ，代金は現金で支払った。
　　7日　鳥取商店から商品￥400,000を仕入れ，代金のうち￥80,000は現金で支払い，残額は掛けとした。
　　14日　富山文房具店から事務用帳簿・伝票など￥2,300を買い入れ，代金は現金で支払った。
　　20日　福井商店に商品￥104,000を売り渡し，代金は掛けとした。
　　27日　鳥取商店に買掛金￥200,000を現金で支払った。
　　29日　兵庫商店に商品￥312,000を売り渡し，代金のうち￥62,000は現金で受け取り，残額は掛けとした。
　　30日　福井商店から売掛金￥104,000を現金で受け取った。

仕　訳　帳　　　　　　　1

令和○年	摘　　　　　　　要	元丁	借　　方	貸　　方

仕　　訳　　帳　　　　　　　　2

令和○年	摘　　　　　　要	元丁	借　方	貸　方

総　勘　定　元　帳

現　　金　　　　　　　　　　1

令和○年	摘　要	仕丁	借　方	令和○年	摘　要	仕丁	貸　方

売　掛　金　　　　　　　　2

備　　品　　　　　　　　　3

買　掛　金　　　　　　　　4

資　本　金　　　　　　　　5

売　　上　　　　　　　　　6

仕　　入　　　　　　　　　7

消　耗　品　費　　　　　　8

6 試　算　表

１試　算　表

総勘定元帳の勘定記入（仕訳帳からの転記）が正しくおこなわれたかどうかを，確かめるために作成する表が**試算表**である。試算表の借方と貸方の合計額が一致しないときは，その原因を調べて誤りを訂正する。

２試算表の種類

(1)**合計試算表**　各勘定の借方合計額と貸方合計額とを集めて作成する。

(2)**残高試算表**　各勘定の残高を集めて作成する（残高が借方にあれば試算表の借方の金額欄に，貸方にあれば貸方の金額欄に記入する）。

(3)**合計残高試算表**　合計試算表と残高試算表を，一つの表にまとめて作成する。

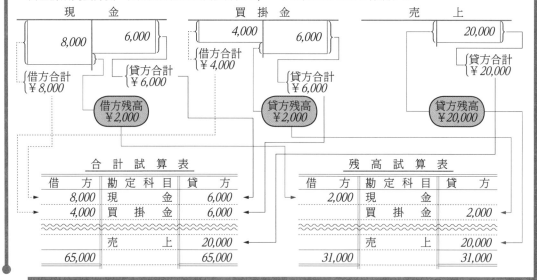

練習問題

解答 ▶ p.9

6-1 次の総勘定元帳の勘定記録から合計試算表を完成しなさい。ただし，勘定口座の日付・相手科目は省略した。

現　　金　　1	
2,000,000	100,000
700,000	250,000
900,000	1,750,000

売　掛　金　　2	
530,000	400,000
780,000	500,000
1,070,000	230,000

買　掛　金　　3	
300,000	700,000
300,000	300,000

資　本　金　　4	
	2,000,000

売　　上　　5	
	900,000
	1,950,000

仕　　入　　6	
700,000	
1,800,000	

合　計　試　算　表
令和○年○月○日

借　　方	元丁	勘　定　科　目	貸　　方
	1	現　　　　　金	
	2	売　　掛　　金	
	3	買　　掛　　金	
	4	資　　本　　金	
	5	売　　　　　上	
	6	仕　　　　　入	

6-2 次の総勘定元帳の勘定記録から，下記の残高試算表を作成しなさい。

現 金 1				売 掛 金 2			
5/1～31	6,220,000	5/1～31	1,231,600	5/1～31	1,850,000	5/1～31	452,400

備 品 3				買 掛 金 4			
5/1～31	330,000			5/1～31	250,000	5/1～31	4,660,000

借 入 金 5				資 本 金 6			
5/1～31	300,000	5/1～31	500,000			5/1～31	1,000,000

売 上 7				仕 入 8			
		5/1～31	1,384,700	5/1～31	114,700		

給 料 9				支 払 家 賃 10			
5/1～31	70,000			5/1～31	30,000		

雑 費 11				支 払 利 息 12			
5/1～31	19,900			5/1～31	44,100		

残 高 試 算 表
令和○年 月 日

借 方	元丁	勘 定 科 目	貸 方

6−3 次の仕訳を下記の勘定口座に転記し，5月31日の合計残高試算表を作成しなさい。ただし，勘定口座には，日付・相手科目・金額を記入すること。

```
5/ 6  （借方）仕        入  650,000    （貸方）買    掛    金  650,000
  12  （ 〃 ）売    掛  金  500,000    （ 〃 ）売        上  500,000
  14  （ 〃 ）通    信  費   16,000    （ 〃 ）現        金   16,000
  23  （ 〃 ）買    掛  金  530,000    （ 〃 ）現        金  530,000
  26  （ 〃 ）給        料  180,000    （ 〃 ）現        金  180,000
  28  （ 〃 ）現        金  600,000    （ 〃 ）売    掛  金  600,000
```

	現　　　金　　　1		
1/ 1〜4/30	1,950,000		

	売　掛　金　　　2		
1/ 1〜4/30	1,170,000		

	買　掛　金　　　3		
		1/ 1〜4/30	1,120,000

	資　本　金　　　4		
		1/ 1〜4/30	2,000,000

売　　　上　　　5

仕　　　入　　　6

給　　　料　　　7

通　信　費　　　8

合　計　残　高　試　算　表
令和○年　月　日

借　　方		元丁	勘　定　科　目	貸　　方	
残　高	合　計			合　計	残　高

精算表⑴―6けた精算表―

①精 算 表

残高試算表から，損益計算書と貸借対照表を作成する手続きを一覧表にしたものを**精算表**といい，精算表は決算本手続きに入る前に，あらかじめ純損益の状況を知るために作成する。

精算表のしくみを図で示すと次のとおりである。

なお，残高試算表は次の等式で表すことができ，この等式を**試算表等式**という。

期末資産 ＋ 費用総額 ＝ 期末負債 ＋ 期首純資産 ＋ 収益総額

②精算表の作成手順

精 算 表
令和○年12月31日

勘 定 科 目	残 高 試 算 表		損 益 計 算 書		貸 借 対 照 表	
	借 方	貸 方	借 方	貸 方	借 方	貸 方
現　　　　金	630		③		630	
売　掛　金	250		③		250	
備　　　　品	550		③		550	
買　掛　金		600		③		600
資　本　金		700		③		700
売　　　　上		1,000	②	1,000		
仕　　　　入	360		② 360			
給　　　料	310		② 310			
水 道 光 熱 費	200		② 200			
当期純利益			130	金額一致		130
	2,300	2,300	1,000	1,000	1,430	1,430

④損益計算書欄・貸借対照表欄の貸借合計金額の差額を，当期純利益（または当期純損失）としてそれぞれ合計金額の少ない方に記入。

①残高試算表の残高がある勘定科目と金額を記入。貸借合計金額が一致することを確認して締め切る。

②残高試算表欄の収益科目は貸方，費用科目は借方に記入。

③残高試算表欄の資産科目は借方，負債・純資産科目は貸方に記入。

⑤損益計算書欄および貸借対照表欄の貸借合計金額がそれぞれ一致することを確認して締め切る。

練習問題

解答 ▶ p.10

7-1 次の精算表を完成しなさい。

精　算　表
令和○年12月31日

勘定科目	残高試算表 借方	残高試算表 貸方	損益計算書 借方	損益計算書 貸方	貸借対照表 借方	貸借対照表 貸方
現　　　金	2,220,000					
普通預金	1,000,000					
売　掛　金	1,420,000					
建　　　物	1,000,000					
備　　　品	320,000					
買　掛　金		1,560,000				
資　本　金		4,280,000				
売　　　上		600,000				
仕　　　入	280,000					
給　　　料	200,000					
当期純(　　)						
	6,440,000	6,440,000				

7-2 次の精算表を完成しなさい。なお，資本金は計算すること。

精　算　表
令和○年12月31日

勘定科目	残高試算表 借方	残高試算表 貸方	損益計算書 借方	損益計算書 貸方	貸借対照表 借方	貸借対照表 貸方
現　　　金	297,200					
売　掛　金	480,000					
備　　　品	230,000					
買　掛　金		257,600				
資　本　金		(　　　　)				
売　　　上		677,600				
仕　　　入	200,000					
給　　　料	159,200					
支払家賃	64,000					
雑　　　費	24,800					

7-3 次の総勘定元帳の勘定残高から，精算表を完成しなさい。

現　　　金	¥ 412,500	売　掛　金	¥ 365,100	備　　　品	¥ 840,000
買　掛　金	817,600	資　本　金	600,000	売　　　上	560,800
仕　　　入	150,000	給　　　料	130,000	広　告　料	80,800

精　算　表

令和○年12月31日

勘定科目	残高試算表 借方	残高試算表 貸方	損益計算書 借方	損益計算書 貸方	貸借対照表 借方	貸借対照表 貸方
現　　　金						
売　掛　金						
備　　　品						
買　掛　金						
資　本　金						
売　　　上						
仕　　　入						
給　　　料						
広　告　料						
当期純(　　)						

7-4 次の総勘定元帳の勘定残高から，精算表を完成しなさい。

現　　　金	¥ 237,600	売　掛　金	¥ 374,400	備　　　品	¥ 275,200
買　掛　金	316,000	借　入　金	320,000	資　本　金	400,000
売　　　上	552,000	仕　　　入	284,000	給　　　料	300,000
消　耗品費	51,200	雑　　　費	29,600	支　払利息	36,000

精　算　表

令和○年12月31日

勘定科目	残高試算表 借方	残高試算表 貸方	損益計算書 借方	損益計算書 貸方	貸借対照表 借方	貸借対照表 貸方
現　　　金						
売　掛　金						
備　　　品						
買　掛　金						
借　入　金						
資　本　金						
売　　　上						
仕　　　入						
給　　　料						
消　耗品費						
雑　　　費						
支　払利息						

⑧決　　算

学習のまとめ

①決　　算

1会計期間の終わりに，その期間中の経営成績ならびに期末の財政状態を明らかにする手続きを**決算**という。

②決算の手続き

(1)決算予備手続き
- a．仕訳帳を締め切る（第一次締切）。
- b．試算表を作成する。
- c．精算表を作成する。

(2)決算本手続き
- a．**収益**の各勘定残高を，**損益勘定の貸方**に振り替える。
- b．**費用**の各勘定残高を，**損益勘定の借方**に振り替える。
  - *損益勘定への転記は，相手勘定科目が2つ以上であっても，「諸口」とはせず，個別に売上や給料などと記入する。
- c．損益勘定で**純利益**を計算し（損益勘定の残高），**資本金勘定の貸方**に振り替える（純損失のときは**借方**）。
- d．収益・費用の各勘定および損益勘定を締め切る。
- e．資産・負債・純資産の各勘定は，仕訳を通さず，勘定口座上で直接，残高のある反対側に赤字で次期繰越の記入をおこなって締め切る。前期繰越の開始記入もおこなう。
- f．資産・負債および純資産の各勘定の次期繰越高を集めて，繰越試算表を作成する。
- g．仕訳帳を締め切る（第二次締切）。

(3)損益計算書・貸借対照表の作成
損益勘定から損益計算書を，繰越試算表から貸借対照表を作成する。

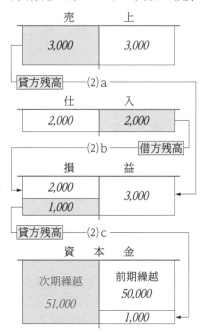

練習問題

解答 ▶ p.13

8-1 次の総勘定元帳の勘定記録によって，決算に必要な仕訳を示し，これを各勘定に転記して完成しなさい。ただし，勘定記入は，日付・相手科目・金額を示すこと。なお，決算日は12月31日とし，資本金勘定には転記しなくてよい。

	借　　　　　方	貸　　　　　方
収益の勘定残高を損益勘定に振り替えるための仕訳		
費用の勘定残高を損益勘定に振り替えるための仕訳		
損益勘定の残高を資本金勘定に振り替えるための仕訳		

売　　　　上		受　取　利　息	
	1,000,000		140,000

仕　　　　入		損　　　　益	
360,000			

給　　　　料			
120,000			

8-2 次の各勘定口座を締め切り，必要な開始記入を示しなさい。ただし，決算日は12月31日とし，損益勘定に振り替える仕訳は仕訳帳の4ページに記入されているものとする。

総　勘　定　元　帳

現　　　金　　　　　　1

令和○年		摘　　要	仕丁	借　方	令和○年		摘　　要	仕丁	貸　方
12	1	資　本　金	1	2,500,000	12	5	通　信　費	1	12,000
	20	売　掛　金	2	880,000		12	買　掛　金	2	850,000
						24	通　信　費	3	16,000

資　　本　　金　　　　　　13

					令和○年		摘　要	仕丁	貸　方
					12	1	現　　金	1	2,500,000
						31	損　　益	4	476,000

通　　信　　費　　　　　　16

令和○年		摘　要	仕丁	借　方					
12	5	現　　金	1	12,000					
	24	現　　金	3	16,000					

8-3 次の損益勘定の記録によって，損益勘定の残高を資本金勘定に振り替える仕訳を示し，各勘定に転記して締め切りなさい。ただし，勘定記入は，日付・相手科目・金額を示し，開始記入もおこなうこと。

借　　　　方	貸　　　　方

損　　　　　益

12/31 仕　　入	190,000	12/31 売　　上	420,000
〃 給　　料	50,000	〃 受取利息	30,000
〃 広　告　料	15,000		
〃 雑　　費	6,000		

資　　本　　金

		1/1 前期繰越	500,000

8-4 福山商店（決算年1回　12月31日）における下記の総勘定元帳の勘定記録によって，決算に必要な仕訳を示し，これを各勘定に転記して締め切りなさい。ただし，勘定には，日付・相手科目・金額を記入し，開始記入もおこなうこと。

	借　　方	貸　　方
12/31		
〃		
〃		

資　本　金

1/1 前期繰越　*1,000,000*

売　　上

820,000

受取手数料

150,000

仕　　入

300,000

損　　益

給　　料

400,000

8-5 次の総勘定元帳の勘定記録によって，(1)決算に必要な仕訳を示し，(2)各勘定に転記して締め切り，(3)繰越試算表を作成しなさい。
　　ただし，i　決算日を12月31日として，勘定には，日付・相手科目・金額を記入すること。
　　　　　　ii　開始記入をおこなうこと。

(1)

	借　　方	貸　　方
12/31		
〃		
〃		

(2)

現	金	1
552,000		*214,000*

売	掛	金	2
546,000		*260,000*

備	品	3
200,000		

買	掛	金	4
238,000		*458,000*

資	本	金	5
		500,000

売	上	6
		230,000

受 取 手 数 料	7
	106,000

仕	入	8
132,000		

給	料	9
64,000		

雑	費	10
36,000		

損	益	11

(3)

繰 越 試 算 表
令和○年12月31日

借　　方	元丁	勘定科目	貸　　方

8-6 熊野商店の令和○年12月31日現在の損益勘定および繰越試算表は，次のとおりであった。よって，損益計算書と貸借対照表を作成しなさい。なお，1月1日の資本金は¥545,000である。

損　　　　益

12/31 仕　　　　入	203,000	12/31 売　　　　上	433,000
〃　給　　　料	110,000	〃　受取手数料	93,000
〃　通　信　費	33,000		
〃　雑　　　費	79,000		
〃　資　本　金	101,000		
	526,000		526,000

繰　越　試　算　表
令和○年12月31日

借　方	勘定科目	貸　方
514,000	現　　　金	
451,000	売　掛　金	
500,000	建　　　物	
300,000	備　　　品	
	買　掛　金	619,000
	借　入　金	500,000
	資　本　金	646,000
1,765,000		1,765,000

損　益　計　算　書

（　　　　）商　店　　　　令和○年1月1日から令和○年12月31日まで

費　　　用	金　　　額	収　　　益	金　　　額

貸　借　対　照　表

（　　　　）商　店　　　　令和○年12月31日

資　　　産	金　　　額	負債および純資産	金　　　額

総合問題Ⅱ

解答 ▶ p.15

1 次の取引を仕訳帳に記入して，総勘定元帳に転記し，合計残高試算表と精算表を完成しなさい。ただし，仕訳帳の小書きは省略し，仕訳帳は締め切ること。

4月1日　山梨商店は，現金¥800,000と備品¥200,000を元入れして営業を開始した。

3日　埼玉商店から商品¥510,000を仕入れ，代金は掛けとした。

6日　本月分の家賃¥20,000を現金で支払った。

12日　群馬商店に商品¥240,000を売り渡し，代金は掛けとした。

17日　群馬商店から売掛金のうち¥120,000を現金で受け取った。

22日　栃木商店に商品¥450,000を売り渡し，代金のうち¥100,000は現金で受け取り，残額は掛けとした。

28日　本月分の給料¥100,000を現金で支払った。

30日　埼玉商店に買掛金のうち¥210,000を現金で支払った。

仕　訳　帳　　　　1

令和〇年	摘　　　要	元丁	借　方	貸　方

総　勘　定　元　帳

現　　金									1
令和〇年	摘　　　要	仕丁	借　　方	令和〇年	摘　　　要	仕丁	貸　　方

売　掛　金									2

備　　品									3

買　掛　金									4

資　本　金									5

売　　上									6

仕　　入									7

給　　料									8

支　払　家　賃									9

合 計 残 高 試 算 表
令和○年4月30日

借　　方		元丁	勘　定　科　目	貸　　方	
残　　高	合　　計			合　　計	残　　高
		1	現　　　　　　金		
		2	売　　掛　　金		
		3	備　　　　　品		
		4	買　　掛　　金		
		5	資　　本　　金		
		6	売　　　　　上		
		7	仕　　　　　入		
		8	給　　　　　料		
		9	支　　払　　家　　賃		

精 算 表
令和○年4月30日

勘　定　科　目	残　高　試　算　表		損　益　計　算　書		貸　借　対　照　表	
	借　方	貸　方	借　方	貸　方	借　方	貸　方
現　　　　　金						
売　　掛　　金						
備　　　　　品						
買　　掛　　金						
資　　本　　金						
売　　　　　上						
仕　　　　　入						
給　　　　　料						
支　払　家　賃						

2 鈴鹿商店について，次の各問いに答えなさい。

(1)12月中の取引の仕訳を示し，各勘定口座に転記しなさい。なお，勘定には日付・相手科目・金額を示す。

12/ 3　商品￥90,000を仕入れ，代金は掛けとした。

10　商品￥85,000を売り渡し，代金は掛けとした。

17　商品売買の仲介をして，手数料￥15,000を現金で受け取った。

20　買掛金￥200,000を現金で支払った。

28　従業員に本月分の給料￥180,000を現金で支払った。

30　売掛金￥270,000を現金で受け取った。

	借　　　　　方		貸　　　　　方	
12/ 3				
10				
17				
20				
28				
30				

現　　　金　　　1

1/ 1～11/30	4,807,000	1/ 1～11/30	3,275,000

売　　掛　　金　　　2

1/ 1～11/30	4,575,000	1/ 1～11/30	2,500,000

建　　　物　　　3

1/ 1～11/30	2,800,000

買　　掛　　金　　　4

1/ 1～11/30	1,000,000	1/ 1～11/30	2,497,000

資　本　金　　　5

		1/ 1	3,500,000

売　　　上　　　6

		1/ 1～11/30	3,260,000

仕　　　入　　　8

1/ 1～11/30	1,200,000

受　取　手　数　料　　　7

給　　　料　　　9

1/ 1～11/30	370,000

損　　　益　　　11

広　　告　　料　　　10

1/ 1～11/30	280,000

(2)12月31日現在の残高試算表を作成しなさい。

残 高 試 算 表
令和〇年　　月　　日

借 方	元丁	勘 定 科 目	貸 方

(3)決算に必要な仕訳を示し，各勘定口座に転記して締め切りなさい。開始記入は不要。

	借 方	貸 方
12/31		
〃		
〃		

(4)繰越試算表を作成し，損益計算書，貸借対照表を作成しなさい。

繰 越 試 算 表
令和〇年　　月　　日

借 方	元丁	勘 定 科 目	貸 方

損 益 計 算 書
（　　　）商店　　　令和〇年　　月　　日から令和〇年　　月　　日まで

費 用	金 額	収 益	金 額

貸 借 対 照 表
（　　　）商店　　　　　　令和〇年　　月　　日

資 産	金 額	負債および純資産	金 額

第2章　各種取引の処理

⑨ 現金・現金過不足の記帳

学習のまとめ

①現　　金

現金の収入は借方に，支出は貸方に記入する。簿記上**現金勘定**（資産）で処理するものには，通貨の
ほかに他人振り出しの小切手，送金小切手などがある。

②現金出納帳

現金の入金・出金の明細とその現在高を明らかにするために，現金出納帳に記入する。現金出納帳の
ように，特定の取引や勘定について，その明細を記入する帳簿を**補助簿**という。

取引先名や取引内容などを記入する。　　現　金　出　納　帳　　受け取り　　支払い　　　　　1

令和○年		摘　　　　要	収　　入	支　　出	残　　高
4	1	前月繰越	200,000		200,000
	6	高知商店に商品売り渡し	300,000		500,000
	10	岩手商店から商品仕入れ		180,000	320,000
	20	愛媛商店から売掛金回収	150,000		470,000
	25	本月分従業員給料支払い		200,000	270,000
	30	次月繰越		270,000	
			650,000	650,000	
5	1	前月繰越	270,000		270,000

月末残高＝次月繰越の金額

③現金過不足　　進んだ学習

現金の実際有高と帳簿残高（現金勘定・現金出納帳）が一致しないときは，その過不足の原因が判明
するまで**現金過不足勘定**で処理しておく（帳簿残高を実際有高に合わせるために帳簿残高を修正する）。

例1　現金の実際有高が帳簿残高より不足していた場合

実　際　有　高　　　　　　総勘定元帳　　　　　　　現金出納帳

　　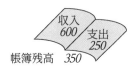

①現金の実際有高が¥150不足していた。（帳簿の現金を減らす）
　（借方）現金過不足　150　　（貸方）現　　金　150
②上記不足額¥150のうち¥100は交通費の記入もれであることがわかった。
　（借方）交　通　費　100　　（貸方）現金過不足　100
③決算になっても不足額の残高¥50は原因が判明しなかったので雑損とした。
　（借方）雑　　損　50　　（貸方）現金過不足　50

> 決算になってもその原因が判明しなかったときは，不足額を**雑損勘定**（費用）へ振り替える。

例2　現金の実際有高が帳簿残高より多かった場合

実　際　有　高　　　　　　総勘定元帳　　　　　　　現金出納帳

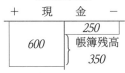　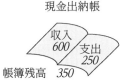

①現金の実際有高が¥150多かった。（帳簿の現金を増やす）
　（借方）現　　金　150　　（貸方）現金過不足　150
②上記過剰額¥150のうち¥100は受取手数料の記入もれであることがわかった。
　（借方）現金過不足　100　　（貸方）受取手数料　100
③決算になっても過剰額の残高¥50は原因が判明しなかったので雑益とした。
　（借方）現金過不足　50　　（貸方）雑　　益　50

> 決算になってもその原因が判明しなかったときは，過剰額を**雑益勘定**（収益）へ振り替える。

練習問題

解答 ▶ p.17

9-1 次の取引の仕訳を示し，現金出納帳に記入して，完成しなさい。
5/21　高知商店に買掛金￥400,000を現金で支払った。
　25　従業員に本月分の給料￥200,000を現金で支払った。
　27　山形商店から商品売買の仲介手数料として現金￥80,000を受け取った。
　30　奈良商店から商品￥150,000を仕入れ，代金のうち￥50,000は現金で支払い，残額は掛けとした。
　31　宮城商店から売掛金￥400,000を送金小切手で受け取った。

	借　　　　方	貸　　　　方
5/21		
25		
27		
30		
31		

現　金　出　納　帳　　　　2

令和○年	摘　　　要	収　　入	支　　出	残　　高
	前ページから	841,000	218,000	623,000

9-2 次の取引の仕訳を示しなさい。
(1)愛知商店に商品￥560,000を売り渡し，代金のうち￥200,000は現金で受け取り，残額は同店振り出しの小切手で受け取った。
(2)得意先佐賀商店に対する売掛金￥370,000を送金小切手で受け取った。

	借　　　　方	貸　　　　方
(1)		
(2)		

9-3 次の取引の仕訳を示しなさい。

進んだ学習 (1)　6/16　現金の帳簿残高は¥27,000であるが，実際有高は¥25,500であった。

30　上記不足額¥1,500のうち¥800は，郵便切手購入代金の記入もれであることがわかった。

12/31　決算になったが，上記不足額¥700は原因が判明しないので雑損とした。

進んだ学習 (2)　8/15　現金の帳簿残高は¥29,500であるが，実際有高は¥34,500であった。

9/30　上記過剰額¥5,000のうち¥4,600は，利息の受け取り分の記入もれであることがわかった。

12/31　決算になったが，上記過剰額¥400は原因が判明しないので雑益とした。

		借　　　　方	貸　　　　方
(1)	6/16		
	30		
	12/31		
(2)	8/15		
	9/30		
	12/31		

9-4 次の取引の仕訳は誤っている。正しい仕訳を示しなさい。

進んだ学習 (1)現金の実際有高と帳簿残高を照合したところ，実際有高が¥2,300多いことがわかった。

（借方）現 金 過 不 足　　2,300　　（貸方）現　　　　　金　　2,300

進んだ学習 (2)かねて現金の実際有高が帳簿残高より¥9,500少なかったので，現金過不足勘定で処理していたが，うち¥7,500は水道料支払いの記帳もれであることが本日わかった。なお，残りの¥2,000は調査中である。

（借方）水 道 光 熱 費　　7,500　　（貸方）現　　　　　金　　9,500
　　　　現 金 過 不 足　　2,000

	借　　　　方	貸　　　　方
(1)		
(2)		

検 定 問 題

解答 ▶ p.17

9-5 次の取引の仕訳を示しなさい。

(1)栃木商店から，売掛金の一部¥100,000を同店振り出しの小切手で受け取った。　　（第30回）

(2)大阪商店に買掛金の一部¥90,000を現金で支払った。　　（第33回）

(3)富山新聞販売店に折り込み広告代金として¥30,000を現金で支払った。　　（第91回）

(4)1月分の電気料金として¥38,000を現金で支払った。　　（第93回）

	借　　　　方	貸　　　　方
(1)		
(2)		
(3)		
(4)		

⑩ 預金の記帳

学習のまとめ

①当座預金

取引銀行と当座取引契約を結び，小切手を利用することができる預金のことを**当座預金**という。小切手を振り出す（作成する）ことによって，代金の支払いを安全で便利におこなうことができ，また現金の引き出しができる。当座預金の取引は，**当座預金勘定**（資産）を用いて処理する。借方には，現金や他人振り出しの小切手などの預入高を記入し，貸方には，小切手の振出高などを記入する。

例　①取引銀行と当座取引契約を結び，現金¥10,000を預け入れた。

（借方）当座預金　10,000　　（貸方）現　金　10,000

②商品¥3,000を仕入れ，代金は小切手を振り出して支払った。

（借方）仕　入　3,000　　（貸方）当座預金　3,000

```
          当 座 預 金
①預入高  10,000 | ②引出高  3,000
                | 預金残高
                |    7,000
```

②当座預金出納帳

当座預金の預け入れ・引き出しの明細とその現在の残高を明らかにするために，記録する補助簿を**当座預金出納帳**という。当座預金出納帳の残高と当座預金勘定の残高は，必ず一致する。

取引先名や取引内容などを記入する。

当 座 預 金 出 納 帳　　　　1

令和○年		摘　要	預　入	引　出	借または貸	残　高
4	1	前月繰越	300,000		借	300,000
	5	山口商店から売掛金回収　小切手受け取り	100,000		〃	400,000
	12	岐阜商店に商品売上　小切手受け取り	220,000		〃	620,000
	28	滋賀商店に買掛金支払い　小切手#10振り出し		160,000	〃	460,000
	30	次月繰越		460,000		
			620,000	620,000		
5	1	前月繰越	460,000		借	460,000

振り出した小切手の番号も記入する。

残高が借方か貸方かを記入する。借→当座預金，貸→当座借越　を意味する。

③その他の預金

預金には当座預金のほかに，普通預金・通知預金・定期預金などがある。普通預金勘定（資産）・通知預金勘定（資産）・定期預金勘定（資産）を用いてそれぞれ処理する。

④当座借越　　進んだ学習

銀行とあらかじめ当座借越契約を結んでおけば，預金残高をこえても，借越限度額以内の小切手を振り出すことができる。この場合，預金残高をこえた金額は，銀行からの一時的な借り入れを意味し，**当座借越勘定**（負債）を用いて処理する。

例　取引銀行と借越限度額を¥50,000とする当座借越契約を結んでいる場合

①買掛金¥12,000を小切手を振り出して支払った。ただし，当座預金残高は¥7,000である。

（借方）買掛金　12,000　　（貸方）当座預金　7,000
　　　　　　　　　　　　　　　　当座借越　5,000

②売掛金¥15,000を他人振り出しの小切手で受け取り，ただちに当座預金に預け入れた。

（借方）当座借越　5,000　　（貸方）売掛金　15,000
　　　　当座預金　10,000

```
       当 座 預 金                     当 座 借 越
預金残高  7,000 | ①引出高  7,000      ②返済高  5,000 | ①借越高  5,000
②預入高  10,000 |
```

練 習 問 題

解答 ▶ p.17

10-1 次の取引の仕訳を示しなさい。
(1)津銀行と当座取引契約を結び，現金￥460,000を預け入れた。
(2)山形商店から商品￥120,000を仕入れ，代金は小切手を振り出して支払った。

	借 方	貸 方
(1)		
(2)		

10-2 次の連続した取引の仕訳を示し，当座預金勘定に転記しなさい。ただし，勘定には，日付・相手科目・金額を記入すること。また，当座預金出納帳に記入して，完成しなさい。
　9月1日　鎌倉銀行と当座取引契約を結び，現金￥180,000を預け入れた。
　　7日　伊豆商店から商品￥150,000を仕入れ，代金は小切手＃1を振り出して支払った。
　　17日　横浜商店から売掛金￥42,000を同店振り出しの小切手で受け取り，ただちに当座預金に預け入れた。
　　22日　下田商店に商品￥120,000を売り渡し，代金は同店振り出しの小切手で受け取り，ただちに当座預金に預け入れた。
　　27日　神奈川商店に買掛金￥30,000を小切手＃2を振り出して支払った。

	借 方	貸 方
9/ 1		
7		
17		
22		
27		

当 座 預 金

当 座 預 金 出 納 帳　　　　1

令和○年	摘　　　要	預　入	引　出	借または貸	残　高

10-3 滋賀商店の次の勘定記録と当座預金出納帳から，（ア）と（イ）に入る金額を求めなさい。

当　座　預　金

1/ 1 前期繰越 *120,000*	1/12 仕　入（　　）
10 売 掛 金（ ア ）	

当　座　預　金　出　納　帳　　　　　　　　　　1

令和○年		摘　　　要	預　入	引　出	借または貸	残　高
1	1	前 月 繰 越	（　　）		借	（　　）
	10	彦根商店から売掛金回収	（　　）		〃	270,000
	12	大津商店から商品仕入れ　小切手＃25		（ イ ）	〃	30,000

ア	イ
¥	¥

10-4 次の取引の仕訳を示しなさい。
(1)全商銀行に現金¥*50,000*を普通預金として預け入れた。
(2)全商銀行に小切手＃3¥*100,000*を振り出し，定期預金として預け入れた。
(3)定期預金¥*300,000*が満期となり，利息¥*3,000*とともに現金で受け取った。
(4)和歌山家具店より事務用ロッカー¥*230,000*を買い入れ，代金は小切手＃5を振り出して支払った。

	借　　　　　方	貸　　　　　方
(1)		
(2)		
(3)		
(4)		

10-5 次の取引の仕訳を示しなさい。

　(1)熊本商店に対する買掛金の一部¥620,000について，小切手#2を振り出して支払った。

進んだ学習(2)長崎商店に買掛金¥420,000を小切手を振り出して支払った。ただし，当座預金勘定の残高は¥350,000であり，限度額を¥1,000,000とする当座借越契約を結んでいる。

進んだ学習(3)福岡商店から売掛金¥1,000,000を同店振り出しの小切手で受け取り，ただちに当座預金に預け入れた。ただし，当座借越勘定の残高が¥560,000ある。

　(4)小切手#10¥600,000を振り出して，全商銀行に定期預金として預け入れた。

　(5)現金¥170,000を普通預金に預け入れた。

　(6)定期預金¥100,000が満期となり，利息¥1,000とともに現金で受け取った。

	借　　　　　　　方	貸　　　　　　　方
(1)		
(2)		
(3)		
(4)		
(5)		
(6)		

10-6 長野商店の下記の取引の仕訳を示しなさい。

進んだ学習 6月26日　松本商店に対する買掛金¥300,000を小切手を振り出して支払った。ただし，当店の当座預金残高は¥180,000であり，銀行とは¥800,000を限度額とする当座借越契約を結んでいる。

　　　　29日　上田商店に対する売掛金¥185,000を同店振り出しの小切手で受け取り，ただちに当座預金に預け入れた。

	借　　　　　　　方	貸　　　　　　　方
6/26		
29		

10-7 次の連続した取引の仕訳を示し，当座預金勘定と当座借越勘定に転記して締め切りなさい。
進んだ学習 ただし，勘定には，日付・相手科目・金額を記入すること。

9月1日 青森銀行と当座取引契約を結び，現金￥150,000を預け入れた。同時に，当座借越契約を結び，その借越限度額は￥300,000である。

7日 秋田商店から商品￥260,000を仕入れ，代金のうち￥180,000は小切手を振り出して支払い，残額は掛けとした。

10日 岩手商店に買掛金￥120,000を小切手を振り出して支払った。

16日 福島商店から売掛金￥220,000を同店振り出しの小切手で受け取り，ただちに当座預金に預け入れた。

25日 茨城商店からの借入金￥160,000を利息￥11,200とともに小切手を振り出して支払った。

30日 山形商店に商品￥270,000を売り渡し，代金は現金で受け取り，ただちに当座預金に預け入れた。

	借 方	貸 方
9/ 1		
7		
10		
16		
25		
30		

当 座 預 金

当 座 借 越

10-8 青森商店の下記の取引の仕訳を示し，当座預金出納帳に記入して締め切りなさい。また開始
進んだ学習　記入も示すこと。ただし，当店の当座預金残高は¥200,000であり，銀行とは¥3,000,000を限
度額とする当座借越契約を結んでいる。

7月3日　仙台商店に対する買掛金¥130,000の支払いとして，小切手#4を振り出して支払った。

18日　盛岡商店から商品¥90,000を仕入れ，代金は小切手#5を振り出して支払った。

31日　秋田商店から売掛金の¥180,000を同店振り出しの小切手で受け取り，ただちに当座預金に預け入れた。

	借　　　方	貸　　　方
7/ 3		
18		
31		

当　座　預　金　出　納　帳　　　　　　1

令和○年		摘　　要	預　入	引　出	借または貸	残　高
7	1	前月繰越	200,000		借	200,000

検定問題
解答 ▶ p.18

10-9 次の取引の仕訳を示しなさい。

頻出!!(1)全商銀行に現金¥300,000を普通預金として預け入れた。　（第91回，類題第90回）

(2)銀行ATMを利用して，現金¥65,000を普通預金口座に預け入れた。　（第93回）

(3)栃木商店は，小切手¥200,000を振り出して，定期預金とした。　（第63回）

(4)小切手を振り出して，当座預金から現金¥200,000を引き出した。　（第22回）

(5)定期預金¥200,000が本日満期となり，利息¥11,500とともに普通預金に預け入れた。

（第26回一部修正）

	借　　　方	貸　　　方
(1)		
(2)		
(3)		
(4)		
(5)		

10-10 埼玉商店の1月中の取引は，下記のとおりである。よって，
(1)仕訳帳に記入し，総勘定元帳の当座預金勘定に転記しなさい。ただし，仕訳帳の小書きは省略する。
(2)当座預金出納帳に記入して締め切りなさい。

(第32回一部修正)

取　　引
1月20日　栃木商店から，売掛金の一部¥80,000を同店振り出しの小切手#58で受け取り，ただちに当座預金に預け入れた。
　　31日　群馬商店に買掛金¥225,000を小切手#18を振り出して支払った。

(1)

仕　訳　帳　　　　　　　1

令和 ○年		摘　　　　要	元 丁	借　方	貸　方
1	1	前期繰越高	✓	3,584,000	3,584,000

総　勘　定　元　帳
当　座　預　金　　　　　　　2

令和 ○年		摘　　要	仕 丁	借　　方	令和 ○年		摘　　要	仕 丁	貸　　方
1	1	前　期　繰　越	✓	260,000					

(2)

当　座　預　金　出　納　帳　　　　　　　1

令和 ○年		摘　　　　要	預　　入	引　　出	借また は貸	残　高
1	1	前月繰越	260,000		借	260,000

⑪ 小口現金の記帳

①小口現金
日常の少額の支払いをするために，会計係は庶務係に一定の現金を前渡ししておく。この前渡しした現金を**小口現金**といい，**小口現金勘定**（資産）を設けて処理する。

②定額資金前渡法（インプレスト・システム）
①会計係は，庶務係に一定期間に必要な金額を見積もって前渡しする。

例 定額資金前渡法を採用して，庶務係に小切手¥5,000を振り出して前渡しした。
(借方) 小 口 現 金 5,000 (貸方) 当 座 預 金 5,000

②庶務係は，小口現金から日常の少額の支払いをおこない，**小口現金出納帳**（補助簿）に記入する。
③庶務係は，一定期間の終わりに，その期間の支払いの明細を会計係に報告する。
④報告を受けた会計係は，小口現金出納帳をもとに，支払いの記帳をする。

例 月末に，庶務係から当月分の支払いとして，次のとおり報告があった。
通 信 費 ¥2,500 消耗品費 ¥1,780 雑 費 ¥400
(借方) 通 信 費 2,500 (貸方) 小 口 現 金 4,680
消 耗 品 費 1,780
雑 費 400

⑤会計係は，庶務係から報告を受けた支払額と同額の小切手を振り出して，小口現金を補給する。

例 会計係は，報告があった支払額と同額の小切手を振り出して，小口現金を補給した。
(借方) 小 口 現 金 4,680 (貸方) 当 座 預 金 4,680

※支払いの報告と同時に小口現金の補給がおこなわれたとき，④の報告と⑤の補給の仕訳を次のようにまとめて仕訳することもできる。
(借方) 通 信 費 2,500 (貸方) 当 座 預 金 4,680
消 耗 品 費 1,780
雑 費 400

練習問題
解答 ▶ p.19

11-1 定額資金前渡法を採用している松原商店の6月中の小口現金に関する取引は，次のとおりである。よって，小口現金出納帳に記入し，会計係が6月30日におこなう仕訳を示しなさい。

6/ 7 タ ク シ ー 代 1,500 10 ノ ー ト・鉛 筆 代 4,000
27 電 話 料 金 19,900 30 補給額小切手受け入れ ☐

小 口 現 金 出 納 帳　　1

収 入	令和○年		摘 要	支 出	内　　訳			残 高
					通 信 費	消耗品費	交 通 費	
80,000	6	1	小切手受け入れ					80,000
			合 計					
			小切手受け入れ					
			前 月 繰 越					

	借　　方	貸　　方
6/30		

11-2 次の一連の取引の仕訳を示しなさい。

◀頻出!!(1)函館商店では定額資金前渡法を採用することとし，小口現金として小切手￥60,000を振り出して庶務係に渡した。

(2)月末に，庶務係から当月分の支払いとして，次のとおり報告があった。

消耗品費	￥2,600	通信費	￥8,000	水道光熱費	￥30,000
雑費	6,700				

(3)翌月初めに，会計係は庶務係から報告があった支払額と同額を小切手を振り出して補給した。

	借　　　　方	貸　　　　方
(1)		
(2)		
(3)		

検定問題

解答 ▶ p.19

11-3 定額資金前渡法を採用している松山商店の11月中の小口現金に関する下記の資料によって，

(1)小口現金出納帳に必要な記入をおこない，完成しなさい。

(2)資料b，cの仕訳を示しなさい。　　　　　　　　　　　　　　　　　　　　　　（第24回一部修正）

資　料　a．庶務係が11月中に小口現金から支払った内容は，次のとおりであった。

3日　郵便切手 ￥650　7日　ボールペン ￥900　12日　タクシー代 ￥2,180
20日　伝票・帳簿 ￥2,700　25日　新聞代 ￥1,700　28日　バス回数券 ￥1,000

b．11月30日に会計係は庶務係から小口現金の支払高の報告を受けた。

c．報告を受けた額と同額の小切手を振り出して補給した。

(1)
小　口　現　金　出　納　帳　　　　　　　　　11

収　入	令和○年		摘　　要	支　出	内　　　　　　　訳				残　高
					通信費	消耗品費	交通費	雑費	
10,000	11	1	前月繰越						10,000
			合　　計						
			小切手受け入れ						
			次月繰越						

(2)

	借　　　　方	貸　　　　方
b		
c		

⑫ 商品売買の記帳

学習のまとめ

①3分法

商品売買に関する取引の記帳を，**繰越商品勘定**（資産）・**仕入勘定**（費用）・**売上勘定**（収益）の三つの勘定に分けて記入する方法を**3分法**という。
3分法によって記入する場合は，次のようになる。
a．商品を仕入れたときは，仕入勘定の借方に記入し，仕入れた商品を返品したり，値引きを受けたときは，仕入勘定の貸方に記入する。
b．商品を売り渡したときは，売上勘定の貸方に記入し，売り渡した商品が返品されたり，値引きをしたときは，売上勘定の借方に記入する。
c．前期からの商品の繰越高および次期への商品の繰越高は，繰越商品勘定に記入する。
d．仕入諸掛（引取運賃など）は，すべて商品の仕入原価に加え，仕入勘定の借方に記入する。
e．売上商品の荷造費・運賃などの諸費用を発送費といい，これは別に**発送費勘定**（費用）を用い，その借方に記入する。

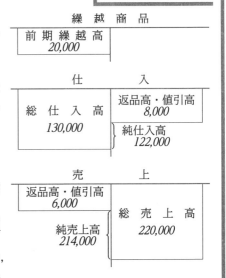

②仕入帳・売上帳

(1)商品の仕入取引については，その明細を**仕入帳**という補助簿に記入し，商品の売上取引については，その明細を**売上帳**という補助簿に記入する。
(2)摘要欄には，第1行目左半分に，仕入先名または得意先名を，右半分に支払条件または受取条件を，第2行目に品名・数量・単価を記入する。返品や値引きがあったときは，それぞれ赤字で記入する。

仕　入　帳

令和○年		摘　　要	内　訳	金　額
5	2	弘前商店　　　　掛け		
		A品 100個 @¥80	8,000	
		B品　50 〃 〃70	3,500	
		上記引取費用現金払い	1,000	12,500
	3	弘前商店　　掛け返品		
		A品　2個 @¥80		160
	31	総仕入高		12,500
	〃	仕入返品高		160
		純仕入高		12,340

（仕入諸掛も記入する）
（総仕入高−返品高（値引高）

売　上　帳

売上帳の金額は売価を記入

令和○年		摘　　要	内　訳	金　額
5	4	釧路商店　　　　掛け		
		A品　8個 @¥90		720
	9	釧路商店　掛け値引き		
		A品　8個 @¥9		72
	31	総売上高		720
	〃	売上値引高		72
		純売上高		648

（総売上高−値引高（返品高）

③商品有高帳

商品の受け入れ，払い出し，残高を管理して，商品の種類ごとの有高を明らかにする補助簿を**商品有高帳**という。
商品有高帳の記入方法は，次のようになる。
(1)商品の種類ごとに商品有高帳を設け，受け入れや払い出しのつど，その数量・単価・金額を記入する。なお，単価・金額は，受け入れ，払い出し，残高ともすべて仕入原価で記入する。

(2)仕入れた商品に引取費用があるときは，引取費用を仕入原価に含めて単価の計算をして，単価を記入する。

(3)同種類の商品を，異なった単価で仕入れたときは，払出単価をどの金額にするか決めなければいけない。

　払出単価の計算方法にはいろいろな方法があるが，ここでは，以下の2つの方法について学習する。

例　3月10日　押上商店から次の商品を仕入れ，代金は掛けとした。

　　　　　　　4色ボールペン　200本　　@¥430　　¥86,000

　　　13日　錦糸商店に次の商品を売り渡し，代金は掛けとした。

　　　　　　　4色ボールペン　170本　　@¥600　　¥102,000

　　　15日　錦糸商店に売り渡した上記商品のうち10本が返品され，代金は売掛金から差し引くことにした。

①先入先出法　先に仕入れた商品から先に払い出したものとして払出単価を決める方法で，買入順法（買い入れた順に払い出す）ともいう。

商品有高帳
品名　4色ボールペン　　　　　　　単位：本

(先入先出法)

令和○年		摘要	受入			払出			残高		
			数量	単価	金額	数量	単価	金額	数量	単価	金額
3	1	前月繰越	100	400	40,000				100	400	40,000
	10	押上商店	200	430	86,000				100	400	40,000
									200	430	86,000
	13	錦糸商店				100	400	40,000			
						70	430	30,100	130	430	55,900
	15	錦糸商店返品	10	430	4,300				140	430	60,200
	31	次月繰越				140	430	60,200			
			310		130,300	310		130,300			

②移動平均法　異なる単価で仕入れるつど，新しい平均単価を算出し，この平均単価をその後の払出単価とする方法である。

$$平均単価 = \frac{仕入れ直前の残高金額 + 仕入金額}{仕入れ直前の残高数量 + 仕入数量}$$

商品有高帳
品名　4色ボールペン　　　　　　　単位：本

(移動平均法)

令和○年		摘要	受入			払出			残高		
			数量	単価	金額	数量	単価	金額	数量	単価	金額
3	1	前月繰越	100	400	40,000				100	400	40,000
	10	押上商店	200	430	86,000				300	420	126,000
	13	錦糸商店				170	420	71,400	130	420	54,600
	15	錦糸商店返品	10	420	4,200				140	420	58,800
	31	次月繰越				140	420	58,800			
			310		130,200	310		130,200			

$$\frac{¥40,000 + ¥86,000}{100本 + 200本} = ¥420$$

※仕入値引きは，値引額を払出欄に黒字で記入し，残高欄の単価・金額を訂正する。また，売上値引きについては，利益の修正なので商品有高帳には記入しない。

④分記法

(1)分記法の意味

商品売買の記帳方法には3分法のほかに分記法がある。分記法は，**商品勘定**（資産の勘定）を用いて商品の仕入れや売上げを記帳する方法である。商品勘定はつねに仕入原価で記帳をおこなう。また，商品を販売したときは，商品の売価と仕入原価の差額を，商品売買から得られた利益として**商品売買益勘定**（収益の勘定）で処理する。

(2)商品の仕入れ・売上げに関する基本仕訳

①商品を仕入れたとき

・商品が増加→仕入原価で商品勘定の借方に記入

②商品を売り上げたとき

・商品が減少→仕入原価で商品勘定の貸方に記入

・商品の売価と仕入原価の差額（利益）→商品売買益勘定の貸方に記入

商　　品	
前期繰越高	売り上げた商品の原価（売上原価）
仕　入　高（仕入原価）	次期繰越高

※次期繰越高は期末商品棚卸高を表す

商　品　売　買　益
売上高－売上原価

例　①商品¥120,000を仕入れ，代金は現金で支払った。

（借）商　　品　120,000　（貸）現　　金　120,000

②原価¥240,000の商品を¥320,000で売り渡し，代金は現金で受け取った。

（借）現　　金　320,000　（貸）商　　品　240,000
　　　　　　　　　　　　　　　商品売買益　80,000

練習問題

12-1 次の取引の仕訳を示しなさい。ただし，商品に関する勘定は3分法によること。

(1)仙台商店から商品¥340,000を仕入れ，代金は掛けとした。

(2)上記仕入商品のうち¥20,000は品違いであったので返品した。

(3)白石商店に商品¥370,000を売り渡し，代金は掛けとした。

(4)上記の売上商品について，白石商店から値引きの交渉を受けたので¥12,600の値引きを承諾した。

(5)黒磯商店から商品¥650,000を仕入れ，代金は掛けとした。なお，引取費用¥5,000を現金で支払った。

(6)平商店に商品¥500,000を売り渡し，代金は掛けとした。なお，発送費¥3,800を現金で支払った。

	借　　　　　方	貸　　　　　方
(1)		
(2)		
(3)		
(4)		
(5)		
(6)		

12-2 次の取引の仕訳を示し，仕入帳に記入して，完成しなさい。ただし，商品に関する勘定は3分法によること。

6/ 5　熱海商店から次の商品を仕入れ，代金は掛けとした。
　　　　　A　品　　150個　　@¥1,200　　¥180,000
　10　伊東商店から次の商品を仕入れ，代金のうち¥119,000は小切手を振り出して支払い，残額は掛けとした。
　　　　　A　品　　50個　　@¥1,300　　¥ 65,000
　　　　　B　品　　70〃　　〃〃2,200　　〃154,000
　13　伊東商店から仕入れた上記商品に品違いがあったので，次のとおり返品した。なお，この代金は買掛金から差し引くことにした。
　　　　　B　品　　18個　　@¥2,200　　¥ 39,600
　20　焼津商店から次の商品を仕入れ，代金は現金で支払った。なお，引取費用¥8,890は現金で支払った。
　　　　　B　品　　127個　　@¥2,460　　¥312,420

	借　　　　　方		貸　　　　　方	
6/ 5	仕入	180,000	買掛金	180,000
10	仕入	219,000	当座預金 買掛金	119,000 100,000
13	買掛金	39,600	仕入	39,600
20	仕入	321,310	現金	321,310

仕　　　　入　　　　帳　　　　　　　　1

令和○年	摘　　　　要	内　　訳	金　　額
6 5	熱海商店　　　　　　　　掛け		
	A品　150個　@¥1,200		180,000
10	伊東商店　　小切手・掛け		
	A品　50個　@¥1,300	65,000	
	B品　70個　@¥2,200	154,000	219,000
13	伊東商店　　　　掛け返品		
	B品　18個　@¥2,200		39,600
20	焼津商店　　　　　　　　現金		
	B品　127個　@¥2,460	312,420	
	引取費用現金払い	8,890	321,310

12-3 次の取引の仕訳を示し，売上帳に記入して締め切りなさい。ただし，商品に関する勘定は3分法によること。

7/ 6　一宮商店に次の商品を売り渡し，代金のうち¥20,000は小切手で受け取り，残額は掛けとした。

A 品　　60個　　@¥2,000　　¥120,000

15　名古屋商店に次の商品を売り渡し，代金のうち¥74,400は現金で受け取り，残額は掛けとした。

A 品　　80個　　@¥1,980　　¥158,400
B 品　　60〃　　〃¥3,600　　〃216,000

18　名古屋商店に売り渡した上記商品に品質不良があったので，次のとおり値引きをおこない，売掛金から差し引くことにした。

A 品　　50個　　@¥ 200　　¥ 10,000

25　大垣商店に次の商品を売り渡し，代金のうち¥31,000は同店振り出し，当店あての小切手で受け取り，ただちに当座預金に預け入れた。なお，残額は掛けとした。

B 品　　70個　　@¥3,300　　¥231,000

	借　　　　　　　方	貸　　　　　　　方
7/ 6	現金　　　　20,000 売掛金　　　100,000	売上　　　　120,000
15	現金　　　　74,400 売掛金　　　300,000	売上　　　　374,400
18	売上　　　　10,000	売掛金　　　10,000
25	当座預金　　31,000 売掛金　　　200,000	売上　　　　231,000

売　　　上　　　帳　　　　　　　1

令和○年	摘　　　　　　　　要	内　　訳	金　　　額
7　6	一宮商店　　小切手・掛け		120,000
	A品　60個　@¥2,000		
15	名古屋商店　現金・掛け		
	A品　80個　@¥1,980	158,400	
	B品　60個　@¥3,600	216,000	374,400
18	名古屋商店　値引き		
	A品　50個　@¥200		10,000
25	大垣商店　小切手・掛け		
	B品　70個　@¥3,300		231,000
31	総売上高		725,400
〃	売上値引高		10,000
	純売上高		715,400

12-4 次の取引の仕訳を示しなさい。ただし，商品に関する勘定は3分法によること。
(1)富士商店から掛けで仕入れた商品のうち粗悪品があったので，交渉の結果￥8,500の値引きを受けた。
(2)藤枝商店に掛け売りした商品のうち￥6,200の返品を受けた。
(3)富士宮商店から商品￥470,000を仕入れ，代金のうち￥70,000は小切手を振り出して支払い，残額は掛けとした。なお，商品引き取りのための運賃￥7,000は現金で支払った。
(4)三島商店に商品￥370,000を売り渡し，代金は掛けとした。なお，発送運賃￥5,100は現金で支払った。

	借　　　方	貸　　　方
(1)		
(2)		
(3)		
(4)		

12-5 次の仕入帳の記入から，日付順に仕訳を示しなさい。ただし，商品に関する勘定は3分法によること。

仕　入　帳　　　1

令和○年	摘　要	内　訳	金　額
9 15	神戸商店　　　　掛け		
	デジタルカメラ　55個　@￥52,000	2,860,000	
	引取費用現金払い	8,000	2,868,000
20	神戸商店　　　掛け値引き		
	デジタルカメラ　55個　@￥200		11,000

	借　　　方	貸　　　方
9/15		
20		

12-6 商品に関する勘定を分記法で示された次の取引の仕訳について，3分法による仕訳に修正しなさい。

9月7日　（借方）商　品　220,000　（貸方）当座預金　220,000
22日　　　　当座預金　120,000　　　　商　品　96,000
　　　　　　　　　　　　　　　　　　商品売買益　24,000

	借　　　方	貸　　　方
9/ 7		
22		

12-7 次の取引の仕訳を示しなさい。また，A品について商品有高帳に先入先出法によって記入し，完成しなさい。ただし，商品に関する勘定は3分法によること。なお，商品有高帳は開始記入もおこなうこと。

8/10　犬山商店から次の商品を仕入れ，代金は小切手を振り出して支払った。
　　　　　A 品　　300個　　@¥350　　¥105,000

　15　三河商店に次の商品を売り渡し，代金は同店振り出しの小切手¥60,000と，残額は現金で受け取った。
　　　　　A 品　　190個　　@¥440　　¥ 83,600

　20　尾張商店から次の商品を仕入れ，代金は掛けとした。
　　　　　A 品　　230個　　@¥340　　¥ 78,200

　25　春日井商店に次の商品を売り渡し，代金は掛けとした。
　　　　　A 品　　140個　　@¥460　　¥ 64,400

	借　　　　　方	貸　　　　　方
8/10		
15		
20		
25		

商　品　有　高　帳

（先入先出法）　　　　　　　　品名　　A　品　　　　　　　　　　単位：個

令和〇年	摘　　要	受　　入			払　　出			残　　高		
		数量	単価	金　額	数量	単価	金　額	数量	単価	金　額

12-8 9/6，14，20，27の取引の仕訳を示しなさい。また，A品について，商品有高帳に移動平均法によって記入し，締め切りなさい。ただし，商品に関する勘定は3分法によること。なお，商品有高帳は開始記入もおこなうこと。

9/ 1　前月繰越　A 品　　200個　　@¥400　　¥ 80,000

　　6　花巻商店から次の商品を仕入れ，代金は掛けとした。

　　　　　　　A 品　　400個　　@¥415　　¥166,000

　14　宮古商店に次の商品を売り渡し，代金のうち¥100,000は現金で受け取り，残額は掛けとした。

　　　　　　　A 品　　500個　　@¥520　　¥260,000

　20　盛岡商店から次の商品を仕入れ，代金は小切手を振り出して支払った。

　　　　　　　A 品　　400個　　@¥425　　¥170,000

　27　釜石商店に次の商品を売り渡し，代金のうち¥70,000は同店振り出しの小切手で受け取り，残額は掛けとした。

　　　　　　　A 品　　420個　　@¥520　　¥218,400

	借　　　　　　　方	貸　　　　　　　方
9/ 6		
14		
20		
27		

商 品 有 高 帳

（移動平均法）　　　　　　　品名　　A　品　　　　　　　　単位：個

令和○年	摘　　要	受　　入			払　　出			残　　高		
		数量	単価	金　額	数量	単価	金　額	数量	単価	金　額

12-9 次の仕入帳と売上帳の記録から，A品について，商品有高帳に先入先出法によって記入し，締め切りなさい。ただし，開始記入もおこなうこと。

仕　入　帳

令和○年		摘　　要	内　訳	金　額
9	19	岐阜商店　　　掛　け		
		A品 25個 @¥3,400		85,000
	20	岐阜商店　　　掛け返品		
		A品 6個 @¥3,400		20,400
	26	恵那商店　　　小　切　手		
		A品 25個 @¥3,500		87,500

売　上　帳

令和○年		摘　　要	内　訳	金　額
9	8	大垣商店　　　掛　け		
		A品 25個 @¥4,400	110,000	
		B品 30〃 〃〃2,800	84,000	194,000
	23	関商店　小切手・掛け		
		A品 15個 @¥4,500		67,500
	27	関商店　　　掛け値引き		
		A品 15個 @¥100		1,500

商　品　有　高　帳

品名　A　品

（先入先出法）　　　　　　　　　　　　　　　　　　　　　　　　　単位：個

令和○年		摘　　要	受　入			払　出			残　高		
			数量	単価	金　額	数量	単価	金　額	数量	単価	金　額
9	1	前月繰越	30	3,200	96,000				30	3,200	96,000

12-10 次の仕入帳と売上帳の記録から，B品について，商品有高帳に移動平均法によって記入し，締め切りなさい。また，B品について9月中の売上高・売上原価を計算しなさい。ただし，商品有高帳は開始記入もおこなうこと。

仕　入　帳

令和○年	摘　要	内　訳	金　額
9 7	福島商店　　　掛　け		
	A品 30個 @¥1,400	42,000	
	B品 40〃 〃〃1,430	57,200	99,200
9	福島商店　　　掛け返品		
	A品 10個 @¥1,400		14,000
20	白河商店　　　小　切　手		
	B品 30個 @¥1,450		43,500

売　上　帳

令和○年	摘　要	内　訳	金　額
9 13	郡山商店　　　現　金		
	A品 20個 @¥1,600	32,000	
	B品 50〃 〃〃1,800	90,000	122,000
26	会津商店　小切手・掛け		
	B品 60個 @¥1,850		111,000

商　品　有　高　帳

品名　B　品　　　　　　　　　単位：個

(移動平均法)

令和○年	摘　要	受入 数量	受入 単価	受入 金額	払出 数量	払出 単価	払出 金額	残高 数量	残高 単価	残高 金額
9 1	前月繰越	80	1,400	112,000				80	1,400	112,000

B品の9月中の売上高	¥
B品の9月中の売上原価	¥

12-11 次の取引を，仕入帳・売上帳・商品有高帳に記入しなさい。

　　　ただし，ⅰ　商品有高帳は，B品について先入先出法によって記入すること。
　　　　　　　　ⅱ　各帳簿とも締め切らなくてよい。

12月3日　水戸商店に次の商品を売り渡し，代金は掛けとした。
　　　　　　　　B　品　　100個　　@¥330　　¥33,000
　　　6日　帯広商店から次の商品を仕入れ，代金は掛けとした。
　　　　　　　　A　品　　400個　　@¥340　　¥136,000
　　　　　　　　B　品　　300〃　　〃〃250　　〃75,000
　　　7日　帯広商店から掛け買いした上記商品のうち，B品10個は品質不良のため返品した。
　　　9日　高崎商店に次の商品を売り渡し，代金¥190,000は同店振り出しの小切手で受け取った。
　　　　　　　　A　品　　280個　　@¥450　　¥126,000
　　　　　　　　B　品　　200〃　　〃〃320　　〃64,000

仕　　　　入　　　　帳

令和○年	摘　　　　　　要	内　　訳	金　　　額

売　　　　上　　　　帳

令和○年	摘　　　　　　要	内　　訳	金　　　額

商　品　有　高　帳

（先入先出法）　　　　　　　　　　品名　　B　品　　　　　　　　　　　単位：個

令和○年	摘　要	受　入 数量	単価	金　額	払　出 数量	単価	金　額	残　高 数量	単価	金　額
12 1	前 月 繰 越	180	230	41,400				180	230	41,400

12-12 横浜商店の商品有高帳は，下記のとおりである。次のa～dを答えなさい。

a．横浜商店は，この商品有高帳を次のどちらの方法で記帳しているか，その番号を記入しなさい。

　　　1．先入先出法　　　　2．移動平均法

b．5月17日の残高欄の金額を答えなさい。

c．5月中のA品の売上原価を求めなさい。

d．5月中のA品の売上高を求めなさい。ただし，A品は1個あたり￥300で販売している。

商　品　有　高　帳

品名　A　品　　　　　　　　単位：個

令和○年		摘　要	受入 数量	受入 単価	受入 金額	払出 数量	払出 単価	払出 金額	残高 数量	残高 単価	残高 金額
5	1	前月繰越	50	220	11,000				50	220	11,000
	10	水戸商店	100	250	25,000				50	220	11,000
									100	250	25,000
	17	千葉商店				50	220	11,000			
						50	250	12,500	( )	( )	( )
	31	次月繰越				( )	( )	( )			
			150		36,000	150		36,000			

a	b	c	d
	￥	￥	￥

12-13 いわき商店の商品有高帳は，下記のとおりである。次のa～dを答えなさい。

a．いわき商店は，この商品有高帳を次のどちらの方法で記帳しているか，その番号を記入しなさい。

　　　1．先入先出法　　　　2．移動平均法

b．1月22日の残高欄の金額を答えなさい。

c．1月中のA品の売上原価を求めなさい。

d．1月中のA品の売上高を求めなさい。ただし，A品は1個あたり￥310で販売している。

商　品　有　高　帳

品名　A　品　　　　　　　　単位：個

令和○年		摘　要	受入 数量	受入 単価	受入 金額	払出 数量	払出 単価	払出 金額	残高 数量	残高 単価	残高 金額
1	1	前月繰越	300	220	66,000				300	220	66,000
	5	岡山商店				200	220	44,000	100	220	22,000
	7	広島商店	400	240	96,000				500	236	118,000
	15	倉敷商店				300	( )	( )	200	236	47,200
	22	呉商店	200	250	50,000				( )	( )	( )
	31	次月繰越				( )	( )	( )			
			900		212,000	900		212,000			

a	b	c	d
	￥	￥	￥

検定問題

解答 ▶ p.23

12-14 次の取引の仕訳を示しなさい。ただし，商品に関する勘定は3分法によること。

(1)北見商店から次の商品を仕入れ，代金のうち¥120,000は小切手#2を振り出して支払い，残額は掛けとした。　　　　　　　　　　　　　　　　　　　　　　　　　　　（第35回）

　　　　C　品　　300個　　@¥　750　　¥225,000

◀頻出!!(2)東京商店に商品¥760,000を売り渡し，代金は掛けとした。なお，発送費¥4,200を現金で支払った。　　　　　　　　　　　　　　　　　　　　　（第94回，類題第78・89回）

◀頻出!!(3)青森商店から商品¥460,000を仕入れ，代金は掛けとした。なお，引取運賃¥7,000は現金で支払った。　　　　　　　　　　　　　　　　　　　　（第93回，類題第79・91回）

(4)高松商店から仕入れた商品の一部に品質不良のものがあったので，次のとおり返品した。なお，この代金は買掛金から差し引くことにした。　　　　　　　　　　　　　　（第39回）

　　　　B　品　　20個　　@¥　950　　¥19,000

(5)名古屋商店に売り渡した商品の一部に，品質不良のものがあったので，次のとおり値引きをした。なお，この代金は売掛金から差し引くことにした。　　　　　　　　　（第36回）

　　　　B　品　　40個　　@¥　50　　¥2,000

(6)根室商店に商品¥186,000を売り渡し，代金のうち¥50,000は現金で受け取り，残額は掛けとした。　　　　　　　　　　　　　　　　　　　　　　（第26回，類題第25回）

(7)静岡商店に次の商品を売り渡し，代金のうち¥100,000は同店振り出しの小切手#31で受け取り，ただちに当座預金とし，残額は掛けとした。　　　　　　　　　　　（第36回）

　　　　A　品　　350個　　@¥1,200　　¥420,000

	借　　　　　　　　　方	貸　　　　　　　　　方
(1)		
(2)		
(3)		
(4)		
(5)		
(6)		
(7)		

12-15 青森商店は商品有高帳を移動平均法によって記帳している。次の商品有高帳から，（ ア ）に入る単価と（ イ ）に入る数量を求めなさい。
　　　　ただし，1月15日にA品を300本　@¥920　¥276,000で販売している。　（第92回）

商 品 有 高 帳

（移動平均法）　　　　　　　　　品名　　A 品　　　　　　　　　　単位：本

令和○年		摘　要	受　入			払　出			残　高		
			数量	単価	金　額	数量	単価	金　額	数量	単価	金　額
1	1	前 月 繰 越	100	600	60,000				100	600	60,000
	10	弘 前 商 店	400	650	260,000				( )	( )	( )
	15	八 戸 商 店				( )	(ア)	( )	( )	( )	( )
	24	弘 前 商 店	200	660	132,000				(イ)	( )	( )
	31	次 月 繰 越				( )	( )	( )			
			( )		( )	( )		( )			

ア	¥		イ		本

12-16 高知商店（決算年1回　12月31日）は，A品とB品を販売し，先入先出法によって商品有高帳に記帳している。下記の取引と商品有高帳から，
　　a．期首商品棚卸高を求めなさい。
　　b．（ ア ）と（ イ ）に入る金額を求めなさい。　（第82回一部修正）

取　　　引
　　1月6日　香川商店から次の商品を仕入れ，代金は掛けとした。
　　　　　　　　　　A 品　　400個　　@¥ 900　　¥360,000
　　　　　　　　　　B 品　　200〃　　〃〃1,200　　¥240,000
　　　12日　徳島商店に次の商品を売り渡し，代金は掛けとした。
　　　　　　　　　　A 品　　600個　　@¥1,300　　¥780,000

商 品 有 高 帳

（先入先出法）　　　　　　　　　品名　　A 品　　　　　　　　　　単位：個

令和○年		摘　要	受　入			払　出			残　高		
			数量	単価	金　額	数量	単価	金　額	数量	単価	金　額
1	1	前 月 繰 越	100	800	80,000				100	800	80,000
			300	900	270,000				300	900	270,000
	6	香 川 商 店	( )	900	( )				100	800	80,000
									700	900	630,000
	12	徳 島 商 店				( )	( )	( )	( )	( )	( )
						( )	( )	( )	( )	( )	(イ)

商 品 有 高 帳

（先入先出法）　　　　　　　　　品名　　B 品　　　　　　　　　　単位：個

令和○年		摘　要	受　入			払　出			残　高		
			数量	単価	金　額	数量	単価	金　額	数量	単価	金　額
1	1	前 月 繰 越	100	1,200	120,000				100	1,200	120,000
			200	1,300	260,000				200	1,300	260,000
	6	香 川 商 店	( )	1,200	( )				( )	1,200	(ア)
									( )	1,300	( )
									( )	( )	( )

a	¥		
b	ア	¥	イ　¥

12-17 北陸商店の下記の取引について，

(1)仕訳帳に記入して，総勘定元帳の売掛金勘定に転記しなさい。

(2)売上帳・商品有高帳に記入して，締め切りなさい。　　　　　　　　　(第56回一部修正)

ただし，　i　商品に関する勘定は3分法によること。

　　　　　ii　仕訳帳の小書きは省略する。

　　　　　iii　元丁欄には，売掛金勘定に転記するときだけ記入すればよい。

　　　　　iv　商品有高帳は，A品について移動平均法によって記入すること。

取　　　　引

1月8日　石川商店から次の商品を仕入れ，代金のうち¥300,000は小切手＃7を振り出して支払い，残額は掛けとした。

　　　　　　　A　品　　400個　　@¥800　　¥320,000

　　　　　　　C　品　　700〃　　〃〃600　　¥420,000

　14日　富山商店に次の商品を売り渡し，代金は掛けとした。

　　　　　　　A　品　　300個　　@¥950　　¥285,000

　　　　　　　B　品　　420〃　　〃〃750　　¥315,000

　16日　富山商店に売り渡した上記商品の一部に品違いがあったので，次のとおり返品された。なお，この代金は売掛金から差し引くことにした。

　　　　　　　B　品　　40個　　@¥750　　¥ 30,000

　21日　福井商店に次の商品を売り渡し，代金のうち¥100,000は同店振り出しの小切手＃12で受け取り，残額は掛けとした。

　　　　　　　C　品　　500個　　@¥700　　¥350,000

　25日　福井商店から売掛金の一部¥200,000を現金で受け取った。

(1)　　　　　　　　　　　　　　仕　　訳　　帳　　　　　　　　　　　1

令和○年		摘　　要	元丁	借　方	貸　方
1	1	前 期 繰 越 高	✓	5,300,000	5,300,000

総 勘 定 元 帳
売 掛 金 　　　　　　　　4

令和○年		摘　　　要	仕丁	借　　方	令和○年		摘　　要	仕丁	貸　　方
1	1	前 期 繰 越	✓	440,000					

(2)　（注意）売上帳・商品有高帳は締め切ること。

売 　 上 　 帳 　　　　　　　　1

令和○年	摘　　　　　　　要	内　　訳	金　　額

商 品 有 高 帳
(移動平均法)　　　　品名　A　品 　　　　　　　単位：個

令和○年		摘　　要	受　　入			払　　出			残　　高		
			数量	単価	金　額	数量	単価	金　額	数量	単価	金　額
1	1	前 月 繰 越	100	820	82,000				100	820	82,000

⓭ 掛取引の記帳

①売掛金・買掛金
商品の掛け売買によって発生した得意先に対する債権は**売掛金勘定**で処理し，仕入先に対する債務は**買掛金勘定**で処理する。

②売掛金元帳・買掛金元帳
(1)得意先ごとの売掛金の明細を記入するために，得意先別に口座を設けた補助元帳を**売掛金元帳（得意先元帳）**といい，仕入先ごとの買掛金の明細を記入するために，仕入先別に口座を設けた補助元帳を**買掛金元帳（仕入先元帳）**という。
(注) 勘定の明細を記録するための補助簿を補助元帳という。
(2)売掛金勘定と売掛金元帳との間では，図のように，借方・貸方の合計金額と残高は一致する。
買掛金勘定と買掛金元帳との間も同じ関係である。
(3)売掛金勘定・買掛金勘定は，それぞれの補助元帳の人名勘定を統制するので，**統制勘定**という。

③貸し倒れ
売掛金は，得意先の倒産などの原因で回収できなくなることがある。これを**貸し倒れ**という。貸し倒れとなった金額は**貸倒損失勘定**（費用）を設けて，その借方に記入するとともに売掛金勘定の貸方に記入する。

（借）貸 倒 損 失　　×××　　（貸）売 掛 金　　×××

総 勘 定 元 帳
売 掛 金

掛売高	50,000	回収高	40,000
掛売高	40,000	回収高	35,000
		} 未回収高	15,000

売 掛 金 元 帳
A 商 店

| 掛売高 | 50,000 | 回収高 | 40,000 |
| | | } 未回収高 | 10,000 |

B 商 店

| 掛売高 | 40,000 | 回収高 | 35,000 |
| | | } 未回収高 | 5,000 |

練習問題
解答 ▶ p.25

13-1 次の取引の仕訳を示し，売掛金勘定に転記しなさい。また，売掛金元帳に記入して完成しなさい。ただし，売掛金勘定には，日付・相手科目・金額を示し，商品に関する勘定は3分法によること。
7/ 4　横浜商店に商品¥200,000を売り渡し，代金は掛けとした。
　28　横浜商店から売掛金¥75,000を同店振り出しの小切手で受け取った。

	借　　方	貸　　方
7/ 4		
28		

売 掛 金　　　4

売 掛 金 元 帳
横 浜 商 店　　　1

令和○年	摘　要	借　方	貸　方	借または貸	残　高

13-2 次の取引の仕訳を示し，売掛金勘定に転記しなさい。また，売掛金元帳に記入して締め切り，開始記入もおこなうこと。ただし，売掛金勘定には，日付・相手科目・金額を示し，商品に関する勘定は3分法によること。

7/ 7 倉吉商店に商品¥90,000を売り渡し，代金は掛けとした。
  10 米子商店に商品¥100,000を売り渡し，代金は掛けとした。
  15 米子商店に売り渡した上記商品のうち¥10,000が，品違いのため返品され，代金は売掛金から差し引くことにした。
  28 倉吉商店から売掛金のうち¥200,000を現金で受け取った。
  29 米子商店から売掛金のうち¥72,000を同店振り出しの小切手で受け取った。

	借　　　　　　方	貸　　　　　　方
7/ 7		
10		
15		
28		
29		

売　　掛　　金　　　　　　　4

7/ 1 前期繰越　340,000

売　掛　金　元　帳

倉　吉　商　店　　　　　　1

令和○年		摘　　　　　要	借　　方	貸　　方	借または貸	残　　高
7	1	前　月　繰　越	340,000		借	340,000

米　子　商　店　　　　　　2

13-3 次の取引を仕訳帳に記入し,買掛金勘定に転記しなさい。また,買掛金元帳に記入して締め切り,開始記入もおこなうこと。ただし,買掛金勘定には,日付・相手科目・金額を示し,商品に関する勘定は3分法によること。

9/17 琴平商店から商品¥420,000を仕入れ,代金は掛けとした。

18 17日に琴平商店から仕入れた商品に対して¥9,000の値引きを受けた。

30 讃岐商店に対する買掛金のうち¥200,000を小切手を振り出して支払った。

仕 訳 帳　　　　　　1

令和○年	摘　　　　　要	元丁	借　　方	貸　　方

買 掛 金　　　　　8

			9/ 1	前 期 繰 越	300,000

買 掛 金 元 帳
讃 岐 商 店　　　　　　1

令和○年	摘　　　　要	借　方	貸　方	借または貸	残　高
9	1	前 月 繰 越		300,000	貸	300,000

琴 平 商 店　　　　　　2

13-4 次の取引の仕訳を示しなさい。

(1)東北商店が倒産し,同店に対する売掛金¥80,000が回収不能となり,貸し倒れとして処理した。

(2)南西商店が倒産したため,同店に対する売掛金¥140,000を貸し倒れとして処理した。

	借　　　　　方	貸　　　　　方
(1)		
(2)		

検定問題

解答 ▶ p.26

13-5 関西商店の1月中の取引は下記のとおりである。よって，売上帳・売掛金元帳・商品有高帳に記入して，締め切りなさい。 (第38回改題)

ただし， i 商品に関する勘定は3分法によること。

ii 商品有高帳は，A品について先入先出法によって記入すること。

iii 売掛金元帳（略式）には，日付と金額のみを記入すればよい。

取　　　引

1月5日　福山商店から次の商品を仕入れ，代金は掛けとした。

A 品	500個	@¥400	¥200,000
B 品	400〃	〃〃600	¥240,000

9日　大津商店に次の商品を売り渡し，代金のうち¥100,000は現金で受け取り，残額は掛けとした。

A 品	300個	@¥500	¥150,000
B 品	240〃	〃〃750	¥180,000

17日　宇治商店に次の商品を売り渡し，代金は掛けとした。

B 品	100個	@¥750	¥75,000

18日　宇治商店に売り渡した上記商品の一部に品違いがあったので，次のとおり返品された。なお，この代金は売掛金から差し引くことにした。

B 品	20個	@¥750	¥15,000

売　上　帳　　1

令和○年	摘　　要	内　訳	金　額

売　掛　金　元　帳
宇　治　商　店　　2

1/ 1		150,000	

商　品　有　高　帳
（先入先出法）　　　品名　A　品　　　単位：個

令和○年	摘　要	受入 数量	受入 単価	受入 金額	払出 数量	払出 単価	払出 金額	残高 数量	残高 単価	残高 金額
1 1	前月繰越	200	380	76,000				200	380	76,000

13-6 関東商店の下記の取引について，
(1)仕訳帳に記入して，総勘定元帳（略式）に転記しなさい。
(2)買掛金元帳（略式）に記入して，締め切りなさい。　　　　　（第94回一部修正）

　　ただし，ⅰ　商品に関する勘定は3分法によること。
　　　　　　ⅱ　仕訳帳の小書きは省略する。
　　　　　　ⅲ　総勘定元帳および買掛金元帳には，日付と金額を記入すればよい。

取　　　　引

　　1月4日　群馬商店に次の商品を売り渡し，代金は掛けとした。
　　　　　　　　　　A 品　　400個　　@¥1,350　　¥540,000

　　　12日　神奈川商店に対する買掛金¥420,000を現金で支払った。

　　　14日　群馬商店に対する売掛金の一部¥270,000を現金で受け取り，ただちに当座預金
　　　　　　に預け入れた。

　　　17日　栃木商店に次の商品を売り渡し，代金は掛けとした。
　　　　　　　　　　B 品　　600個　　@¥1,200　　¥720,000
　　　　　　　　　　C 品　　300〃　　〃〃1,050　　〃315,000

　　　18日　栃木商店に売り渡した上記商品の一部について，次のとおり返品された。なお，
　　　　　　この代金は売掛金から差し引くことにした。
　　　　　　　　　　B 品　　100個　　@¥1,200　　¥120,000

　　　20日　埼玉商店から次の商品を仕入れ，代金は掛けとした。
　　　　　　　　　　A 品　　400個　　@¥　900　　¥360,000
　　　　　　　　　　B 品　　400〃　　〃〃　800　　〃320,000

　　　25日　埼玉商店に対する買掛金の一部¥490,000を小切手を振り出して支払った。

　　　27日　栃木商店からの売掛金の一部を次の小切手で受け取った。

ZS0105	小　切　手	全 国 5001 0914—001
支払地　栃木県宇都宮市元今泉8丁目2番1号		
株式会社　**全商銀行宇都宮支店**		
金　額　**¥789,000※**		

　　　栃木　上記の金額をこの小切手と引き替えに
　　　　　持参人へお支払いください
　　　　　　　拒絶証書不要　　　　　　　　栃木県宇都宮市大曽3丁目1-46
　　　　　振出日　令和○年1月27日　　　　　栃木商店
　　　　　振出地　栃木県宇都宮市　　　振出人　栃木太郎　

　　　28日　神奈川商店から次の商品を仕入れ，代金は掛けとした。なお，引取運賃¥3,000
　　　　　　は現金で支払った。
　　　　　　　　　　C 品　　300個　　@¥　700　　¥210,000

(1)

仕　訳　帳　　　　　　　　　　　1

令和 ○年		摘　　　　　要	元丁	借　　方	貸　　方
1	1	前 期 繰 越 高	✓	6,179,000	6,179,000

総　勘　定　元　帳

現　　　　金　　　　1		当　座　預　金　　　2	
1/ 1　　719,000		1/ 1　　1,539,000	

売　　掛　　金　　　3		買　　掛　　金　　　7	
1/ 1　　1,464,000			1/ 1　　910,000

売　　　　上　　　10		仕　　　　入　　　12	

(2)　（注意）買掛金元帳は締め切ること。

買　掛　金　元　帳

神　奈　川　商　店　　1		埼　玉　商　店　　　2	
	1/ 1　　420,000		1/ 1　　490,000

13-7 宮城商店の下記の取引について，

(1)仕訳帳に記入して，総勘定元帳（略式）の現金勘定と売掛金勘定に転記しなさい。

(2)売上帳と売掛金元帳（略式）に記入して，締め切りなさい。　　　　　（第93回改題）

　　ただし， i 　商品に関する勘定は3分法によること。

　　　　　　 ii 　仕訳帳の小書きは省略する。

　　　　　　 iii 　元丁欄には，現金勘定と売掛金勘定に転記するときだけ記入すればよい。

　　　　　　 iv 　総勘定元帳および売掛金元帳には，日付と金額のみを記入すればよい。

取　　　　　引

　1月5日　福島商店から次の商品を仕入れ，代金は掛けとした。

　　　　　　　　　　A 品　　　700個　　　@¥ *800*　　　¥*560,000*

　　　10日　山形商店から売掛金の一部¥*180,000*を現金で受け取った。

　　　12日　秋田商店に次の商品を売り渡し，代金は掛けとした。

　　　　　　　　　　A 品　　　300個　　　@¥*1,200*　　　¥*360,000*

　　　14日　秋田商店に売り渡した上記商品の一部について，次のとおり返品された。なお，

　　　　　　この代金は売掛金から差し引くことにした。

　　　　　　　　　　A 品　　　 10個　　　@¥*1,200*　　　¥ *12,000*

　　　20日　福島商店に対する買掛金の一部¥*240,000*を現金で支払った。

　　　25日　秋田商店から売掛金の一部を次の小切手で受け取った。

　　　27日　山形商店に次の商品を売り渡し，代金は掛けとした。

　　　　　　　　　　A 品　　　200個　　　@¥*1,200*　　　¥*240,000*

　　　　　　　　　　B 品　　　500〃　　　〃〃 *900*　　　¥*450,000*

(1)

仕　訳　帳				1
令和 ○年	摘　　　　要	元丁	借　方	貸　方
1　1	前 期 繰 越 高	✓	8,463,000	8,463,000

総　勘　定　元　帳

現　　　　金			1		売　　掛　　金			4
1/ 1	793,000				1/ 1	750,000		

(2)　（注意）売上帳と売掛金元帳は締め切ること。

売　　上　　帳			1
令和 ○年	摘　　　　要	内　訳	金　額

売　掛　金　元　帳

山　形　商　店			1		秋　田　商　店			2
1/ 1	270,000				1/ 1	480,000		

⑭ その他の債権・債務の記帳

① 前払金・前受金

商品の受け渡しのまえに，代金の一部を内金として受け払いしたときは，買い手は**前払金勘定**（資産）で処理し，売り手は**前受金勘定**（負債）で処理する。

なお，内金は商品の受け渡しのときには，商品代金にあてられて決済される。

② 未収金（未収入金）・未払金

建物・土地・備品・不用品など，商品以外の財貨を売却して，代金が未収のときは，**未収金（未収入金）勘定**（資産）で処理し，建物・土地・備品などを購入して，代金が未払いのときは，**未払金勘定**（負債）で処理する。

なお，商品代金の未収・未払いは，売掛金・買掛金勘定で処理する。

	未　　収	未　払　い
商　品　代　金	売　掛　金	買　掛　金
その他の代金	未　収　金 （未収入金）	未　払　金

③ 貸付金・借入金

借用証書により金銭の貸借をおこなった場合に生じた債権は**貸付金勘定**（資産）で処理し，債務は**借入金勘定**（負債）で処理する。

④ 手形貸付金・手形借入金　≪進んだ学習

金銭の貸借の目的で振り出された手形を**金融手形**（融通手形）という。金融手形によって生じる債権・債務は，**手形貸付金勘定**（資産）および**手形借入金勘定**（負債）で処理する。

（注）商品売買に伴って振り出された手形を商業手形という。

	借　用　証　書	約　束　手　形
金　銭　の　貸　借	貸　付　金	手形貸付金
	借　入　金	手形借入金

⑤ 立替金・預り金

取引先などとの間に生じた一時的な金銭の立替額は，**立替金勘定**（資産）で処理し，一時的な預り額は，**預り金勘定**（負債）で処理する。

なお，従業員に対する立替金は**従業員立替金勘定**，預り金は**従業員預り金勘定**で処理し，企業外部の者との立替金や預り金と区別する。従業員の給料から源泉徴収される所得税の預り金は，**所得税預り金勘定**（負債）で処理する。

⑥ 仮払金・仮受金

金銭の収支はあったけれども，処理すべき勘定科目や金額が未確定なときは，一時的に，その支出額を**仮払金勘定**（資産）で処理し，収入額を**仮受金勘定**（負債）で処理する。なお，後日，勘定科目や金額が確定したときは，それぞれの勘定に振り替える。

学習のまとめ

資産の勘定

1. 前　　払　　金
2. 未　　収　　金
   （未　収　入　金）
3. 貸　　付　　金
4. 手　形　貸　付　金
5. 従　業　員　立　替　金
6. 仮　　払　　金

負債の勘定

1. 前　　受　　金
2. 未　　払　　金
3. 借　　入　　金
4. 手　形　借　入　金
5. 従　業　員　預　り　金
6. 所　得　税　預　り　金
7. 仮　　受　　金

練習問題
解答 ▶ p.28

14-1 次の取引の仕訳を示しなさい。
(1)島根商店に商品を注文し，内金として¥50,000を小切手を振り出して支払った。
(2)京都商店から商品の注文を受け，内金として現金¥30,000を受け取った。

	借　　　方	貸　　　方
(1)		
(2)		

14-2 次の取引について，鳥取商店と倉吉商店の仕訳を示しなさい。ただし，商品に関する勘定は3分法によること。
(1)鳥取商店は，倉吉商店に商品¥450,000を注文し，内金として¥90,000を現金で支払い，倉吉商店はこれを受け取った。
(2)倉吉商店は，上記の商品¥450,000を発送し，鳥取商店はこれを受け取った。なお，商品代金の残額は掛けとした。

		借　　　方	貸　　　方
(1)	鳥取商店		
	倉吉商店		
(2)	鳥取商店		
	倉吉商店		

14-3 次の取引の仕訳を示しなさい。
(1)営業用の机・ロッカーを¥380,000で買い入れ，代金のうち¥150,000は現金で支払い，残額は月末に支払うことにした。
(2)以前購入していた商品陳列用ケース¥270,000の代金を未払金勘定に計上していたが，本日，その代金を現金で支払った。
進んだ学習(3)不用になったダンボール箱を¥2,000で売却し，代金は月末に受け取ることにした。
進んだ学習(4)不用になった段ボールを¥2,000で売却し，代金を未収金勘定に計上していたが，本日，その代金を現金で受け取った。

	借　　　方	貸　　　方
(1)		
(2)		
(3)		
(4)		

14-4　次の取引の仕訳を示しなさい。
(1)銀行から借用証書によって，現金￥*380,000*を借り入れた。
(2)上記の借入金が期日となったので，利息￥*6,000*とともに小切手を振り出して返済した。

	借　　　　　　　　方	貸　　　　　　　　方
(1)		
(2)		

14-5　次の取引の仕訳を示しなさい。
(1)松江商店に借用証書によって，現金￥*250,000*を貸し付けた。
(2)松江商店に対する貸付金￥*250,000*が期日となり，利息￥*3,000*とともに同店振り出しの小切手で受け取り，ただちに当座預金に預け入れた。

	借　　　　　　　　方	貸　　　　　　　　方
(1)		
(2)		

14-6　次の取引の仕訳を示しなさい。
進んだ学習(1)呉商店に現金￥*700,000*を貸し付け，同店振り出しの約束手形で受け取った。
(2)上記の貸付金が期日となったので，利息￥*5,000*とともに現金で返済を受け，手形を返した。
(3)約束手形を振り出して広島銀行から￥*370,000*を借り入れ，当座預金とした。
(4)上記の借入金が期日となったので，利息￥*2,300*とともに小切手を振り出して返済し，手形を受け取った。

	借　　　　　　　方	貸　　　　　　　方
(1)		
(2)		
(3)		
(4)		

14- 7 次の取引の仕訳を示しなさい。
(1) a．本月分の給料から差し引く約束で，従業員青木一郎のための家具購入代金￥50,000を現金で立て替え払いした。
　　b．本月分の給料￥210,000の支払いにさいし，上記立替金￥50,000を差し引いて，従業員の手取額を現金で支払った。
(2) a．給料￥250,000の支払いにさいし，従業員の旅行積立金￥5,000と所得税￥12,500を差し引いて，残額は現金で支払った。
　　b．社員旅行をすることになり，従業員から預かっていた旅行積立金￥20,000を現金で支払った。
　　c．従業員から預かっていた所得税の源泉徴収額￥12,500を税務署に現金で納付した。

		借　　　　　方	貸　　　　　方
(1)	a		
	b		
(2)	a		
	b		
	c		

14- 8 次の取引の仕訳を示しなさい。
(1) 従業員の出張にあたり，旅費の概算額として￥80,000を現金で仮払いした。
(2) 従業員が中京方面に出張するので，旅費概算払いとして現金￥90,000を前渡しした。
(3) 出張中の従業員から，当店の当座預金口座に￥480,000が振り込まれたが，その内容は不明である。
(4) 中京方面に出張した従業員が帰店し，旅費の実際額は￥79,000であったので，残額￥11,000は現金で返済を受けた。
(5) 従業員の帰店により，さきに当店の当座預金口座に振り込まれた￥480,000は，岐阜商事株式会社から売掛金を回収したものであることが判明した。
(6) さきに，仮受金勘定で処理していた￥176,000について，本日，その金額は，三重商店からの商品注文代金の内金であることがわかった。

	借　　　　　方	貸　　　　　方
(1)		
(2)		
(3)		
(4)		
(5)		
(6)		

検 定 問 題

解答 ▶ p.28

14-9 次の取引の仕訳を示しなさい。ただし，商品に関する勘定は3分法によること。
(1)山形商店から商品￥150,000の注文を受け，内金として送金小切手￥30,000を受け取った。
(第10回)

◀頻出!!(2)宮崎商店に商品￥350,000を売り渡し，代金はさきに受け取っていた内金￥100,000を差し引き，残額は掛けとした。
(第82回)

(3)島根商店に商品を注文し，内金として￥90,000を小切手を振り出して支払った。
(第69回，類題第54回)

◀頻出!!(4)岩手商店から商品￥300,000を仕入れ，代金はさきに支払ってある内金￥60,000を差し引き，残額は掛けとした。
(第86回，類題第74・76回)

	借　　　　　方	貸　　　　　方
(1)		
(2)		
(3)		
(4)		

14-10 次の取引の仕訳を示しなさい。
(1)事務用の机・いす￥300,000を買い入れ，代金は月末に支払うことにした。 (第49回)
(2)月末払いの約束で，さきに買い入れてあった営業用金庫の代金￥200,000を，小切手を振り出して支払った。
(第21回一部修正)
(3)近畿商店から借用証書によって，現金￥800,000を借り入れた。 (第96回，類題第73回)
(4)山形商店から借用証書によって￥400,000を借り入れていたが，本日，利息￥6,000とともに現金で返済した。 (第92回，類題第82回)
(5)鹿児島商店へ借用証書によって，現金￥800,000を貸し付けた。 (第95回，類題第90回)
(6)石川商店に借用証書によって貸し付けていた￥700,000の返済を受け，その利息￥21,000とともに同店振り出しの小切手で受け取った。 (第85回)

	借　　　　　方	貸　　　　　方
(1)		
(2)		
(3)		
(4)		
(5)		
(6)		

14-11 次の取引の仕訳を示しなさい。
(1)従業員のために現金￥50,000を立て替え払いした。 (第93回)
◀頻出!!(2)甲斐商店は，本月分の給料￥610,000の支払いにあたり，所得税額￥48,000を差し引いて，従業員の手取金￥562,000を現金で支払った。 (第90回)
(3)本月分の給料￥790,000の支払いにさいし，所得税額￥47,000と従業員立替金￥50,000を差し引いて，残額は現金で支払った。 (第44回，類題第41回)
(4)従業員から預かっていた所得税の源泉徴収額￥72,000を税務署に現金で納付した。 (第94回，類題第87回)

	借　　　　方	貸　　　　方
(1)		
(2)		
(3)		
(4)		

14-12 次の取引の仕訳を示しなさい。
◀頻出!!(1)出張中の従業員から当店の当座預金口座に￥70,000の振り込みがあったが，その内容は不明である。 (第95回，類題第86・88回)
◀頻出!!(2)さきに，仮受金勘定で処理していた￥280,000について，本日，その金額は，得意先鳥取商店に対する売掛金の回収額であることがわかった。 (第93回，類題第72・79回)
◀頻出!!(3)従業員の出張にさいし，旅費の概算額として￥53,000を仮払いしていたが，本日，従業員が帰店して精算をおこない，残額￥1,000を現金で受け取った。 (第84回)
◀頻出!!(4)従業員の出張にあたり，旅費の概算額として￥97,000を現金で渡した。 (第96回，類題第83・89回)

	借　　　　方	貸　　　　方
(1)		
(2)		
(3)		
(4)		

⑮ 固定資産の記帳

学習のまとめ

①固定資産
1年以上の期間にわたって営業用に使用する建物・備品・車両運搬具・土地などの資産を固定資産という。

②建　物
店舗・事務所・倉庫などを取得したときには**建物勘定**（資産）で処理する。なお、建物の取得原価には、冷暖房・照明・通風などの付属設備や仲介手数料・登記料・模様替えのための費用などの付随費用を含める。

建　　物

取 得 原 価 （仲介手数料 模様替えの 費用(取得時) などを含む。	売却(帳簿価額)
	現 在 高

③備　品
営業用の机・いす・金庫などを買い入れたときには**備品勘定**（資産）で処理する。ただし、耐用年数が1年に満たないものや、価額が少額（税法では￥100,000未満）のものは**消耗品費勘定**（費用）で処理する。

④車両運搬具
営業用の自動車などを買い入れたときには**車両運搬具勘定**（資産）で処理する。

⑤土　地
営業用の土地を購入したときには**土地勘定**（資産）で処理する。なお、土地の取得原価には、仲介手数料・整地費用などを含める。

⑥固定資産の売却　進んだ学習
不用になった固定資産を売却したときは、その帳簿価額を固定資産の勘定の貸方に記入し、帳簿価額と売却価額との差額を**固定資産売却益勘定**（収益）、または**固定資産売却損勘定**（費用）で処理する。

⑦固定資産台帳
固定資産については、その明細を記録するために、補助簿として、建物台帳・備品台帳などの**固定資産台帳**を作成する。
この台帳には固定資産の種類・用途別に口座を設けて、取得原価・減価償却費・現在高などを記入する。

練習問題
解答 ▶ p.29

15-1 次の取引の仕訳を示しなさい。
(1)商品陳列ケース1台を買い入れ、この代金￥240,000は小切手を振り出して支払った。
(2)営業用のパーソナルコンピュータ￥480,000を買い入れ、代金は月末に支払うことにした。
(3)営業用の貨物自動車1台を買い入れ、この代金￥1,850,000のうち￥850,000は小切手を振り出して支払い、残額は月末に支払うことにした。
(4)営業用として土地800㎡を1㎡について￥80,000で購入し、代金￥64,000,000と仲介手数料￥2,900,000をともに小切手を振り出して支払った。

	借　　　方	貸　　　方
(1)		
(2)		
(3)		
(4)		

15-2 次の取引の仕訳を示しなさい。

(1)営業用の土地200㎡を1㎡あたり¥50,000で購入し，代金のうち半額は小切手を振り出して支払い，残額は3か月後に支払うことにした。なお，仲介手数料¥350,000は小切手を振り出して支払った。

(2)事務用として応接セット¥280,000を買い入れ，代金のうち¥130,000は小切手を振り出して支払い，残額は翌月末に支払うことにした。

(3)すでに購入していた店舗用の土地を整地し，整地費用¥860,000を現金で支払った。

(4)営業用の倉庫を購入し，代金¥4,000,000と仲介手数料¥110,000をともに小切手を振り出して支払った。

進んだ学習 (5)取得原価¥3,600,000の土地を¥4,300,000で売却し，代金のうち¥2,000,000は小切手で受け取り，残額は月末に受け取ることにした。

進んだ学習 (6)帳簿価額¥4,000,000の建物を¥3,200,000で売却し，代金は小切手で受け取り，ただちに当座預金とした。

	借　　　　　方		貸　　　　　方	
(1)				
(2)				
(3)				
(4)				
(5)				
(6)				

15-3 次の一連の取引の仕訳を示し，下記の総勘定元帳の土地勘定と固定資産売却益勘定に転記し，

進んだ学習 決算に必要な記入をおこなって締め切りなさい。ただし，勘定には，日付・相手科目・金額を記入し，開始記入もおこなうこと（決算日　12月31日）。

4/ 5　営業用の土地200㎡を1㎡あたり¥60,000で購入し，代金のうち¥10,000,000は小切手を振り出して支払い，残額は6か月後に支払うことにした。なお，整地費用¥600,000と仲介手数料¥400,000は現金で支払った。

7/12　上記の土地のうち半分の100㎡を1㎡あたり¥70,000で売却し，代金のうち半額は小切手で受け取り，ただちに当座預金とし，残額は月末に受け取ることにした。

	借　　　　　方		貸　　　　　方	
4/ 5				
7/12				

```
          土　　　　地                              固 定 資 産 売 却 益
1/ 1前期繰越 10,000,000 |                                    |
```

15-4 次の取引の仕訳には一部誤りがある。正しい仕訳を示しなさい。

(1)営業用のロッカーを買い入れ，この代金￥180,000は月末に支払うことにした。なお，引き取りのための費用￥8,200を現金で支払った。

 （借）備　　　品　180,000　　（貸）買　掛　金　180,000
   引　取　費　　8,200　　　　　現　　　金　　8,200

(2)店舗として購入した建物を使用前に修繕し，この費用￥370,000を小切手を振り出して支払った。

 （借）修　繕　費　370,000　　（貸）当 座 預 金　370,000

(3)営業用として購入した土地の地ならしをおこない，この費用￥640,000を現金で支払った。

 （借）整　地　費　640,000　　（貸）現　　　金　640,000

(4)金庫を買い入れ，代金￥592,000および据付費￥12,500を小切手を振り出して支払った。

 （借）備　　　品　592,000　　（貸）当 座 預 金　604,500
   雑　　　費　 12,500

	借　　方	貸　　方
(1)		
(2)		
(3)		
(4)		

検 定 問 題

解答 ▶ p.29

15-5 次の取引の仕訳を示しなさい。

◀頻出!!(1)事務用にパーソナルコンピュータ￥358,000を購入し，代金は小切手を振り出して支払った。（第94回）

(2)商品陳列用ケース￥260,000を買い入れ，代金のうち￥100,000は小切手を振り出して支払い，残額は来月末に支払うことにした。（第27回一部修正，類題第30回）

◀頻出!!(3)店舗用に建物￥4,500,000を購入し，代金は小切手を振り出して支払った。なお，登記料と買入手数料の合計額￥290,000は現金で支払った。（第88回，類題第78・80回）

(4)店舗を建てるため，土地￥5,300,000を購入し，代金は登記料と買入手数料の合計額￥180,000とともに小切手を振り出して支払った。（第86回，類題第82回）

	借　　方	貸　　方
(1)		
(2)		
(3)		
(4)		

⑯ 販売費と一般管理費の記帳

学習のまとめ

①販売費と一般管理費

商品売買などの営業活動に直接関連して発生する費用を**販売費と一般管理費**という。販売費と一般管理費は，販売活動に関連して発生する**販売費**と，企業全般を管理するために発生する**一般管理費**に大別される。なお，販売費と一般管理費は営業費といわれることもある。

販売費と一般管理費	販　売　費	販売員給料・広告料・発送費・支払手数料など
	一般管理費	事務員給料・支払家賃・保険料・通信費・旅費・消耗品費・水道光熱費・修繕費・雑費など

②販売費と一般管理費の記帳

販売費と一般管理費は，一括して**販売費及び一般管理費勘定**で処理することもある。この場合には，販売費と一般管理費の明細を**販売費及び一般管理費元帳**という補助簿を設けて記入する。

練習問題

解答 ▶ p.30

16-1 次の取引の仕訳を示しなさい。ただし，商品に関する勘定は３分法によること。なお，販売費及び一般管理費勘定は用いない。

(1)営業用店舗の家賃￥120,000を，小切手を振り出して支払った。
(2)建物および備品に火災保険をかけ，保険料として￥72,000の小切手を振り出して支払った。
(3)商品￥180,000を掛けで売り渡した。なお，発送費用￥4,800を現金で支払った。
(4)便箋・封筒・鉛筆を買い入れ，代金￥1,700を現金で支払った。
(5)新聞に広告を出し，広告料￥58,000を現金で支払った。
(6)今月分の水道料￥6,900が当座預金から自動引き落としされた。
(7)はがき・切手を買い入れ，代金￥2,400を現金で支払った。
(8)営業諸雑費￥4,800を現金で支払った。
⟪進んだ学習⟫(9)建物の修繕をおこない，この費用￥300,000は翌月末に支払うこととした。

	借　　　　　方	貸　　　　　方
(1)		
(2)		
(3)		
(4)		
(5)		
(6)		
(7)		
(8)		
(9)		

16-2 次の取引について，販売費及び一般管理費勘定を用いて仕訳を示し，販売費及び一般管理費
勘定・販売費及び一般管理費元帳に記入しなさい。ただし，勘定には日付・相手科目・金額を
記入すること。なお，仕丁欄の記入は省略する。

9月18日　帳簿・筆記用具などを買い入れ，代金￥2,100を現金で支払った。
　　25日　本月分の電気料金￥17,600が当座預金から自動引き落としされた。
　　30日　9月分の店舗家賃￥80,000を小切手を振り出して支払った。

	借　　　　　方	貸　　　　　方
9/18		
25		
30		

販売費及び一般管理費

販売費及び一般管理費元帳

消　耗　品　費　　　　　　　6

令和 ○年	摘　　　　要	仕丁	借　　方	貸　　方	借または貸	残　　高

水　道　光　熱　費　　　　　7

支　払　家　賃　　　　　　　8

検定問題
解答 ▶ p.30

16-3 次の取引の仕訳を示しなさい。ただし，販売費及び一般管理費勘定は用いないこと。
(1)水道料および電気料￥2,000を現金で支払った。　　　　　　　　　　　　　　（第27回）
(2)営業用に使用している携帯電話の料金￥39,000が普通預金口座から引き落とされた。

（第94回）

(3)和歌山商店は建物に対する1年分の火災保険料￥78,000を現金で支払った。　（第85回）
(4)山口広告社に広告料￥79,000を現金で支払った。　　　　　　　　　（第65回一部修正）
(5)1月分のインターネット料金として￥20,000を現金で支払った。　　　　　　（第89回）

	借　　　　　方	貸　　　　　方
(1)		
(2)		
(3)		
(4)		
(5)		

17 個人企業の純資産の記帳

学習のまとめ

①資本金

個人企業では，**資本金勘定**の**貸方**には，①開業時の元入高が記入されるほか，②開業後の追加元入高 ③損益勘定から振り替えられる純利益が記入される。また，**借方**には，④企業主が現金・商品などを私用にあてた場合の引出高 ⑤純損失 が記入される。

(注)企業主が家計から負担すべき電気・ガス代などを営業資金から支払った場合も引き出しになる。

資 本 金	
④引 出 高 ⑤純 損 失	①元 入 高 ②追加元入高
期末残高	③純 利 益

②引 出 金 《進んだ学習

企業主による資本の引き出しがたびたびおこなわれる場合には，これをすべて資本金勘定に記入すると，この勘定の記入が非常に複雑になる。そこで，ひとまず**引出金勘定**（資本金を減少させる評価勘定）の借方に引出高を記入しておき，決算時にその合計額をまとめて資本金勘定の借方に振り替える。

引 出 金		資 本 金	
現金・商品などの引出高	振 替 高 →	振 替 高	

練習問題

解答 ▶ p.30

17-1 次の取引の仕訳を示し，資本金勘定に転記して締め切りなさい。ただし，商品に関する勘定は3分法によること。なお，勘定記入は，日付・相手科目・金額を示し，開始記入もおこなうこと。

　1/ 1 現金￥500,000と建物￥2,000,000を元入れして，営業を開始した。

《進んだ学習 3/10 事業主が私用のために，商品￥7,000（原価）を消費した。

《進んだ学習 10/ 7 事業拡張のため，現金￥1,000,000を追加元入れした。

　12/31 決算にあたり，当期純利益￥30,000を損益勘定から資本金勘定に振り替えた。

	借　　　　　方	貸　　　　　方
1/ 1		
3/10		
10/ 7		
12/31		

資 本 金

17-2　次の取引の仕訳を示し，引出金勘定と資本金勘定に転記して締め切りなさい。ただし，勘定
進んだ学習　記入は，日付・相手科目・金額を示し，開始記入もおこなうこと。なお，商品に関する勘定は
3分法による。

　　12/ 5　事業主が，現金￥62,000を家計のために引き出した。

　　　15　事業主が，商品￥4,900（原価￥3,600）を家庭用として消費した。

　　　31　決算にあたり，引出金勘定の残高を資本金勘定に振り替えた。

　　　〃　決算の結果，当期純利益￥200,000を損益勘定から資本金勘定に振り替えた。

	借　　　　　方	貸　　　　　方
12/ 5		
15		
31		
〃		

引　　出　　金	資　　本　　金
	1/ 1前期繰越 1,000,000

検定問題

解答 ▶ p.30

17-3　次の取引の仕訳を示しなさい。

　　(1)和歌山商店（個人企業）は，現金￥1,200,000を出資して開業した。　　　　　　　（第96回）

	借　　　　　方	貸　　　　　方
(1)		

総合問題Ⅲ

解答 ▶ p.31

1 次の取引の仕訳を示しなさい。ただし，商品に関する勘定は3分法によること。

(1)松本商店から売掛金￥630,000を送金小切手で受け取った。

(2)銚子商店に商品￥290,000を売り渡し，代金￥150,000は同店振り出しの小切手で受け取り，残額は掛けとした。

(3)千葉商店から売掛金の一部として￥100,000が当店の当座預金口座に振り込まれたむね，全商銀行から通知を受けた。

(4)佐賀商店では定額資金前渡法（インプレスト・システム）を採用することとし，小口現金として小切手￥30,000を振り出して庶務係に渡した。

(5)月末に，庶務係から次のように小口現金の支払高の報告を受け，ただちに同額の小切手を振り出して資金の補給をした。　通信費￥9,350　交通費￥7,800（定額資金前渡法による）

(6)呉商店から商品￥640,000を仕入れ，代金は掛けとした。なお，引取費用￥6,300は現金で支払った。

(7)呉商店から仕入れた上記(6)の商品のうち￥60,000は品違いのため返品した。

(8)水沢商店に商品￥480,000を売り渡し，代金は掛けとした。なお，発送費￥4,280は現金で支払った。

(9)水沢商店に売り渡した上記(8)の商品の一部に品質不良のものがあったので￥12,000の値引きをした。

(10)営業用の金庫￥250,000を買い入れ，代金のうち￥30,000は現金で支払い，残額は月末に支払うことにした。

	借　　　　　　　　　方	貸　　　　　　　　　方
(1)		
(2)		
(3)		
(4)		
(5)		
(6)		
(7)		
(8)		
(9)		
(10)		

2 次の取引の仕訳を示しなさい。ただし，商品に関する勘定は3分法によること。

(1)南国商店に商品￥530,000を注文し，代金の一部￥130,000を内金として小切手を振り出して支払った。

(2)西条商店に借用証書によって，現金￥700,000を貸し付けた。

(3)本月分の給料￥330,000の支払いにさいし，社員旅行の積立金￥15,000および所得税￥33,000を差し引き，残額を現金で支払った。

(4)従業員から預かっていた所得税の源泉徴収額￥57,000を税務署に現金で納付した。

(5)出張中の従業員から，先に送金を受けていた内容不明の￥90,000は，得意先石川商店からの商品注文の内金であるむねの報告を受けた。

(6)出張から帰った従業員から，旅費精算の残額￥11,500を現金で受け取った。ただし，出張するさいに，旅費の概算として現金￥60,000を渡してあった。

(7)事務用のパーソナルコンピュータ￥200,000を3台購入し，代金のうち￥400,000と据付費￥15,000は現金で支払い，残額は月末に支払うこととした。

(8)営業用の土地￥10,000,000を購入し，代金は整地費用￥500,000とともに，小切手を振り出して支払った。

(9)事務用ボールペン￥1,200と来客用茶葉￥2,400を買い入れ，代金は現金で支払った。

(10)南北電鉄株式会社から，電車の回数券を買い入れ，代金￥4,000を現金で支払った。

	借　　　　　　　方	貸　　　　　　　方
(1)		
(2)		
(3)		
(4)		
(5)		
(6)		
(7)		
(8)		
(9)		
(10)		

3 宮城商店の下記の取引について，仕入帳・買掛金元帳（略式）に記入して，締め切りなさい。
ただし， i 商品に関する勘定は3分法によること。
　　　　ii 買掛金元帳には，日付と金額のみを記入すればよい。 （第73回改題）

取　　　引
　1月10日　岩手商店から次の商品を仕入れ，代金は掛けとした。
　　　　　　　A　品　　500個　　@¥400　　¥200,000
　　　　　　　B　品　　600〃　　〃〃450　　¥270,000
　　12日　岩手商店から仕入れた上記商品の一部に品違いがあったので，次のとおり返品した。
　　　　　なお，この代金は買掛金から差し引くことにした。
　　　　　　　A　品　　15個　　@¥400　　¥　6,000
　　26日　山形商店から次の商品を仕入れ，代金のうち¥300,000は小切手＃10を振り出して
　　　　　支払い，残額は掛けとした。
　　　　　　　C　品　　900個　　@¥500　　¥450,000
　　30日　山形商店に対する買掛金の一部¥130,000を現金で支払った。

仕　　　入　　　帳　　　　　　　　1

令和○年	摘　　　　　要	内　　訳	金　　　額

買　掛　金　元　帳
岩　手　商　店　　　　　　1

	1/ 1	140,000

山　形　商　店　　　　　　2

	1/ 1	270,000

第3章　決　　算

⑱ 商品に関する決算整理

参照 ▶ p.197

> ### 学習のまとめ
>
> **① 商品売買損益の計算**
>
> 3分法による商品売買損益は，次の式によって計算する。
>
> **純売上高 － 売上原価 ＝ 商品売買益**（マイナスの時は商品売買損）
>
> 上記の式のうち，純売上高は売上勘定の貸方残高として表示されるが，売上原価はどの勘定にも表示
> されていない。そのため，決算にあたり売上原価を次の式によって仕入勘定で計算しなければならない。
>
> **期首商品棚卸高 ＋ 純仕入高 － 期末商品棚卸高 ＝ 売上原価**
>
> **② 売上原価と商品売買損益の記帳**
>
> (1)売上原価を仕入勘定で計算するために，次の手続きによって決算整理記入をおこなう。このように
> 　 勘定残高を修正・整理する記入のための仕訳を**決算整理仕訳**という。
>
> 　 ①期首商品棚卸高（繰越商品勘定の前期繰越高）を，**繰越商品勘定**から**仕入勘定**の借方に振り替える。
>
> 　 →この結果，仕入勘定の残高は，当期の販売可能な商品原価を示す。
>
> 　 ②期末商品棚卸高を，**仕入勘定**から**繰越商品勘定**の借方に振り替える。
>
> 　 →この結果，仕入勘定の残高は，**売上原価**を示す。
>
> (2)商品売買損益を計算するために，売上勘定残高と仕入勘定残高をそれぞれ損益勘定に振り替える。
> 　 このための仕訳を**決算振替仕訳**という。
>
> 　 ③純売上高（**売上勘定の貸方残高**）を，**損益勘定**の貸方に振り替える。
>
> 　 ④売上原価（**仕入勘定の借方残高**）を，**損益勘定**の借方に振り替える。
>
> 　 →この結果，損益勘定の純売上高と売上原価の差額が**商品売買益**（売上総利益）を示す。
>
>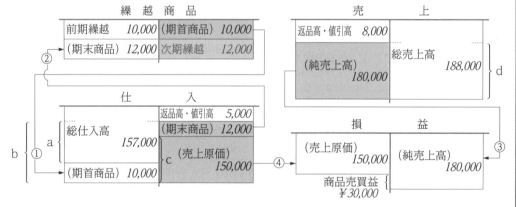
>
> a．¥157,000－¥ 5,000＝¥152,000（純仕入高）（決算整理前の仕入勘定残高）
> b．¥152,000＋¥10,000＝¥162,000（販売可能な商品原価）
> c．¥162,000－¥12,000＝¥150,000（売上原価）
> d．¥188,000－¥ 8,000＝¥180,000（純売上高）（決算整理前の売上勘定残高）

練 習 問 題

解答 ▶ p.32

18-1 次の空欄の金額を計算しなさい。ただし，純損失はマイナスで示すこと。

	期首商品棚卸高	純仕入高	期末商品棚卸高	売上原価	純売上高	商　品売買益	販売費及び一般管理費	純損益
1	190,000	1,080,000	242,500		1,564,000		240,900	
2	270,000	770,000	337,400		956,600		297,000	
3		612,000	136,000	882,000	1,220,000		163,800	

18-2 次の商品に関する勘定記録から，商品売買益を求めるために必要な仕訳を示し，下記の勘定に転記して，損益勘定以外は締め切りなさい。なお，勘定記入は，日付・相手科目・金額を示し，開始記入もおこなうこと。ただし，決算日は12月31日とし，期末商品棚卸高は¥180,000である。

	借　　　　　方	貸　　　　　方
12/31		
〃		
〃		
〃		

```
        繰 越 商 品                          仕        入
1/ 1前期繰越  165,000              760,000


        売        上                          損        益
              990,000
```

18-3 下記の資料によって，
(1)繰越商品勘定・仕入勘定・売上勘定に記入しなさい（金額だけでよい）。
(2)期末商品棚卸高を¥53,000として，商品売買益を求めるために必要な仕訳を示し，下記の勘定に転記して，損益勘定以外は締め切りなさい。ただし，決算日は12月31日とする。なお，勘定記入は，日付・相手科目・金額を示し，開始記入もおこなうこと。

資　　料

前期繰越高　¥ 39,000	仕　入　高　¥280,000	売　上　高　¥394,000
仕入返品高　　13,000	売上返品高　　9,700	仕入値引高　　6,300
売上値引高　　7,400		

	借　　　　　方	貸　　　　　方
12/31		
〃		
〃		
〃		

```
        繰 越 商 品                          仕        入




        売        上                          損        益
```

18-4 次の仕入帳と売上帳の記録から,

(1)仕入勘定と売上勘定に日付と金額を記入しなさい。また,商品売買益を求めるために必要な仕訳を示し,各勘定に転記して,損益勘定以外は締め切りなさい。なお,開始記入もおこなうこと。

(2)商品売買益を求めなさい。

ただし, ⅰ　勘定記入は,日付・相手科目・金額を示すこと。

ⅱ　決算日は12月31日とし,期末商品棚卸高は¥82,000である。

仕　入　帳

令和○年		摘　　　　要			金　　額
		×	×	×	×××
12	31		総 仕 入 高		336,000
	〃		仕入返品高・値引高		20,000
			純 仕 入 高		316,000

売　上　帳

令和○年		摘　　　　要			金　　額
		×	×	×	×××
12	31		総 売 上 高		406,000
	〃		売上返品高・値引高		10,000
			純 売 上 高		396,000

(1)

	借　　　　方	貸　　　　方
12/31		

繰　越　商　品

1/ 1前期繰越	64,000	

仕　　　　入

1/ 1~11/30	3,402,000	1/ 1~11/30	194,000

売　　　　上

1/ 1~11/30	120,000	1/ 1~11/30	4,662,000

損　　　　益

(2)　　商 品 売 買 益　¥

18-5 次の仕入帳と売上帳の記録から，下記の仕入勘定と売上勘定に記入しなさい。また，商品売買益を求めるために必要な仕訳を示し，各勘定に転記して締め切りなさい（損益勘定は締め切らなくてよい）。ただし，勘定には，日付・相手科目・金額を記入し，開始記入もおこなうこと。決算日は12月31日とする。なお，期末の商品棚卸高は¥61,000である。

仕　入　帳

令和〇年	摘　　　要	内　訳	金　額
12 10	因島商店　　　掛　け A品 170個　@¥215 引取費用現金払い	36,550 2,450	39,000
11	因島商店　掛け返品 A品　20個　@¥215		4,300
27	玉野商店　　　掛　け B品　90個　@¥500		45,000
29	玉野商店　掛け値引き B品　90個　@¥25		2,250

売　上　帳

令和〇年	摘　　　要	内　訳	金　額
12 15	相生商店　　　現　金 A品 120個　@¥300		36,000
18	柳井商店　　　掛　け A品　90個　@¥300		27,000
20	柳井商店　掛け返品 A品　30個　@¥300		9,000
30	相生商店　　　現　金 B品　60個　@¥600		36,000

	借　　　　　方	貸　　　　　方
12/31		

繰　越　商　品

1/ 1前期繰越	59,000		

仕　　　入

1/ 1～11/30	447,000	1/ 1～11/30	17,000

売　　　上

1/ 1～11/30	24,000	1/ 1～11/30	522,000

損　　　益

⑲ 貸し倒れ

①貸し倒れの見積もりと記帳方法

(1)期末の売掛金残高のなかには，次期に貸し倒れ（▶参照 p.68）となることが予想されるものもある。回収できないと予想されるときは，回収できないと見積もられる金額について，貸倒引当金を設定する。

貸し倒れの見積額 ＝ 期末の売掛金残高 × 貸倒償却率

合理的に見積もった額は，**貸倒引当金繰入勘定**（費用）の借方と，**貸倒引当金勘定**（売掛金勘定などを修正する**評価勘定**）の貸方に記入する。

例 当期の貸倒見積額　¥*3,000*

（借）貸倒引当金繰入　*3,000*　　（貸）貸倒引当金　*3,000*

(2)前期に設けた貸倒引当金勘定の残高があるときは，当期末の貸倒見積額から，貸倒引当金勘定の残高を差し引いた不足額について，貸倒引当金繰入勘定の借方と貸倒引当金勘定の貸方に記入する。この方法を，**差額補充法**（差額を計上する方法）という。

例 貸倒引当金勘定の期末残高　¥*1,000*　当期末の貸倒見積額　¥*3,000*

（借）貸倒引当金繰入　*2,000*　　（貸）貸倒引当金　*2,000*

```
①(2)      貸倒引当金繰入
   （補充額）2,000

          貸 倒 引 当 金
次期繰越     ┌ 期末残高  1,000
  3,000  ─→ ┤ （補充額）2,000
          貸倒見積額¥3,000
```

進んだ学習 (3)貸倒引当金勘定の残高が貸倒見積額よりも多い場合は，貸倒引当金勘定の残高を減らさなければならないので，差額を貸倒引当金勘定の借方に記入するとともに，**貸倒引当金戻入勘定**（収益）の貸方に記入する。

例 貸倒引当金勘定の期末残高　¥*3,000*　当期末の貸倒見積額　¥*1,000*

（借）貸倒引当金　*2,000*　　（貸）貸倒引当金戻入　*2,000*

②貸し倒れの発生（貸倒引当金が設けてある場合）

(1)貸し倒れが発生したときは，貸倒発生額を貸倒引当金勘定の借方と売掛金勘定の貸方に記入する。

（借）貸倒引当金　×××　　（貸）売　掛　金　×××

(2)貸倒引当金勘定の残高以上に貸し倒れが発生したときは，その超過額は**貸倒損失勘定**の借方に記入する。

（借）貸倒引当金　×××　　（貸）売　掛　金　×××
　　　貸倒損失　×××

練習問題
解答 ▶ p.34

19-1 次の取引の仕訳を示し，貸倒引当金勘定に転記して締め切りなさい。ただし，勘定記入は，日付・相手科目・金額を示し，開始記入もおこなうこと。なお，貸倒引当金の計上は差額補充法による。

決算（12月31日）にあたり，売掛金残高¥*600,000*に対して３％の貸し倒れを見積もった。ただし，貸倒引当金勘定の残高が¥*10,000*ある。

借　　　　　方	貸　　　　　方

貸 倒 引 当 金

				10,000

19-2 次の連続した取引の仕訳を示し，貸倒引当金勘定に転記して締め切りなさい。ただし，勘定には，日付・相手科目・金額を記入し，貸倒引当金の計上は差額補充法によること。
　6/ 8　前期から繰り越された売掛金のうち￥42,000が貸し倒れとなった。
　12/31　決算にあたり，売掛金残高￥2,100,000に対して5％の貸し倒れを見積もった。
　7/15　前期から繰り越された売掛金のうち￥120,000が貸し倒れとなった。

	借　　　　方	貸　　　　方
6/ 8		
12/31		
7/15		

貸　倒　引　当　金

	1/ 1 前 期 繰 越　　80,000

19-3 次の取引の仕訳を示しなさい。
進んだ学習　決算にあたり，売掛金の期末残高￥220,000に対して5％の貸し倒れを見積もった。ただし，貸倒引当金勘定の残高が￥13,000ある。

借　　　　方	貸　　　　方

19-4 津和野商店が倒産し，同店に対する売掛金￥76,000が回収不能となった。次のそれぞれの場合の仕訳を示しなさい。
(1)貸倒引当金勘定の残高がない場合
(2)貸倒引当金勘定の残高が￥80,000ある場合
(3)貸倒引当金勘定の残高が￥70,000ある場合

	借　　　　方	貸　　　　方
(1)		
(2)		
(3)		

検定問題

解答 ▶ p.34

19-5 次の取引の仕訳を示しなさい。
頻出!!(1)得意先南北商店が倒産し，前期から繰り越された同店に対する売掛金￥76,000が回収不能となったため，貸し倒れとして処理した。ただし，貸倒引当金勘定の残高が￥130,000ある。
（第91回，類題第84・89回）
頻出!!(2)得意先南北商店が倒産し，前期から繰り越された同店に対する売掛金￥45,000が回収不能となったため，貸し倒れとして処理した。ただし，貸倒引当金勘定の残高が￥26,000ある。
（第95回，類題第94回）

	借　　　　方	貸　　　　方
(1)		
(2)		

20 固定資産の減価償却(1)―直接法― 参照 ▶ p.175

①減価償却の意味

備品や建物などの固定資産は，使用および時の経過などによって，その価値がしだいに減少する。そこで，決算のときに，その価値の減少額を費用に計上するとともに，固定資産の価額を減少させる。この手続きを**減価償却**という。

(注)土地のように，時の経過などによってその価値が減少しない固定資産は，減価償却の対象にはならない。

②減価償却費の計算方法 (定額法)

減価償却費は，次の式によって計算する。

$$1年分の減価償却費＝\frac{取得原価－残存価額^{*1}}{耐用年数^{*2}}$$

この減価償却費の計算方法を**定額法**という。

例 取得原価 ¥200,000　残存価額 取得原価の10%
耐用年数 5年　　決算 年1回

$$\frac{¥200,000－¥200,000×0.1}{5年}＝¥36,000$$

備	品		
取得原価		(償却額)	36,000
	200,000	次期繰越	164,000

減 価 償 却 費		
(償却額)	36,000	

③減価償却費の記帳方法 (直接法)

減価償却費の額を，**減価償却費勘定**（費用）の借方と，その固定資産の勘定の貸方に記入し，固定資産の価額を直接減少させる。この記帳方法を，**直接法**という。

＊1 「法人税法改正」により，平成19年4月1日以降に取得する有形固定資産については，残存価額を零 (0) として計算する。

＊2 決算が年2回のときは，耐用年数を2倍する。

練習問題

解答 ▶ p.34

20-1 次の備品の毎期の減価償却費を，定額法によって計算しなさい。

取得原価 ¥400,000　残存価額 零 (0)　耐用年数 10年　決算 年1回

計算式		毎期の減価償却費 ¥

20-2 次の取引の仕訳を示し，下記の勘定に転記して締め切りなさい。ただし，勘定記入は，日付・相手科目・金額を示し，開始記入もおこなうこと。

1/10 商品陳列ケース¥250,000を買い入れ，代金は小切手を振り出して支払った。

12/31 決算にあたり，上記商品陳列ケースの減価償却をおこなった。ただし，残存価額は取得原価の10%　耐用年数 5年　決算 年1回　定額法　直接法で記帳している。

〃 減価償却費勘定の残高を損益勘定に振り替えた。

	借　　　　　方	貸　　　　　方
1/10		
12/31		
〃		

備　　　　品	減 価 償 却 費

21 精算表⑵― 8 けた精算表―

参照 ▶ p.27

① 8 けた精算表

すでに学習した 6 けた精算表に，残高試算表の勘定残高の修正を記入する**「整理記入」**欄を設けて，金額欄を 8 けたとした精算表を **8 けた精算表**という。

② 8 けた精算表の作成方法

残高試算表欄と**整理記入欄**に金額が記入された勘定科目は，**貸借同じ側**にあれば**加算**し，**反対側**にあれば**減算**して，その合計額または残額を，資産・負債・純資産の勘定は**貸借対照表欄**に，収益・費用の勘定は**損益計算書欄**に記入する。あとは，6 けた精算表の場合と同じである。決算整理事項をまとめると，次のようになる。

決算整理事項
　⑴期末商品棚卸高　¥12,000
　⑵貸 倒 見 積 高　売掛金残高の 5 ％と見積もり，貸倒引当金を設定する。（差額補充法）
　⑶備品減価償却高　¥1,800（直接法）

決算整理仕訳は次のようになる。
　⑴（借）仕　　　　入　10,000　　（貸）繰 越 商 品　10,000　→繰越商品の金額
　　　　　　繰 越 商 品　12,000　　　　　仕　　　　入　12,000　→期末商品の金額
　⑵（借）貸倒引当金繰入　2,000　　（貸）貸 倒 引 当 金　2,000
　　　60,000（売掛金）× 5 ％＝3,000
　　　3,000－1,000（貸倒引当金）＝2,000
　⑶（借）減 価 償 却 費　1,800　　（貸）備　　　　品　1,800

精　算　表

	勘 定 科 目	残高試算表		整 理 記 入		損益計算書		貸借対照表	
		借　方	貸　方	借　方	貸　方	借　方	貸　方	借　方	貸　方
	繰 越 商 品	10,000		②12,000	①10,000			12,000	
⑴	仕　　　　入	152,000		①10,000	②12,000	150,000			
	売　　　　上		180,000				180,000		
	売 　掛 　金	60,000						60,000	
⑵	貸倒引当金		1,000		2,000				3,000
	貸倒引当金繰入			2,000		2,000			
	備　　　　品	10,000			1,800			8,200	
⑶	減 価 償 却 費			1,800		1,800			

練 習 問 題

解答 ▶ p.35

21-1 長野商店（個人企業　決算年1回　12月31日）の次の決算整理事項によって，決算整理仕訳を示し，精算表を完成しなさい。

決算整理事項
a．期末商品棚卸高　¥930,000
b．貸倒見積高　売掛金残高の5％と見積もり，貸倒引当金を設定する。ただし，差額を計上する方法によること。
c．備品減価償却高　¥180,000（直接法によって記帳している）。

	借　　　　方	貸　　　　方
a		
b		
c		

精　算　表
令和○年12月31日

勘定科目	残高試算表 借方	残高試算表 貸方	整理記入 借方	整理記入 貸方	損益計算書 借方	損益計算書 貸方	貸借対照表 借方	貸借対照表 貸方
現　　　　金	280,000							
当 座 預 金	760,000							
売 　掛 　金	1,100,000							
貸倒引当金		5,000						
繰 越 商 品	730,000							
備　　　　品	820,000							
買 　掛 　金		720,000						
前 　受 　金		100,000						
資 　本 　金		2,400,000						
売　　　　上		8,100,000						
受取手数料		65,000						
仕　　　　入	5,700,000							
給　　　　料	1,080,000							
支 払 家 賃	840,000							
通 　信 　費	72,000							
雑　　　　費	8,000							
	11,390,000	11,390,000						
貸倒引当金繰入								
減価償却費								
当期純(　　)								

21-2 次の決算整理事項によって，決算整理仕訳を示し，精算表を完成しなさい。

決算整理事項
　a．期末商品棚卸高　¥136,000
　b．貸 倒 見 積 高　売掛金残高の4％と見積もり，貸倒引当金を設定する（差額を計上する方法）。
　c．備品減価償却高　¥18,000（直接法によって記帳している）。

	借　　　　　方	貸　　　　　方
a		
b		
c		

精　算　表
令和○年12月31日

勘定科目	残高試算表 借方	残高試算表 貸方	整理記入 借方	整理記入 貸方	損益計算書 借方	損益計算書 貸方	貸借対照表 借方	貸借対照表 貸方
現　　　金	215,000							
当 座 預 金	365,000							
売　掛　金	400,000							
貸倒引当金		11,000						
繰 越 商 品	105,000							
備　　　品	400,000							
買　掛　金		400,000						
借　入　金		488,000						
資　本　金		500,000						
売　　　上		1,849,000						
受取手数料		45,000						
仕　　　入	1,513,000							
給　　　料	207,000							
広　告　料	58,000							
支 払 利 息	30,000							
	3,293,000	3,293,000						

21-3 品川商店（個人企業　決算年1回　12月31日）の総勘定元帳の記録と決算整理事項は，次のとおりであった。よって，

(1)決算整理仕訳を示しなさい。

(2)精算表を完成しなさい。

(3)繰越商品勘定・資本金勘定・受取手数料勘定・支払家賃勘定に必要な記入をおこない，締め切りなさい。ただし，勘定記入は，日付・相手科目・金額を示すこと。

総　勘　定　元　帳　（注）総勘定元帳の記録は合計額で示してある。

現　　　金　　1	当　座　預　金　　2	売　　掛　　金　　3
2,705,000 | 2,330,000	7,180,000 | 4,350,000	6,860,000 | 3,880,000

貸 倒 引 当 金　　4	繰　越　商　品　　5	備　　　　品　　6
| 47,000	920,000 |	372,000 |

買　　掛　　金　　7	借　　入　　金　　8	資　　本　　金　　9
2,940,000 | 4,980,000	| 550,000	| 4,000,000

売　　　上　　10	受 取 手 数 料　　11	仕　　　入　　12
150,000 | 8,910,000	| 139,000	6,346,000 | 110,000

給　　　料　　13	支　払　家　賃　　14	消　耗　品　費　　15
1,210,000 |	360,000 |	118,000 |

雑　　　費　　16	支　払　利　息　　17
78,000 |	57,000 |

決算整理事項

 a. 期末商品棚卸高　¥950,000

 b. 貸 倒 見 積 高　売掛金残高の5%と見積もり，貸倒引当金を設定する。

 c. 備品減価償却高　取得原価¥480,000　残存価額は取得原価の10%　耐用年数は8年とし，定額法による（直接法によって記帳している）。

$$定額法による年間の減価償却費＝\frac{取得原価－残存価額}{耐用年数}$$

(1)

	借　　　　方	貸　　　　方
a		
b		
c		

(2)

精　算　表

令和○年12月31日

勘定科目	残高試算表		整理記入		損益計算書		貸借対照表	
	借　方	貸　方	借　方	貸　方	借　方	貸　方	借　方	貸　方
現　　　金								
当 座 預 金								
売　掛　金								
貸倒引当金								
繰 越 商 品								
備　　　品								
買　掛　金								
借　入　金								
資　本　金								
売　　　上								
受取手数料								
仕　　　入								
給　　　料								
支 払 家 賃								
消 耗 品 費								
雑　　　費								
支 払 利 息								

(3)

繰 越 商 品　　　5

| 1/ 1 前期繰越 | 920,000 | | |

資　本　金　　　9

| | | 1/ 1 前期繰越 | 4,000,000 |

受 取 手 数 料　　11

| | | 10/ 2 現　金 | 90,000 |
| | | 11/15 現　金 | 49,000 |

支 払 家 賃　　14

| 1/20 当座預金 | 180,000 | | |
| 7/20 現　金 | 180,000 | | |

検定問題

解答 ▶ p.38

21-4 北陸商店（個人企業　決算年1回　12月31日）の決算整理事項は次のとおりであった。よっ

◀頻出!! て，

(1)精算表を完成しなさい。

(2)貸倒引当金勘定に必要な記入をおこない，締め切りなさい。ただし，勘定記入は，日付・相
手科目・金額を示すこと。　　　　　　　　　　　　　　　　　　　　　　（第80回改題）

決算整理事項
   a．期末商品棚卸高　¥648,000
   b．貸倒見積高　売掛金残高の2％と見積もり，貸倒引当金を設定する。
   c．備品減価償却高　取得原価¥1,260,000　残存価額は零(0)　耐用年数は6年とし，定額
       法により計算し，直接法で記帳している。

$$定額法による年間の減価償却費＝\frac{取得原価－残存価額}{耐用年数}$$

(1)

精　算　表
令和○年12月31日

勘定科目	残高試算表 借方	残高試算表 貸方	整理記入 借方	整理記入 貸方	損益計算書 借方	損益計算書 貸方	貸借対照表 借方	貸借対照表 貸方
現　　　金	451,000							
当座預金	1,242,000							
売　掛　金	1,500,000							
貸倒引当金		6,000						
繰越商品	594,000							
前　払　金	300,000							
備　　　品	840,000							
買　掛　金		972,000						
資　本　金		3,150,000						
売　　　上		9,450,000						
受取手数料		89,000						
仕　　　入	6,858,000							
給　　　料	1,080,000							
支払家賃	720,000							
消耗品費	64,000							
雑　　　費	18,000							
	13,667,000	13,667,000						

（注意）勘定には，日付・相手科目・金額を記入し，締め切ること。

(2)
貸倒引当金　　　　4

6/6	売掛金	20,000	1/1	前期繰越	26,000

21-5 奈良商店（個人企業　決算年1回　12月31日）の決算整理事項は次のとおりであった。よって，

(1)精算表を完成しなさい。

(2)備品勘定に必要な記入をおこない，締め切りなさい。ただし，勘定記入は，日付・相手科目・金額を示すこと。　　　　　　　　　　　　　　　　　　　　　　　　　（第77回改題）

決算整理事項
- a．期末商品棚卸高　¥730,000
- b．貸倒見積高　売掛金残高の2％と見積もり，貸倒引当金を設定する。
- c．備品減価償却高　取得原価¥1,200,000　残存価額は零（0）　耐用年数は8年とし，定額法により計算し，直接法で記帳している。

$$\text{定額法による年間の減価償却費} = \frac{\text{取得原価} - \text{残存価額}}{\text{耐用年数}}$$

(1)
精　算　表

令和○年12月31日

勘定科目	残高試算表 借方	残高試算表 貸方	整理記入 借方	整理記入 貸方	損益計算書 借方	損益計算書 貸方	貸借対照表 借方	貸借対照表 貸方
現　　　金	730,000							
当座預金	1,676,000							
売　掛　金	2,300,000							
貸倒引当金		6,000						
繰越商品	690,000							
備　　　品	750,000							
買　掛　金		1,392,000						
前　受　金		360,000						
資　本　金		4,000,000						
売　　　上		9,400,000						
受取手数料		32,000						
仕　　　入	6,554,000							
給　　　料	1,386,000							
支払家賃	816,000							
水道光熱費	247,000							
雑　　　費	41,000							
	15,190,000	15,190,000						

（注意）　勘定には，日付・相手科目・金額を記入し，締め切ること。

(2)
備　　　品　　　　　6

1/ 1 前期繰越	750,000		

21-6 山口商店（個人企業　決算年1回　12月31日）の合計試算表と決算整理事項は，次のとおりであった。よって，

(1)精算表を完成しなさい。

(2)売上勘定に必要な記入をおこない，締め切りなさい。ただし，勘定記入は，日付・相手科目・金額を示すこと。

(第93回改題)

合　計　試　算　表

令和○年12月31日

借　　　方	元丁	勘　定　科　目	貸　　　方
1,450,000	1	現　　　　　　金	1,150,000
4,027,000	2	当　座　預　金	3,278,000
4,890,000	3	売　　掛　　金	4,090,000
8,000	4	貸　倒　引　当　金	15,000
630,000	5	繰　越　商　品	
1,040,000	6	備　　　　　　品	
2,074,000	7	買　　掛　　金	2,695,000
320,000	8	前　　受　　金	400,000
	9	資　　本　　金	1,500,000
28,000	10	売　　　　　　上	6,564,000
	11	受　取　手　数　料	198,000
3,920,000	12	仕　　　　　　入	45,000
1,080,000	13	給　　　　　料	
360,000	14	支　払　家　賃	
75,000	15	水　道　光　熱　費	
26,000	16	消　耗　品　費	
7,000	17	雑　　　　　　費	
19,935,000			19,935,000

決算整理事項

　a．期末商品棚卸高　¥420,000

　b．貸 倒 見 積 高　売掛金残高の2％と見積もり，貸倒引当金を設定する。

　c．備品減価償却高　取得原価¥1,560,000　残存価額は零（0）　耐用年数は6年とし，定額法により計算し，直接法で記帳している。

$$定額法による年間の減価償却費 = \frac{取得原価 - 残存価額}{耐用年数}$$

(1)

精　算　表

令和○年12月31日

勘定科目	残高試算表 借方	残高試算表 貸方	整理記入 借方	整理記入 貸方	損益計算書 借方	損益計算書 貸方	貸借対照表 借方	貸借対照表 貸方
現　　金								
当座預金								
売　掛　金	800,000							
貸倒引当金		7,000						
繰越商品								
備　　品	1,040,000							
買　掛　金								
前　受　金								
資　本　金								
売　　上								
受取手数料								
仕　　入								
給　　料								
支払家賃								
水道光熱費								
消耗品費								
雑　　費								
貸倒引当金繰入								
減価償却費								
当期純利益								

(注意)　i　売上勘定の記入は，合計額で示してある。

　　　　ii　勘定には，日付・相手科目・金額を記入し，締め切ること。

(2)

売　　　　　　上　　　　　　10

28,000	6,564,000

21-7 富山商店（個人企業　決算年1回　12月31日）の決算整理事項等は次のとおりであった。よって，(1)精算表を完成しなさい。(2)繰越商品勘定・給料勘定に必要な記入をおこない，締め切りなさい。ただし，繰越商品勘定・給料勘定には，日付・相手科目・金額を記入すること。

(第48回一部修正)

決算整理事項等
- a．期末商品棚卸高　¥860,000
- b．貸倒見積高　売掛金残高の5％と見積もり，貸倒引当金を設定する。
- c．備品減価償却高　取得原価¥1,200,000　残存価額は零（0）　耐用年数は6年とし，定額法による（直接法によって記帳している）。
- 進んだ学習 d．現金過不足勘定の¥7,000は雑損とする。
- 進んだ学習 e．引出金勘定の¥30,000は整理する。

(1)
精　算　表
令和○年12月31日

勘定科目	残高試算表 借方	残高試算表 貸方	整理記入 借方	整理記入 貸方	損益計算書 借方	損益計算書 貸方	貸借対照表 借方	貸借対照表 貸方
現　　金	455,000							
当座預金	1,830,000							
売掛金	2,780,000							
貸倒引当金		40,000						
繰越商品	900,000							
備　　品	800,000							
買掛金		2,100,000						
借入金		800,000						
前受金		90,000						
資本金		3,000,000						
引出金	30,000							
売　　上		9,170,000						
受取手数料		45,000						
仕　　入	6,270,000							
給　　料	1,350,000							
支払家賃	600,000							
消耗品費	132,000							
雑　　費	43,000							
支払利息	48,000							
現金過不足	7,000							
	15,245,000	15,245,000						

(2)

繰越商品　5

1/1 前期繰越	900,000		

給　料　14

	1,350,000		

㉒ 帳簿決算

① 帳簿決算の意味

総勘定元帳の記録をもとにして，決算に必要な手続きを仕訳帳・総勘定元帳をとおしておこない，締め切ることを**帳簿決算**という。

② 決算の手続き

総勘定元帳の勘定残高を修正する場合の決算手続きは，次のとおりである。

(1)決算予備手続き

　　a．仕訳帳を締め切る（第一次締切）。

　　b．試算表を作成する。

　　c．**棚卸表**（決算整理事項等をまとめた一覧表）および精算表を作成する。

(2)決算本手続き

　　a．決算整理仕訳をおこない，総勘定元帳に転記する。

　　　　いままでに学んだ決算整理事項等…………　①３分法による売上原価の計算
　　　　　　　　　　　　　　　　　　　　　　　　　②貸し倒れの見積もり
　　　　　　　　　　　　　　　　　　　　　　　　　③固定資産の減価償却

　　b．収益・費用の各勘定残高を**損益勘定**に振り替える。

　　c．損益勘定で当期純利益を算出し，資本金勘定の**貸方**に振り替える（当期純損失のときは**借方**）。

　　d．収益・費用の各勘定および損益勘定を締め切る。

　　e．資産・負債・純資産の各勘定を，残高のある反対側に赤字で次期繰越の記入をおこない締め切る。開始記入もおこなう。

　　f．**繰越試算表**を作成する。

　　g．補助簿を締め切る。

　　h．仕訳帳を締め切る（第二次締切）。

(3)損益計算書・貸借対照表を作成する。

練習問題

解答 ▶ p.42

22-1 次の決算整理事項によって，決算整理仕訳を示しなさい。

　(1)期末商品棚卸高　¥480,000（ただし，期首商品棚卸高は¥320,000である。）

　(2)売掛金残高¥530,000に対して３％の貸し倒れを見積もる。ただし，貸倒引当金勘定の残高は¥7,900であり，差額を計上する方法によること。

　(3)備品の当期減価償却高　¥25,200（直接法）

	借　　　　　　方	貸　　　　　　方
(1)		
(2)		
(3)		

22-2 富山商店（個人企業　決算年1回　12月31日）における総勘定元帳の勘定記録と決算整理事項は，下記のとおりであった。よって，

(1)決算に必要な仕訳を示し，総勘定元帳に転記して締め切りなさい。ただし，勘定記入は，日付・相手科目・金額を示し，開始記入もおこなうこと。なお，勘定記録は合計額で示してある。

(2)繰越試算表を作成しなさい。

(3)商品売買益を求めなさい。

決算整理事項
　　　a．期末商品棚卸高　¥315,000
　　　b．備品減価償却高　¥ 13,500（直接法によって記帳している）。

(1)

	借　　　　　方	貸　　　　　方
決算整理仕訳		
決算振替仕訳		

	現　　　金　　　1	
1,694,000	1,460,000

	繰　越　商　品　　　5	
325,000	

	備　　　品　　　6	
96,000	

	買　　掛　　金　　　8	
1,155,000	1,196,000

資　本　金	10
	400,000

売　　　上	11
	1,600,000

仕　　　入	12
1,110,000	

給　　　料	13
276,000	

減 価 償 却 費	15

損　　　益	21

(2)
繰 越 試 算 表
令和○年12月31日

借　方	元丁	勘 定 科 目	貸　方

(3)

商 品 売 買 益	¥

22-3 香川商店（個人企業　決算年1回　12月31日）における総勘定元帳の勘定記録と決算整理事項は，下記のとおりであった。よって，決算に必要な仕訳を示し，総勘定元帳に転記して締め切り，繰越試算表を作成しなさい。ただし，勘定記入は，日付・相手科目・金額を示し，開始記入もおこなうこと。なお，勘定記録は合計額で示してある。

決算整理事項
- a．期末商品棚卸高　¥96,000
- b．貸倒見積高　売掛金残高の5％と見積もり，貸倒引当金を設定する。
- c．備品減価償却高　取得原価¥160,000　残存価額は取得原価の10％　耐用年数は10年とし，定額法により計算し，直接法で記帳している。

$$\text{定額法による年間の減価償却費} = \frac{\text{取得原価}－\text{残存価額}}{\text{耐用年数}}$$

		借　　　　　方	貸　　　　　方
決算整理仕訳			
決算振替仕訳	収益の振替		
	費用の振替		
	純損益の振替		

現　　　　金　　　　1		売　　掛　　金　　3	
894,400	635,000	382,000	232,000

貸　倒　引　当　金　　4		繰　越　商　品　　5	
	4,000	71,000	

備	品	6
145,600		

買	掛	金	8
195,000		285,000	

資	本	金	10
	500,000		

売	上	11
	643,000	

仕	入	12
514,000		

給	料	13
52,000		

支 払 家 賃	14
45,000	

貸 倒 引 当 金 繰 入	15

減 価 償 却 費	16

損	益	19

繰 越 試 算 表
令和○年12月31日

借　方	元丁	勘 定 科 目	貸　方

22-4 神戸商店（個人企業　決算年1回　12月31日）における総勘定元帳の勘定記録と棚卸表は，下記のとおりであった。よって，決算に必要な仕訳を示し，総勘定元帳に転記して締め切り，繰越試算表を作成しなさい。ただし，勘定記入は，日付・相手科目・金額を示し，開始記入もおこなうこと。なお，勘定記録は合計額で示してある。

棚　　卸　　表

摘　　　　　要			内　　訳	金　　額
商　　　　品				
A　品	400個	@¥700	280,000	
B　品	350個	@¥450	157,500	437,500
売　掛　金				
帳　簿　残　高			220,000	
貸　倒　見　積　高			4,400	215,600
備　　　　品				
取　得　原　価			200,000	
減　価　償　却　高			18,000	182,000

	借　　　　方	貸　　　　方
決算整理仕訳		
決算振替仕訳		

現　　金　　1		売　掛　金　　3	
436,000	359,500	298,000	78,000

貸 倒 引 当 金	4
	1,500

繰 越 商 品	5
360,000	

備	品	6
200,000		

買 掛	金	7
90,000		250,000

借 入 金	8
	120,000

資 本 金	9
	450,000

売	上	10
		750,000

仕	入	11
450,000		

給	料	12
45,000		

支 払 家 賃	13
125,000	

支 払 利 息	14
5,000	

貸 倒 引 当 金 繰 入	15

減 価 償 却 費	16

繰 越 試 算 表
令和○年12月31日

借 方	元丁	勘 定 科 目	貸 方

損	益	17

検定問題

解答 ▶ p.45

22-5 関東商店（個人企業　決算年1回　12月31日）の総勘定元帳の記録と決算整理事項は，次のとおりであった。よって，

(1)a．決算整理仕訳を示しなさい。

b．収益・費用の諸勘定残高を，損益勘定に振り替える仕訳を示しなさい。

c．当期の純損益を資本金勘定に振り替える仕訳を示しなさい。

(2)貸倒引当金勘定・損益勘定に必要な記入をおこない，締め切りなさい。ただし，貸倒引当金勘定・損益勘定には，日付・相手科目・金額を記入し，開始記入もおこなうこと。

(3)繰越試算表を作成しなさい。

(第30回一部修正)

総 勘 定 元 帳　（注意）　総勘定元帳の記録は合計額で示してある。

現　　金　　1		当 座 預 金　　2		売 掛 金　　3	
2,520,000	2,130,000	5,480,000	3,140,000	6,580,000	5,380,000

繰 越 商 品　　4		備　　品　　5		買 掛 金　　6	
690,000		656,000		3,250,000	4,160,000

資 本 金　　7		売　　上　　8		受 取 手 数 料　　9	
	4,000,000	50,000	7,835,000		75,000

仕　　入　　10		給　　料　　11		支 払 家 賃　　12	
5,940,000		1,080,000		420,000	

雑　　費　　13	
54,000	

決算整理事項

①期末商品棚卸高　¥730,000

②貸 倒 見 積 高　売掛金残高の5％と見積もり，貸倒引当金を設定する。

③備品減価償却高　¥ 72,000（直接法によって記帳している）。

(1)

a.

	借　　　　方	貸　　　　方
①		
②		
③		

b.

借　　　　　方	貸　　　　　方

c.

借　　　　　方	貸　　　　　方

(2)

貸 倒 引 当 金　　　15

損　　　　益　　　18

12/31 仕　　入	12/31 売　　上

(3)

繰 越 試 算 表
令和○年12月31日

借　　方	元丁	勘 定 科 目	貸　　方

23 財務諸表（損益計算書・貸借対照表）の作成

①損益計算書

企業の一定期間の経営成績を明らかにした表が，損益計算書である。

損益計算書には，損益計算書であることの名称，企業の名称，**会計期間**を記載する。

損益計算書は，損益勘定をもとにして作成するが，損益勘定の仕入は**売上原価**，売上は**売上高**として表示する。なお，損益計算書の当期純利益（損失）は赤字*で記入する。　　＊黒字で記入する場合もある。

②貸借対照表

企業の一定時点の財政状態を明らかにした表が，貸借対照表である。

貸借対照表には，貸借対照表であることの名称，企業の名称，**決算日**を記載する。

貸借対照表は，繰越試算表をもとにして作成するが，**貸倒引当金**は売掛金から差し引く形式（控除形式）で，繰越商品は**商品**として表示する。

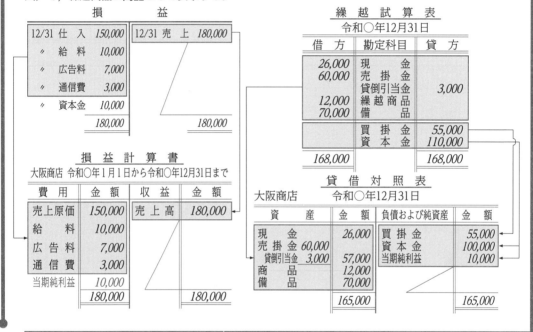

練習問題

解答 ▶ p.45

23-1 福岡商店（個人企業　決算年1回　12月31日）の総勘定元帳勘定残高と決算整理事項は，次のとおりであった。よって，

(1)決算整理仕訳を示しなさい。

(2)損益計算書と貸借対照表を完成しなさい。ただし，評価勘定は控除する形式によって示すこと。

元帳勘定残高

現　　　金	¥ 280,000	売　掛　金	¥ 778,000	貸倒引当金	¥ 10,000
繰 越 商 品	392,000	備　　　品	360,000	土　　　地	900,000
買　掛　金	760,000	借　入　金	420,000	資　本　金	985,000
売　　　上	3,880,000	仕　　　入	2,840,000	給　　　料	492,000
支 払 利 息	13,000				

決算整理事項
 a. 期末商品棚卸高　¥*370,000*
 b. 貸倒見積高　売掛金残高の3％と見積もり，貸倒引当金を設定する。ただし，差額を計上する方法によること。
 c. 備品減価償却高　¥*16,200*（直接法）

(1)

	借　　　　　方	貸　　　　　方
a		
b		
c		

(2)

損　益　計　算　書

（　　　）商店　　　令和○年　　月　　日から令和○年　　月　　日まで

費　　　　　用	金　　　額	収　　　　　益	金　　　額
（　　　　　　　）		（　　　　　　　）	
給　　　　料			
貸 倒 引 当 金 繰 入			
減 価 償 却 費			
支 払 利 息			
（　　　　　）			

貸　借　対　照　表

（　　　）商店　　　　　　令和○年　月　日

資　　　　　産	金　　　額	負債および純資産	金　　　額
現　　　金		買　掛　金	
売　掛　金（　　）		借　入　金	
（　　　）（　　）		資　本　金	
（　　　　）		（　　　　　）	
備　　　品			
土　　　地			

23-2 佐賀商店（個人企業　決算年1回　12月31日）の総勘定元帳勘定残高と決算整理事項によって，決算整理仕訳を示し，損益計算書・貸借対照表を完成しなさい。ただし，評価勘定は控除する形式による。

元帳勘定残高

現　　　金	¥ 753,000	当座預金	¥1,560,000	売　掛　金	¥1,020,000
貸倒引当金	20,000	繰越商品	1,820,000	備　　　品	546,000
買　掛　金	974,000	借　入　金	960,000	資　本　金	3,000,000
売　　　上	6,100,000	受取手数料	5,800	仕　　　入	4,700,000
給　　　料	380,000	支払家賃	240,000	消耗品費	40,800

決算整理事項

　a．期末商品棚卸高　¥2,240,000
　b．貸倒見積高　売掛金残高の4％と見積もり，貸倒引当金を設定する（差額補充法）。
　c．備品減価償却高　¥　27,000（直接法）

	借　　　　　方		貸　　　　　方	
a				
b				
c				

損　益　計　算　書

（　　　）商店　　　　　令和○年　　月　　日から令和○年　　月　　日まで

費　　　　　用	金　　額	収　　　　　益	金　　額
売　上　原　価		売　上　高	
給　　　料		（　　　　　）	
（　　　　　）			
（　　　　　）			
支　払　家　賃			
消　耗　品　費			
（　　　　　）			

貸　借　対　照　表

（　　　）商店　　　　　　　　　令和○年　　月　　日

資　　　　　産	金　　額	負債および純資産	金　　額
現　　　金		買　掛　金	
当　座　預　金		借　入　金	
（　　　　）（　　　　）		資　本　金	
（　　　　）（　　　　）		（　　　　　）	
（　　　　）			
備　　　品			

23-3 宮崎商店（個人企業　決算年1回　12月31日）の総勘定元帳勘定残高と決算整理事項は，次のとおりであった。よって，

(1)決算整理仕訳を示しなさい。

(2)損益勘定に必要な記入をおこない，締め切りなさい。ただし，勘定記入は，日付・相手科目・金額を示すこと。

(3)当期純損益を資本金勘定に振り替える仕訳を示しなさい。

(4)貸借対照表を完成しなさい。なお，貸借対照表の資本金は期首資本の金額を示すこと。

元帳勘定残高

現　　金	¥ 648,400	当座預金	¥ 936,000	売 掛 金	¥1,360,000
貸倒引当金	40,000	繰越商品	160,000	備　品	320,000
土　　地	840,000	買 掛 金	1,220,000	借 入 金	400,000
資 本 金	2,000,000	売　上	3,940,000	受取手数料	142,000
仕　　入	2,740,000	給　料	527,200	支 払 家 賃	144,000
消 耗 品 費	48,000	雑　費	18,400		

決算整理事項

　a．期末商品棚卸高　¥208,000

　b．貸 倒 見 積 高　売掛金残高の5％と見積もり，貸倒引当金を設定する。

　c．備品減価償却高　¥ 28,800（直接法）

(1)

	借　　方	貸　　方
a		
b		
c		

(2)

損　　　　益　　　　22

12/31仕　　入	12/31売　　上

(3)

借　　方	貸　　方

(4)

貸 借 対 照 表

（　　　）商 店　　　　令和○年　月　日

資　　　　　産	金　　額	負 債 お よ び 純 資 産	金　　額
現　　　金		買　掛　金	
当 座 預 金		（　　　　）	
売　掛　金 （　　）		資　本　金	
（　　）（　　）		（　　　　）	
（　　　　）			
備　　　品			
土　　　地			

23-4 長野商店（個人企業　決算年1回　12月31日）の残高試算表と決算整理事項は，次のとおりであった。よって，
(1)決算整理仕訳を示しなさい。
(2)資本金勘定を完成しなさい。なお，損益勘定から資本金勘定に振り替える当期純利益の金額は¥471,000である。
(3)損益計算書を完成しなさい。

残 高 試 算 表
令和○年12月31日

借　　方	元丁	勘定科目	貸　　方
376,000	1	現　　　金	
1,843,000	2	当 座 預 金	
2,780,000	3	売 　掛　 金	
	4	貸 倒 引 当 金	52,000
1,240,000	5	繰 越 商 品	
500,000	6	貸 　付 　金	
792,000	7	備　　　品	
	8	買 　掛 　金	2,389,000
	9	資 　本 　金	4,500,000
	10	売　　　上	9,691,000
	11	受 取 利 息	32,000
6,890,000	12	仕　　　入	
1,530,000	13	給　　　料	
480,000	14	支 払 家 賃	
156,000	15	消 耗 品 費	
77,000	16	雑　　　費	
16,664,000			16,664,000

決算整理事項

a．期末商品棚卸高　¥1,370,000
b．貸 倒 見 積 高　売掛金残高の5％と見積もり，貸倒引当金を設定する。
c．備品減価償却高　取得原価　¥1,440,000　残存価額は取得原価の10％　耐用年数は8年とし，定額法による（直接法によって記帳している）。

(1)

	借　　　　方	貸　　　　方
a		
b		
c		

(2)　　　　　資　　本　　金　　　　9

12/31（　　　）（　　　）			1/ 1 前期繰越　4,500,000	
			12/31（　　　）（　　　）	
（　　　）			（　　　）	

(3)
損 益 計 算 書
長 野 商 店　　　　令和○年1月1日から令和○年12月31日まで

費　　　　　　用	金　　　額	収　　　　　益	金　　　額
売 　上 　原 　価		売 　　上 　　高	
給 　　　　　料		（　　　　　　　）	
（　　　　　　　）			
（　　　　　　　）			
支 　払 　家 　賃			
消 　耗 　品 　費			
雑 　　　　　費			
（　　　　　　　）			

検 定 問 題

解答 ▶ p.47

23-5 鳥取商店(個人企業　決算年1回　12月31日)の総勘定元帳勘定残高と決算整理事項は,次 **頻出‼** のとおりであった。よって,

(1)決算整理仕訳を示しなさい。

(2)支払利息勘定に必要な記入をおこない,締め切りなさい。ただし,勘定記入は,日付・相手科目・金額を示すこと。

(3)貸借対照表を完成しなさい。なお,貸借対照表の資本金は期首資本の金額を示すこと。

(第81回改題)

元帳勘定残高

現　　　金	¥ 856,000	当座預金	¥ 2,637,000	売　掛　金	¥ 1,500,000
貸倒引当金	9,000	繰越商品	530,000	備　　　品	720,000
買　掛　金	1,392,000	前　受　金	245,000	借　入　金	1,000,000
資　本　金	2,920,000	売　　　上	9,520,000	受取手数料	93,000
仕　　　入	6,198,000	給　　　料	1,476,000	支 払 家 賃	960,000
保　険　料	132,000	消耗品費	74,000	雑　　　費	46,000
支 払 利 息	50,000				

決算整理事項

a．期末商品棚卸高　¥540,000

b．貸倒見積高　売掛金残高の2%と見積もり,貸倒引当金を設定する。

c．備品減価償却高　取得原価¥1,200,000　残存価額は零(0)　耐用年数は5年とし,定額法により計算し,直接法で記帳している。

$$定額法による年間の減価償却費 = \frac{取得原価 - 残存価額}{耐用年数}$$

(1)

	借　　　　方	貸　　　　方
a		
b		
c		

(注意) i 支払利息勘定の記録は,合計額で示してある。

ii 勘定には,日付・相手科目・金額を記入し,締め切ること。

(2)　　　　　　　　支 払 利 息　　　　　　19

	50,000		

(3)　　　　　　　　貸 借 対 照 表

鳥取商店　　　　　　　　令和○年12月31日

資　　　　　　産	金　　額	負債および純資産	金　　額
現　　　　金		買　掛　金	
当 座 預 金		(　　　　　)	
売 掛 金 (　　　)		借　入　金	
貸倒引当金 (　　　)		資　本　金	
(　　　　　)		(　　　　　)	
備　　　　品			

23-6
◀頻出!! 北海道商店（個人企業　決算年1回　12月31日）の総勘定元帳勘定残高と決算整理事項は，次のとおりであった。よって，

(1)決算整理事項の仕訳を示しなさい。

(2)備品勘定に必要な記入をおこない，締め切りなさい。ただし，勘定記入は，日付・相手科目・金額を示すこと。

(3)損益計算書を完成しなさい。　　　　　　　　　　　　　　　　　　　　　（第88回改題）

元帳勘定残高

現　　　金	¥ 610,000	当座預金	¥ 1,175,000	売　掛　金	¥ 2,300,000
貸倒引当金	6,000	繰越商品	740,000	前　払　金	196,000
備　　　品	870,000	買　掛　金	1,176,000	資　本　金	4,200,000
売　　　上	9,413,000	受取手数料	89,000	仕　　　入	6,090,000
給　　　料	1,662,000	支払家賃	924,000	水道光熱費	276,000
雑　　　費	41,000				

決算整理事項

　　a．期末商品棚卸高　¥680,000

　　b．貸 倒 見 積 高　売掛金残高の2％と見積もり，貸倒引当金を設定する。

　　c．備品減価償却高　取得原価¥1,160,000　残存価額は零（0）　耐用年数は8年とし，定額法により計算し，直接法で記帳している。

(1)

	借　　　　　方	貸　　　　　方
a		
b		
c		

（注意）　勘定には，日付・相手科目・金額を記入し，締め切ること。

(2) 　　　　　　　　　　備　　品　　　　　　7

1/ 1 前 期 繰 越	870,000		

(3) 　　　　　　　　　　　　損　益　計　算　書

北海道商店　　　　令和○年1月1日から令和○年12月31日まで　　　　（単位：円）

費　　　　　用	金　　　額	収　　　　　益	金　　　額
売 上 原 価		売 上 高	
給　　　　料		受 取 手 数 料	
（　　　　　　）			
（　　　　　　）			
支 払 家 賃			
水 道 光 熱 費			
雑　　　　費			
（　　　　　　）			

23-7 中部商店（個人企業　決算年1回　12月31日）の総勘定元帳勘定残高と決算整理事項は，次のとおりであった。よって，

頻出!!

(1)決算整理仕訳を示しなさい。

(2)給料勘定に必要な記入をおこない，締め切りなさい。ただし，勘定記入は，日付・相手科目・金額を示すこと。

(3)貸借対照表を完成しなさい。なお，貸借対照表の資本金は期首資本の金額を示すこと。

(第84回改題)

元帳勘定残高

現　　　金	¥ 505,000	当 座 預 金	¥ 1,529,000	売　掛　金	¥ 1,300,000
貸倒引当金	5,000	繰 越 商 品	623,000	貸　付　金	600,000
備　　　品	1,190,000	買　掛　金	868,000	前　受　金	300,000
資　本　金	4,060,000	売　　　上	9,340,000	受 取 利 息	24,000
仕　　　入	6,150,000	給　　　料	1,620,000	支 払 家 賃	732,000
保　険　料	264,000	消 耗 品 費	57,000	雑　　　費	27,000

決算整理事項

a．期末商品棚卸高　¥702,000

b．貸 倒 見 積 高　売掛金残高の3%と見積もり，貸倒引当金を設定する。

c．備品減価償却高　取得原価¥1,360,000　残存価額は零(0)　耐用年数8年とし，定額法により計算し，直接法で記帳している。

(1)

	借　　　　　方	貸　　　　　方
a	仕　　　入　623,000 繰 越 商 品　702,000	繰 越 商 品　623,000 仕　　　入　702,000
b	貸倒引当金繰入　34,000	貸倒引当金　34,000
c	減価償却費　170,000	備　　　品　170,000

(注意) i　給料勘定の記録は，合計額で示している。

　　　　ii　勘定には，日付・相手科目・金額を記入し，締め切ること。

(2)
	給　　　料		14
	1,620,000	12/31 損　益	1,620,000

(3)

貸　借　対　照　表

中 部 商 店　　　　　　　　令和○年12月31日

資　　　　　　　産	金　　額	負 債 お よ び 純 資 産	金　　額
現　　　　　金	505,000	買　　掛　　金	868,000
当 座 預 金	1,529,000	(前 受 金)	(300,000)
売　掛　金　(1,300,000)		資　　本　　金	4,060,000
貸倒引当金　(39,000)	(1,261,000)	(当期純利益)	(389,000)
(商　　品)	(702,000)		
(貸　付　金)	(600,000)		
備　　　　　品	1,020,000		
	5,617,000		5,617,000

23-8 沖縄商店（個人企業　決算年1回　12月31日）の総勘定元帳勘定残高と決算整理事項は，次のとおりであった。よって，

(1)決算整理仕訳を示しなさい。

(2)売上勘定に必要な記入をおこない，締め切りなさい。ただし，勘定記入は，日付・相手科目・金額を示すこと。

(3)損益計算書と貸借対照表を完成しなさい。　　　　　　　　　　　　　　　　　　（第78回改題）

元帳勘定残高

現　　　　　金	¥ 470,000	当 座 預 金	¥1,374,000
売 掛 金 ¥1,900,000	貸 倒 引 当 金	4,000	繰 越 商 品 420,000
前 払 金 192,000	備　　　　品	700,000	買 掛 金 978,000
借 入 金 600,000	資 本 金	2,960,000	売　　　　上 8,146,000
受 取 手 数 料 90,000	仕　　　　入	5,703,000	給　　　　料 1,260,000
支 払 家 賃 540,000	保 険 料	108,000	消 耗 品 費 68,000
雑　　　　費 19,000	支 払 利 息	24,000	

決算整理事項

　a．期末商品棚卸高　¥470,000

　b．貸 倒 見 積 高　売掛金残高の3％と見積もり，貸倒引当金を設定する。

　c．備品減価償却高　取得原価¥840,000　残存価額は零（0）　耐用年数6年とし，定額法により計算し，直接法で記帳している。

(1)

	借　　　　　　方	貸　　　　　　方
a		
b		
c		

（注意）ⅰ　売上勘定の記録は，合計額で示してある。

　　　　ⅱ　勘定には，日付・相手科目・金額を記入し，締め切ること。

(2)　　　　　　　　　売　　　　　　　上　　　　　　　11

	90,000		8,236,000

(3)

損 益 計 算 書

沖 縄 商 店　　　　令和○年１月１日から令和○年12月31日まで

費　　　　　用	金　　額	収　　　　　益	金　　額
（　　　　　　）		売　上　高	
給　　　　料		（　　　　　　　　）	
（　　　　　　）			
（　　　　　　）			
支　払　家　賃			
保　　険　　料			
消　耗　品　費			
雑　　　　費			
支　払　利　息			
（　　　　　　）			

貸 借 対 照 表

沖 縄 商 店　　　　令和○年12月31日

資　　　　　産	金　　額	負債および純資産	金　　額
（　　　　　）		買　掛　金	
当　座　預　金		（　　　　　）	
売　掛　金　（　　　）		資　本　金	
貸倒引当金　（　　　）		（　　　　　）	
（　　　　　）			
前　払　金			
備　　　品			

総合問題Ⅳ

1 大阪商店（個人企業　決算年1回　12月31日）の残高試算表と決算整理事項は，次のとおりであった。よって，

(1)決算整理仕訳を示しなさい。

(2)繰越商品勘定と仕入勘定に必要な記入をおこない，締め切りなさい。ただし，繰越商品勘定と仕入勘定には，日付・相手科目・金額を記入し，開始記入もおこなうこと。

(3)損益計算書および貸借対照表を完成しなさい。

残 高 試 算 表
令和○年12月31日

借　　方	元丁	勘 定 科 目	貸　　方
740,000	1	現　　　　　金	
3,400,000	2	当 座 預 金	
5,200,000	3	売　　掛　　金	
	4	貸 倒 引 当 金	80,000
1,600,000	5	繰 越 商 品	
600,000	6	備　　　　　品	
	7	買　　掛　　金	1,240,000
	8	借　　入　　金	1,000,000
	9	資　　本　　金	8,000,000
	10	売　　　　　上	22,280,000
17,000,000	11	仕　　　　　入	
2,400,000	12	給　　　　　料	
1,040,000	13	支 払 家 賃	
300,000	14	消 耗 品 費	
260,000	15	雑　　　　　費	
60,000	16	支 払 利 息	
32,600,000			32,600,000

決算整理事項

a. 期末商品棚卸高　¥1,500,000

b. 貸 倒 見 積 高
売掛金残高の5%と見積もり，貸倒引当金を設定する。

c. 備品減価償却高
取得原価¥1,000,000　残存価額は零(0)　耐用年数は10年とし，定額法による（直接法によって記帳している）。

(1)

	借　　　　　方	貸　　　　　方
a		
b		
c		

（注意）i　仕入勘定の記録は，合計額で示してある。

　　　　ii　勘定には，日付・相手科目・金額を記入すること。

(2)

繰 越 商 品　　　　5		仕　　　入　　　　11	
1/ 1前期繰越　*1,600,000*		*17,000,000*	

(3)

<u>損　益　計　算　書</u>

（　　）商店　　　令和○年　　月　　日から令和○年　　月　　日まで

費　　　　　　用	金　　　額	収　　　　　益	金　　　額
売　上　原　価		（　　　　　　　）	
給　　　　　料			
（　　　　　　）			
（　　　　　　）			
支　払　家　賃			
消　耗　品　費			
（　　　　　　）			
支　払　利　息			
（　　　　　　）			

<u>貸　借　対　照　表</u>

（　　）商店　　　　　令和○年　　月　　日

資　　　　　　　　産	金　　額	負 債 お よ び 純 資 産	金　　額
現　　　　金		（　　　　　　）	
（　　　　　）		借　入　金	
売　掛　金　*5,200,000*		資　本　金	
（　　　）（　　　　　）		（　　　　　　）	
商　　　品			
備　　　品			

第4章　会計帳簿

24 帳　　簿

学習のまとめ

1 主　要　簿

すべての取引を日付順に記入する帳簿を**主要簿**という。

2 補　助　簿

特定の取引や特定の勘定について，その明細を記入する帳簿を**補助簿**という。

補助簿には，**補助記入帳**と**補助元帳**とがある。

3 主要簿と補助簿の種類と関係

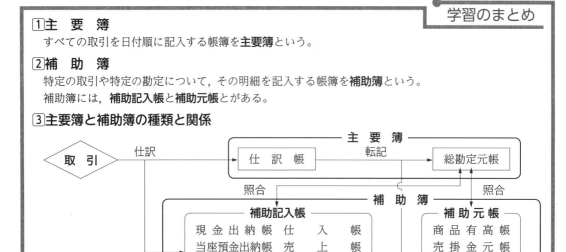

練習問題
解答 ▶ p.50

24-1 島原商店の1月中の取引は下記のとおりである。よって，

(1)仕訳帳に記入して，総勘定元帳の当座預金勘定と買掛金勘定に転記しなさい。

(2)仕入帳・買掛金元帳に記入しなさい。

　　ただし，ⅰ　商品に関する勘定は3分法によること。

　　　　　　ⅱ　仕訳帳の小書きは省略する。

　　　　　　ⅲ　元丁欄には，当座預金勘定と買掛金勘定に転記するときだけ記入すればよい。

　取　　引

　　1月8日　長崎商店から次の商品を仕入れ，代金のうち￥500,000は小切手♯5を振り出して支払い，残額は掛けとした。

　　　　　　　　A品　800個　@￥1,000　￥800,000

　　　　　　　　B品　600〃　〃〃　800　￥480,000

　　　10日　長崎商店から8日に仕入れた商品の一部に，品質不良のものがあったので返品し，この代金は買掛金から差し引くことにした。

　　　　　　　　B品　90個　@￥　800　￥　72,000

　　　16日　佐賀商店に次の商品を売り渡し，代金は掛けとした。

　　　　　　　　A品　700個　@￥1,300　￥910,000

　　　28日　佐賀商店に対する売掛金の一部￥450,000を現金で受け取り，ただちに当座預金に預け入れた。

(1)

仕　訳　帳　　　　　1

令和○年		摘　　　　要	元丁	借　方	貸　方
1	1	前 期 繰 越 高	✓	6,520,000	6,520,000

総　勘　定　元　帳

当　座　預　金　　　　　2

令和○年		摘　　要	仕丁	借　方	令和○年		摘　　要	仕丁	貸　方
1	1	前 期 繰 越	✓	1,540,000					

買　掛　金　　　　　18

令和○年		摘　　要	仕丁	借　方	令和○年		摘　　要	仕丁	貸　方
					1	1	前 期 繰 越	✓	420,000

(2)

仕　入　帳　　　　　1

令和○年		摘　　　　要	内　訳	金　額

買　掛　金　元　帳

長　崎　商　店　　　　　1

令和○年		摘　　　　要	借　方	貸　方	借または貸	残　高
1	1	前 月 繰 越		320,000	貸	320,000

3 伝票制による記帳

1 伝　票
取引の内容を一定の大きさと様式の紙片に記入して，記帳の資料とするこの紙片を伝票という。伝票に記入することを起票といい，1伝票制・3伝票制などがある。

2 仕訳伝票の起票（1伝票制）
すべての取引を，ふつうの仕訳のとおり記入する伝票で，1つの取引について1枚の仕訳伝票を作成する。この仕訳伝票を日付順につづると仕訳帳の役割を果たすことができる。

3 入金伝票・出金伝票・振替伝票の起票（3伝票制）
(1) **入金伝票**　入金取引を仕訳する伝票で，この伝票は借方がすべて「現金」と仕訳される取引であるから，科目欄には貸方の勘定科目を記入する。

(2) **出金伝票**　出金取引を仕訳する伝票で，この伝票は貸方がすべて「現金」と仕訳される取引であるから，科目欄には借方の勘定科目を記入する。

(3) **振替伝票**　入金取引・出金取引以外の取引を仕訳する伝票である。この伝票は，借方と貸方にそれぞれ勘定科目の欄が設けられており，仕訳伝票と同じように記入する。

例　1/10（借）現金 *10,000*（貸）売掛金 *10,000*　1/11（借）貸付金 *5,000*（貸）現金 *5,000*

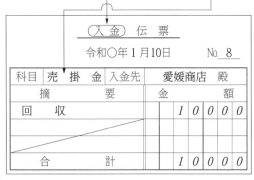

練 習 問 題

解答 ▶ p.51

25-1 次の取引を，仕訳伝票に記入しなさい。ただし，商品に関する勘定は3分法による。

取　　引
1/20　久留米商店から次の商品を仕入れ，代金のうち¥*60,000*は現金で支払い，残額は掛けとした。　　　　　　　　　　　　　　　　　　　　　　　　（伝票番号　No.12）
　　　　　　NK印ノート・ブック　2,000冊　　@¥*80*

仕　訳　伝　票							
令和〇年　　月　　日						No.____	
勘 定 科 目	元丁	借　　　方	勘 定 科 目	元丁	貸　　　方		
合　　計			合　　計				
摘要							

25-2 新潟商店の次の取引を入金伝票・出金伝票・振替伝票のうち, 必要な伝票に記入しなさい。ただし, 不要な伝票は空欄のままにしておくこと。

取　引

6月21日　長野商店から, 借用証書によって現金¥200,000を借り入れた。(伝票番号　No.37)

〃日　山梨広告社に広告料¥80,000を小切手#9を振り出して支払った。
(伝票番号　No.56)

入 金 伝 票		
令和○年　月　日　　No.__		
科目	入金先	殿
摘　　要	金	額
合　　計		

出 金 伝 票		
令和○年　月　日　　No.__		
科目	支払先	殿
摘　　要	金	額
合　　計		

振 替 伝 票					
令和○年　月　日　　No.__					
勘 定 科 目	借	方	勘 定 科 目	貸	方
合　　計			合　　計		
摘要					

25-3 島根商店の次の取引を入金伝票・出金伝票・振替伝票のうち, 必要な伝票に記入しなさい。ただし, 不要な伝票は空欄のままにしておくこと。

取　引

1月16日　広島文具店より, コピー用紙・帳簿等¥30,000を購入し, 代金は現金で支払った。
(伝票番号　No.13)

〃日　岡山商店に対する買掛金の支払いとして, 小切手#10 ¥120,000を振り出した。
(伝票番号　No.25)

入 金 伝 票		
令和○年　月　日　　No.__		
科目	入金先	殿
摘　　要	金	額
合　　計		

出 金 伝 票		
令和○年　月　日　　No.__		
科目	支払先	殿
摘　　要	金	額
合　　計		

振 替 伝 票					
令和○年　月　日　　No.__					
勘 定 科 目	借	方	勘 定 科 目	貸	方
合　　計			合　　計		
摘要					

25-4 小倉商店の次の取引を伝票に記入して，それぞれの伝票から直接，下記の総勘定元帳の各勘定に転記しなさい。ただし，勘定記入は，日付と金額を示せばよい。

取　　　引

1/10　若松商店に学習机15台を＠¥30,000で売り渡し，代金は掛けとした。
(伝票番号　No.8)

〃　　上記の商品の発送を田川運送店に依頼し，その代金¥30,000を現金で支払った。
(伝票番号　No.7)

〃　　大牟田商店から売掛金のうち¥250,000を小切手＃6で回収した。　(伝票番号　No.6)

入　金　伝　票			
令和○年　　月　　日		No. ＿	
科目		入金先	殿
摘　　　　要		金　　額	
合　　　計			

出　金　伝　票			
令和○年　　月　　日		No. ＿	
科目		支払先	殿
摘　　　　要		金　　額	
合　　　計			

振　替　伝　票					
令和○年　　月　　日					No. ＿
勘　定　科　目	借　　方	勘　定　科　目		貸　　方	
合　　　計		合　　　計			
摘要					

総　勘　定　元　帳

現　　　金		1
1/ 1 前期繰越　150,000		

売　　掛　　金		3
1/ 1 前期繰越　500,000		

売　　　上		14

発　　送　　費		18

検 定 問 題

解答 ▶ p.53

25-5 埼玉商店の次の取引を入金伝票・出金伝票・振替伝票のうち，必要な伝票に記入しなさい。
ただし，不要な伝票は空欄のままにしておくこと。 (第83回一部修正)

取　引

1月17日　川口郵便局で郵便切手￥7,000を買い入れ，代金は現金で支払った。

(伝票番号　No.9)

〃日　戸田商店から借用証書によって借り入れていた￥250,000を小切手＃20を振り出して返済した。 (伝票番号　No.16)

入　金　伝　票			
令和○年　　月　　日			No. __
科目		入金先	殿
摘　　　要		金	額
合　　　計			

出　金　伝　票			
令和○年　　月　　日			No. __
科目		支払先	殿
摘　　　要		金	額
合　　　計			

振　替　伝　票					
令和○年　　月　　日					No. __
勘　定　科　目	借　　方	勘　定　科　目		貸　　方	
合　　　計		合　　　計			
摘要					

25-6 鳥取商店の次の取引を入金伝票・出金伝票・振替伝票のうち，必要な伝票に記入しなさい。
◀頻出!!ただし，不要な伝票は空欄のままにしておくこと。 (第92回，類題第82回)

取　引

6月19日　商品売買の仲介をおこない，広島商店から手数料として現金￥23,000を受け取った。 (伝票番号　No.17)

〃日　全商銀行に定期預金として小切手＃5　￥800,000を振り出して預け入れた。

(伝票番号　No.24)

入　金　伝　票			
令和○年　　月　　日			No. __
科目		入金先	殿
摘　　　要		金	額
合　　　計			

出　金　伝　票			
令和○年　　月　　日			No. __
科目		支払先	殿
摘　　　要		金	額
合　　　計			

振　替　伝　票					
令和○年　　月　　日					No. __
勘　定　科　目	借　　方	勘　定　科　目		貸　　方	
合　　　計		合　　　計			
摘要					

第5章 形式別復習問題

26 仕訳に関する問題

解答 ▶ p.54

26-1 下記の取引の仕訳を示しなさい。ただし，勘定科目は，次のなかからもっとも適当なものを使用すること。

現 金	小 口 現 金	当 座 預 金	定 期 預 金
売 掛 金	貸 倒 引 当 金	貸 付 金	未 収 金
仮 払 金	前 払 金	建 物	備 品
土 地	買 掛 金	借 入 金	仮 受 金
前 受 金	資 本 金	売 上	仕 入
給 料	旅 費	支 払 家 賃	雑 費

(1)小金井商店では定額資金前渡法（インプレスト・システム）を採用することとし，小口現金として小切手¥40,000を振り出して庶務係に渡した。

(2)川口商店に借用証書によって，現金¥650,000を貸し付けた。

(3)東京商店から商品¥570,000を仕入れ，代金は掛けとした。なお，引取運賃¥8,000は現金で支払った。

(4)出張から帰った従業員から，旅費精算の残額¥12,000を現金で受け取った。ただし，出発のとき旅費の概算として現金¥100,000を渡してある。

(5)店舗用の建物¥7,000,000を購入し，仲介手数料¥250,000とともに小切手を振り出して支払った。

(6)岩手商店に商品¥360,000を売り渡し，代金はさきに受け取っていた内金¥60,000を差し引いて，残額は掛けとした。

(7)現金¥1,000,000を出資して開業した。　　　　　　　　　　　　　　　　　　　　　　（第94回）

(8)神奈川商店は，本月分の給料¥810,000を小切手を振り出して支払った。

	借　　　　　　　　方	貸　　　　　　　　方
(1)		
(2)		
(3)		
(4)		
(5)		
(6)		
(7)		
(8)		

26-2 下記の取引の仕訳を示しなさい。ただし，勘定科目は，次のなかからもっとも適当なものを使用すること。

現　　　　　金	小　口　現　金	当　座　預　金	普　通　預　金
売　　掛　　金	貸　　付　　金	仮　　払　　金	建　　　　　物
備　　　　　品	土　　　　　地	買　　掛　　金	借　　入　　金
仮　　受　　金	前　　受　　金	資　　本　　金	売　　　　　上
受　取　利　息	仕　　　　　入	発　　送　　費	通　　信　　費
交　　通　　費	消　耗　品　費	雑　　　　　費	支　払　利　息

形式別復習問題

(1)定額資金前渡法を採用している長野商店の会計係は，月末に庶務係から次の小口現金出納帳にもとづいて，当月分の支払高の報告を受けたので，ただちに小切手を振り出して補給した。

小　口　現　金　出　納　帳

収　　入	令和○年		摘　　要	支　　出	内　　　　　　訳				残　　高
					通　信　費	交　通　費	消耗品費	雑　　費	
50,000	1	1	前　月　繰　越						50,000
			合　　　　計	41,000	15,000	16,000	6,000	4,000	

(2)佐世保商店に掛けで売り渡した商品の一部に，品質不良のものがあったので¥45,000の値引きをすることにした。

(3)借用証書により具志川商店から¥1,000,000を借り入れていたが，返済期日となったので，利息¥10,000とともに小切手を振り出して返済した。

(4)出張中の従業員から当店の当座預金口座に¥270,000の振り込みがあったが，その内容は不明である。

(5)静岡商店から商品¥720,000の注文を受け，内金として¥180,000を同店振り出しの小切手で受け取った。

(6)愛知商店に借用証書によって貸し付けていた¥400,000の返済を受け，その利息¥3,000とともに同店振り出しの小切手で受け取り，ただちに当座預金に預け入れた。

(7)商品¥698,000を売り渡し，代金は掛けとした。なお，発送費¥12,000は現金で支払った。

	借　　　　　　方	貸　　　　　　方
(1)		
(2)		
(3)		
(4)		
(5)		
(6)		
(7)		

26-3 下記の取引の仕訳を示しなさい。ただし，勘定科目は，次のなかからもっとも適当なものを使用すること。

現 金	小 口 現 金	当 座 預 金	普 通 預 金
売 掛 金	貸 倒 引 当 金	貸 付 金	仮 払 金
前 払 金	建 物	備 品	土 地
買 掛 金	借 入 金	未 払 金	所 得 税 預 り 金
資 本 金	売 上	仕 入	給 料
旅 費	保 険 料	貸 倒 損 失	雑 費

(1)鳥取商店から商品¥560,000を仕入れ，代金は，さきに支払ってある内金¥210,000を差し引き，残額は掛けとした。

(2)柳川商店に商品¥500,000を売り渡し，代金は同店振り出しの小切手で受け取り，ただちに当座預金に預け入れた。

(3)前期から繰り越された売掛金のうち¥60,000が回収不能となったため，貸し倒れとして処理した。ただし，貸倒引当金勘定の残高が¥40,000ある。

(4)博多銀行に現金¥700,000を普通預金として預け入れた。

(5)店舗を建てるため土地¥8,000,000を購入し，代金は登記料と買入手数料の合計額¥250,000とともに小切手を振り出して支払った。

(6)香川商店では定額資金前渡法（インプレスト・システム）を採用することとし，小口現金として小切手¥80,000を振り出して庶務係に渡した。

(7)岐阜商店は建物に対する火災保険料¥48,000を現金で支払った。

(8)本月分の給料¥470,000の支払いにあたり，所得税¥32,000を差し引いて，従業員の手取額を現金で支払った。

	借　　　　　　方	貸　　　　　　方
(1)		
(2)		
(3)		
(4)		
(5)		
(6)		
(7)		
(8)		

26-4　下記の取引の仕訳を示しなさい。ただし，勘定科目は，次のなかからもっとも適当なものを使用すること。

現	金	当 座 預 金	普 通 預 金	定 期 預 金
売 掛 金	貸 倒 引 当 金	貸 付 金	未 収 金
仮 払 金	前 払 金	従 業 員 立 替 金	建 物
備 品	買 掛 金	未 払 金	仮 受 金
前 受 金	所 得 税 預 り 金	売 上	受 取 利 息
仕 入	給 料	広 告 料	支 払 家 賃
通 信 費	旅 費	保 険 料	雑 費

(1)前期から繰り越されてきた売掛金￥63,000が回収不能となったため，貸し倒れとして処理した。ただし，貸倒引当金勘定の残高が￥150,000ある。

(2)4月分のインターネット料金として￥25,000を現金で支払った。

(3)出張から帰った従業員の報告により，さきに当座振込のあった￥700,000の内訳は，得意先八代商店からの売掛金￥600,000の回収分と，球磨商店からの商品注文代金の内金￥100,000であることがわかった。

(4)事務用の机・いす￥250,000を買い入れ，代金は月末に支払うことにした。

(5)定期預金￥400,000が本日満期となり，利息￥24,000とともに普通預金に預け入れた。

(6)本月分の給料￥320,000の支払いにさいし，従業員立替金￥40,000と所得税￥16,000を差し引いて，残額は現金で支払った。

(7)佐賀商店から売掛金￥459,000を送金小切手で受け取った。

(8)出張していた従業員が帰店し，旅費の実際額は￥70,600であったので，旅費の残額￥14,400は現金で返済を受けた。

	借　　　　　　　　　方	貸　　　　　　　　　方
(1)		
(2)		
(3)		
(4)		
(5)		
(6)		
(7)		
(8)		

26-5 東京商店の下記の取引を，仕訳帳に記入して，総勘定元帳（略式）の当座預金勘定・売掛金勘定・売上勘定・水道光熱費勘定に転記しなさい。

ただし，ⅰ 商品に関する勘定は3分法によること。

ⅱ 仕訳帳の小書きは省略する。

ⅲ 仕訳帳の元丁欄には，当座預金勘定・売掛金勘定・売上勘定・水道光熱費勘定に転記するときだけ記入すればよい。

ⅳ 総勘定元帳には，日付と金額のみを記入すればよい。

取　　　引

1月5日　千葉商店に商品¥420,000を売り渡し，代金は掛けとした。なお，神田運送店に発送費¥7,000を現金で支払った。

6日　千葉商店に売り渡した上記の商品の一部に汚損品があったので¥12,000の値引きをして，この代金は売掛金から差し引くことにした。

8日　北越郵便局で郵便切手¥6,000を購入し，代金は現金で支払った。

10日　千代田商店から商品を仕入れ，次の納品書を受け取った。なお，代金は掛けとした。

納　品　書　　令和○年1月10日

〒160-0015
東京都新宿区大京町26
東京商店　　御中

〒112-0001　東京都文京区白山5-1-2
千代田商店

下記の通り納品いたしました。

商　品　名	数　量	単　価	金　額	備考
A品	500	1,600	800,000	
以下余白				
		合　計	800,000	

14日　船橋家具店から商品陳列用ケース¥308,000を買い入れ，代金のうち¥100,000は小切手を振り出して支払い，残額は翌月末に支払うことにした。

17日　埼玉商店に対する売掛金¥280,000を，同店振り出しの小切手¥280,000で受け取り，ただちに当座預金に預け入れた。

20日　事務用のファイルを現金で購入し，次の領収証を受け取った。

領　収　証　　令和○年1月20日

東京商店　様

¥3,000−

但　ファイル代として

上記正に領収いたしました
東京都新宿区内藤町2-80
四谷文具店

25日　本月分の給料¥170,000の支払いにさいし，従業員預り金¥9,000を差し引いて，残額は現金で支払った。

28日　水道料および電気料¥23,000を現金で支払った。

形式別復習問題

仕　訳　帳 1

令和○年		摘　　　　要	元丁	借　　方	貸　　方
1	1	前 期 繰 越 高	✓	4,750,000	4,750,000

総　勘　定　元　帳

当　座　預　金　　2		売　　掛　　金　　4	
1/ 1　358,000		1/ 1　472,000	

売　　上　　10		水　道　光　熱　費　　19	

27 伝票に関する問題

解答 ▶ p.55

27-1 鳥取商店の次の取引を入金伝票・出金伝票・振替伝票のうち，必要な伝票に記入しなさい。ただし，不要な伝票は空欄のままにしておくこと。

取　　引
1月20日　関西商店に借用証書によって，現金¥320,000を貸し付けた。（伝票番号　No.57）
　〃日　高松銀行に定期預金として小切手＃7　¥800,000を振り出して預け入れた。
（伝票番号　No.72）

入　金　伝　票		
令和○年　月　日　No.		
科目	入金先　　　　殿	
摘　　要	金　額	
合　　計		

出　金　伝　票		
令和○年　月　日　No.		
科目	支払先　　　　殿	
摘　　要	金　額	
合　　計		

振　替　伝　票					
令和○年　月　日　No.					
勘定科目	借　方	勘定科目	貸　方		
合　計		合　計			
摘要					

27-2 兵庫商店の次の取引を入金伝票・出金伝票・振替伝票のうち，必要な伝票に記入しなさい。ただし，不要な伝票は空欄のままにしておくこと。

取　　引
1月25日　神戸商店からパーソナルコンピュータ¥300,000を買い入れ，代金は月末に支払うことにした。（伝票番号　No.10）
　〃日　明石郵便局で郵便切手¥4,000を買い入れ，代金は現金で支払った。
（伝票番号　No.9）

入　金　伝　票
令和○年　月　日　　No.___

科目		入金先		殿
摘　　要			金　額	
合　計				

出　金　伝　票
令和○年　月　日　　No.___

科目		支払先		殿
摘　　要			金　額	
合　計				

振　替　伝　票
令和○年　月　日　　　　No.___

勘　定　科　目	借　　方	勘　定　科　目	貸　　方
合　　計		合　　計	
摘要			

27-3 中野商店の次の取引を入金伝票・出金伝票・振替伝票のうち，必要な伝票に記入しなさい。ただし，不要な伝票は空欄のままにしておくこと。

取　　引

　4月17日　文京商店から商品の注文を受け，内金として現金￥70,000を受け取った。

（伝票番号　No.28）

　〃日　練馬商店から借用証書によって借り入れていた￥350,000を小切手♯28を振り出して返済した。

（伝票番号　No.32）

入　金　伝　票
令和○年　月　日　　No.___

科目		入金先		殿
摘　　要			金　額	
合　計				

出　金　伝　票
令和○年　月　日　　No.___

科目		支払先		殿
摘　　要			金　額	
合　計				

振　替　伝　票
令和○年　月　日　　　　No.___

勘　定　科　目	借　　方	勘　定　科　目	貸　　方
合　　計		合　　計	
摘要			

㉘ 記帳に関する問題

28-1 松山商店の下記の取引について,
(1)仕訳帳に記入して, 総勘定元帳 (略式) の買掛金勘定と仕入勘定に転記しなさい。
(2)仕入帳と買掛金元帳 (略式) に記入して締め切りなさい。

ただし, ⅰ　商品に関する勘定は3分法によること。
ⅱ　仕訳帳の小書きは省略する。
ⅲ　元丁欄には, 買掛金勘定と仕入勘定に転記するときだけ記入すればよい。
ⅳ　総勘定元帳および買掛金元帳には, 日付と金額のみを記入すればよい。

取　　引

1月8日　高松商店から次の商品を仕入れ, 代金のうち¥300,000は小切手#5を振り出して
支払い, 残額は掛けとした。
A 品　　400個　@¥　600　　¥240,000
B 品　　200〃　〃〃　950　　¥190,000

10日　高松商店から仕入れた上記商品の一部に品質不良のものがあったので, 次のとおり
返品した。なお, この代金は買掛金から差し引くことにした。
B 品　　20個　@¥　950　　¥ 19,000

19日　徳島商店に次の商品を売り渡し, 代金は掛けとした。
A 品　　340個　@¥　850　　¥289,000

20日　徳島商店に売り渡した上記商品の一部について, 次のとおり返品された。なお, こ
の代金は売掛金から差し引くことにした。
A 品　　40個　@¥　850　　¥ 34,000

22日　鳴門商店から次の商品を仕入れ, 代金は掛けとした。
C 品　　300個　@¥　650　　¥195,000

27日　徳島商店から売掛金の一部¥200,000が, 当店の当座預金口座に振り込まれた。

31日　鳴門商店に対する買掛金の一部¥250,000を小切手#23を振り出して支払った。

(1)

		仕　訳　帳				1
令和○年		摘　　　　　要	元丁	借　　方	貸　　方	
1	1	前 期 繰 越 高	✓	3,740,000	3,740,000	

総 勘 定 元 帳

買 掛 金		15	仕 入		23
	1/ 1	840,000			

(2) （注意）仕入帳と買掛金元帳は締め切ること。

仕 入 帳　　　　1

令和○年	摘　　　　要	内　訳	金　額

買 掛 金 元 帳

高 松 商 店		1	鳴 門 商 店		2
	1/ 1	350,000		1/ 1	490,000

28-2 東海商店の下記の取引について，
(1)仕訳帳に記入して，総勘定元帳（略式）の売掛金勘定に転記しなさい。
(2)売上帳・売掛金元帳（略式）・商品有高帳に記入して，締め切りなさい。

　　ただし，i　商品に関する勘定は3分法によること。
　　　　　　ii　仕訳帳の小書きは省略する。
　　　　　　iii　元丁欄には，売掛金勘定に転記するときだけ記入すればよい。
　　　　　　iv　商品有高帳の記入は，A品について先入先出法によること。
　　　　　　v　総勘定元帳および売掛金元帳には，日付と金額のみを記入すればよい。

　取　　　引
1月7日　愛知商店から次の商品を仕入れ，代金のうち¥200,000は小切手＃9を振り出して支払い，残額は掛けとした。
　　　　　A　品　　400個　　@¥650　　¥260,000
　　　　　B　品　　800〃　　〃¥500　　¥400,000
　11日　静岡商店に次の商品を売り渡し，代金は掛けとした。
　　　　　A　品　　350個　　@¥800　　¥280,000
　　　　　B　品　　200〃　　〃¥600　　¥120,000
　13日　静岡商店に売り渡した上記商品の一部について，次のとおり値引きをおこなった。なお，この代金は売掛金から差し引くことにした。
　　　　　B　品　　20個　　@¥100　　¥　2,000
　19日　山梨商店に次の商品を売り渡し，代金のうち¥100,000は小切手＃3で受け取り，残額は掛けとした。
　　　　　B　品　　300個　　@¥600　　¥180,000
　27日　山梨商店から売掛金の一部¥200,000を現金で受け取った。

(1) 仕　訳　帳　　1

令和○年		摘　　要	元丁	借　方	貸　方
1	1	前期繰越高	✓	3,580,000	3,580,000

総勘定元帳
売　掛　金　4

1/1	245,000	

（注意）売上帳・売掛金元帳・商品有高帳は締め切ること。

(2)

令和〇年	摘　　　　　要	内　訳	金　額

売　上　帳　　　1

売　掛　金　元　帳

静　岡　商　店　　1

1/ 1	20,000	

山　梨　商　店　　2

1/ 1	225,000	

商　品　有　高　帳

（先入先出法）　品名　　A　品　　　　単位：個

令和〇年		摘　要	受　入			払　出			残　高		
			数量	単価	金　額	数量	単価	金　額	数量	単価	金　額
1	1	前月繰越	50	620	31,000				50	620	31,000

形式別復習問題

28-3 （p.148〜p.151）

山梨商店の下記の取引について，

(1)仕訳帳に記入して，総勘定元帳（略式）に転記しなさい。

(2)買掛金元帳（略式）に記入して締め切りなさい。

(3)1月末における合計試算表を作成しなさい。

ただし，ⅰ　商品に関する勘定は3分法によること。

　　　　ⅱ　仕訳帳の小書きは省略する。

　　　　ⅲ　総勘定元帳および買掛金元帳には，日付と金額を記入すればよい。

取　　　引

1月5日　得意先 鳥取商店に次の商品を売り渡し，代金は掛けとした。

　　　　　　　　A　品　　150個　　@¥1,650　　¥247,500
　　　　　　　　B　品　　100個　　@¥2,090　　¥209,000

　8日　仕入先 秋田商店から商品を仕入れ，次の納品書を受け取った。なお，代金は掛けとした。

納　品　書　　　　　　令和○年1月8日

〒400-0016
山梨県甲府市武田1-20
山梨商店　　**御中**

〒012-0823　秋田県湯沢市湯ノ原3-1
秋田商店

下記の通り納品いたしました。

商　品　名	数　量	単　価	金　　額	備考
A品	500	1,100	550,000	
以下余白				
		合　計	550,000	

　10日　仕入先 岡山商店に対する買掛金の一部¥483,000を，小切手を振り出して支払った。

　12日　事務用のコピー用紙を現金で購入し，次の領収証を受け取った。

領　収　証
令和○年1月12日

山梨商店　　様

¥16,500−

但　コピー用紙代として

上記正に領収いたしました
山梨県甲府市北新5-1
甲府文房具店

　13日　インターネットの利用料金¥58,300が当座預金口座から引き落とされた。

16日　事務用のパーソナルコンピュータ¥341,000を買い入れ，代金は付随費用¥39,600とともに小切手を振り出して支払った。

17日　得意先 福井商店に次の商品を売り渡し，代金は掛けとした。

A 品	200個	@¥1,650	¥330,000
B 品	200個	@¥2,090	¥418,000

20日　仕入先 秋田商店に対する買掛金の一部について，次の小切手を振り出して支払った。

22日　仕入先 岡山商店から次の商品を仕入れ，代金は掛けとした。

B 品	500個	@¥1,540	¥770,000

24日　得意先 福井商店に対する売掛金の一部¥650,000を，現金で受け取った。

25日　本月分の給料¥260,000の支払いにあたり，所得税額¥19,000を差し引いて，従業員の手取額を現金で支払った。

27日　得意先 京都商店に次の商品を売り渡し，代金は掛けとした。

A 品	250個	@¥1,650	¥412,500
B 品	200個	@¥2,090	¥418,000

30日　得意先 鳥取商店に対する売掛金の一部¥900,000を，現金で受け取り，ただちに当座預金に預け入れた。

31日　和歌山商店から借用証書によって¥600,000を借り入れていたが，利息¥3,000とともに小切手を振り出して支払った。

(1)

<table>
<tr><td colspan="8" align="center">仕　　訳　　帳</td><td align="right">1</td></tr>
<tr><td colspan="2">令和
○年</td><td colspan="2" align="center">摘　　　　　　　要</td><td>元
丁</td><td align="center">借　　方</td><td align="center">貸　　方</td></tr>
<tr><td>1</td><td>1</td><td colspan="2">前 期 繰 越 高</td><td>✓</td><td align="right">4,365,400</td><td align="right">4,365,400</td></tr>
</table>

総　勘　定　元　帳

現　　　金　　　　1	当　座　預　金　　2	売　　掛　　金　　3
1/ 1　270,000	1/ 1　1,865,400	1/ 1　1,026,000

形式別復習問題

繰　越　商　品　　4		備　　　品　　5		買　掛　金　　6
1/ 1　704,000		1/ 1　500,000		1/ 1　1,071,000

借　入　金　　7		所得税預り金　　8		資　本　金　　9
1/ 1　800,000				1/ 1　2,494,400

売　　　上　　10		仕　　　入　　11		給　　　料　　12

通　信　費　　13		消　耗　品　費　　14		支　払　利　息　　15

(2)
買　掛　金　元　帳

岡　山　商　店　　1		秋　田　商　店　　2
1/ 1　578,400		1/ 1　492,600

（注意）買掛金元帳は締め切ること。

(3)
合　計　試　算　表
令和○年 1 月31日

借　　方	元丁	勘　定　科　目	貸　　方
	1	現　　　　　金	
	2	当　座　預　金	
	3	売　　掛　　金	
	4	繰　越　商　品	
	5	備　　　　　品	
	6	買　　掛　　金	
	7	借　　入　　金	
	8	所　得　税　預　り　金	
	9	資　　本　　金	
	10	売　　　　　上	
	11	仕　　　　　入	
	12	給　　　　　料	
	13	通　　信　　費	
	14	消　耗　品　費	
	15	支　払　利　息	

28-4 (p.152〜p.155)

静岡商店の下記の取引について,

(1)仕訳帳に記入して, 総勘定元帳（略式）に転記しなさい。

(2)売掛金元帳（略式）に記入して締め切りなさい。

(3)1月末における残高試算表を作成しなさい。

　　ただし, ⅰ　商品に関する勘定は3分法によること。

　　　　　　ⅱ　仕訳帳の小書きは省略する。

　　　　　　ⅲ　総勘定元帳および売掛金元帳には, 日付と金額を記入すればよい。

取　　　引

1月7日　仕入先 広島商店から次の商品を仕入れ, 代金は掛けとした。

　　　　　　　　A　品　　　700個　　　@¥*400*　　　¥*280,000*
　　　　　　　　B　品　　　900〃　　　〃〃*600*　　　¥*540,000*

　10日　得意先 山口商店に商品を次の納品書のとおり売り渡し, 代金は掛けとした。

納　品　書　　　　令和○年1月10日

〒753-0089
山口県山口市亀山町2-20　　**御中**　　〒420-0853　静岡県静岡市葵区追手町9-8
山口商店　　　　　　　　　　　　　静岡商店

下記の通り納品いたしました。

商　品　名	数　量	単　価	金　額	備考
B品	600	800	480,000	
以下余白				
		合　計	480,000	

　12日　仕入先 広島商店に対する買掛金の一部¥*435,000*を, 小切手を振り出して支払った。

　14日　事務用の文房具を現金で購入し, 次のレシートを受け取った。

葵文具店

静岡市葵区葵町2-30
電話：054-253-××××

領　収　証

20XX年1月14日　　No.1025

文房具　　　　　　　¥15,000
合計　　　　　　　**¥15,000**
お預り　　　　　　　¥20,000
お釣り　　　　　　　¥5,000

上記正に領収いたしました

　15日　携帯電話の利用料金¥*54,000*が当座預金口座から引き落とされた。

16日　仕入先 岩手商店に対する買掛金の一部について，次の小切手を振り出して支払った。

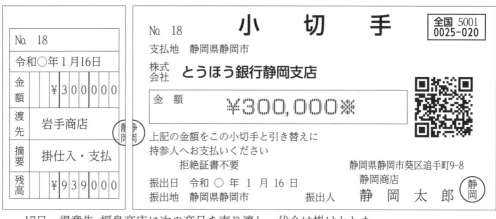

No. 18
令和○年1月16日
金額　　¥300000
渡先　　岩手商店
摘要　　掛仕入・支払
残高　　¥939000

No. 18　　　　小　切　手　　　全国 5001 0025-020

支払地　静岡県静岡市

株式会社　とうほう銀行静岡支店

金　額　　¥300,000※

上記の金額をこの小切手と引き替えに
持参人へお支払いください
　　　拒絶証書不要

振出日　令和 ○ 年 1 月 16 日
振出地　静岡県静岡市

静岡県静岡市葵区追手町9-8
静岡商店
振出人　静 岡 太 郎

17日　得意先 福島商店に次の商品を売り渡し，代金は掛けとした。
　　　A 品　　600個　　@¥500　　¥300,000
　　　B 品　　500〃　　〃〃800　　¥400,000

18日　商品陳列用ケース¥319,000を買い入れ，代金は付随費用¥33,000とともに小切手を振り出して支払った。

20日　仕入先 岩手商店から次の商品を仕入れ，代金は掛けとした。
　　　C 品　　100個　　@¥700　　¥ 70,000

24日　得意先 山口商店に対する売掛金の一部¥348,000を，現金で受け取った。

25日　本月分の給料¥290,000の支払いにあたり，所得税額¥21,000を差し引いて，従業員の手取額を現金で支払った。

27日　得意先 山口商店に次の商品を売り渡し，代金は同店振出の小切手で受け取った。
　　　A 品　　400個　　@¥550　　¥220,000
　　　B 品　　200〃　　〃〃800　　¥160,000

30日　得意先 福島商店に対する売掛金の一部¥426,000を，現金で受け取り，ただちに当座預金に預け入れた。

31日　南西商店が倒産して，同店に対する売掛金が回収不能になり，貸し倒れとして処理した。

(1)

仕　　訳　　帳

1

令和○年		摘　　　　要	元丁	借　　方	貸　　方
1	1	前 期 繰 越 高	✓	4,290,000	4,290,000

総　勘　定　元　帳

	現　　金　　1		当　座　預　金　2		売　掛　金　3
1/ 1	362,000	1/ 1　1,728,000		1/ 1　800,000	

貸 倒 引 当 金	4
	1/ 1　30,000

繰 越 商 品	5
1/ 1　500,000	

備 品	6
1/ 1　900,000	

買 掛 金	7
	1/ 1　739,000

所 得 税 預 り 金	8

資 本 金	9
	1/ 1　3,521,000

売 上	10

仕 入	11

給 料	12

通 信 費	13

消 耗 品 費	14

(2)

売 掛 金 元 帳

山 口 商 店	1
1/ 1　348,000	

福 島 商 店	2
1/ 1　426,000	

南 西 商 店	3
1/ 1　26,000	

（注意）売掛金元帳は締め切ること。

(3)

残 高 試 算 表
令和○年1月31日

借　方	元丁	勘 定 科 目	貸　方
	1	現　　　金	
	2	当 座 預 金	
	3	売 　掛　 金	
	4	貸 倒 引 当 金	
	5	繰 越 商 品	
	6	備　　　品	
	7	買 　掛　 金	
	8	所 得 税 預 り 金	
	9	資 　本　 金	
	10	売　　　上	
	11	仕　　　入	
	12	給　　　料	
	13	通 信 費	
	14	消 耗 品 費	

29 計算に関する問題

解答 ▶ p.61

29-1 次の各文の□□□に入る金額を求めなさい。

(1)南北商店（個人企業）の当期の収益総額は¥3,080,000で当期純利益が¥390,000であるとき，当期の費用総額は¥□ア□である。

(2)鹿児島商店（個人企業）の期首の資産総額は¥4,380,000　負債総額は¥2,750,000であった。期末の資産総額は¥5,190,000で，この期間中の当期純利益が¥420,000であるとき，期末の負債総額は¥□イ□である。 (第87回)

(3)北陸商店（個人企業）の当期の収益総額は¥6,419,000で当期純損失は¥537,000であるとき，費用総額は¥□ウ□である。また，期首の資産総額は¥3,460,000　負債総額は¥1,182,000であり，期末の負債総額は¥1,428,000であるとき，期末の資産総額は¥□エ□である。

(4)松山商店（個人企業）の期首の負債総額は¥1,340,000であり，期末の資産総額は¥6,230,000　負債総額は¥1,500,000であった。なお，この期間中の費用総額は¥7,940,000で当期純利益が¥580,000であるとき，収益総額は¥□オ□で，期首の資産総額は¥□カ□である。 (第78回)

(1)

ア
¥

(2)

イ
¥

(3)

ウ	エ
¥	¥

(4)

オ	カ
¥	¥

29-2 山梨商店（個人企業）の下記の資料によって，次の金額を計算しなさい。 (第84回)

　　　ａ．期間中の費用総額　　　　　ｂ．期首の負債総額

資　料
　ⅰ　期首の資産総額　¥6,500,000
　ⅱ　期末の資産および負債
　　　現　　　金　¥1,500,000　　当座預金　¥3,530,000　　商　　品　¥ 600,000
　　　備　　　品　¥ 900,000　　買　掛　金　¥1,310,000　　借　入　金　¥1,200,000
　ⅲ　期間中の収益総額　¥6,400,000
　ⅳ　当期純利益　¥ 320,000

a	b
¥	¥

29-3 長野商店の次の勘定記録と当座預金出納帳から，（ア）と（イ）に入る金額を求めなさい。

当　座　預　金	
1/ 1前期繰越 300,000	1/23仕　　入 180,000
20売　　上（　　　）	

売	上
	1/20当座預金（　ア　）

当　座　預　金　出　納　帳

令和○年		摘　　　　要	預　入	引　出	借または貸	残　高
1	1	前　月　繰　越	（　　　）		借	（　　　）
	20	松本商店に商品売り上げ	（　　　）		〃	550,000
	23	上田商店から商品仕入れ　小切手♯18		（　　　）	〃	（　イ　）

ア	イ
¥	¥

29-4 茨城商店はA品とB品を販売し，商品有高帳を移動平均法によって記帳している。次の勘定記録と商品有高帳によって（ ア ）から（ ウ ）に入る金額を求めなさい。ただし，A品は1個あたり¥600で販売し，B品は1個あたり¥400で販売している。 （第79回一部修正）

	売　　　　　上			仕　　　　　入	
	1/ 9 売 掛 金 （ ア ）		1/16 買 掛 金 （ イ ）		
	20 売 掛 金　40,000				

商 品 有 高 帳

（移動平均法） 品名　A 品　　　　単位：個

令和○年		摘　　　要	受　　　入			払　　　出			残　　　高		
			数量	単価	金　額	数量	単価	金　額	数量	単価	金　額
1	1	前 月 繰 越	180	500	90,000				180	500	90,000
	9	高 崎 商 店				130	500	65,000	50	500	25,000
	16	大 宮 商 店	250	500	125,000				300	500	150,000

商 品 有 高 帳

（移動平均法） 品名　B 品　　　　単位：個

令和○年		摘　　　要	受　　　入			払　　　出			残　　　高		
			数量	単価	金　額	数量	単価	金　額	数量	単価	金　額
1	1	前 月 繰 越	80	300	24,000				80	300	24,000
	16	大 宮 商 店	120	350	42,000				（　）	（ ウ ）	（　）
	20	水 戸 商 店				100	（　）	（　）	（　）	（　）	（　）

ア	イ	ウ
¥	¥	¥

29-5 沖縄商店（個人企業）の下記の損益勘定と資料によって，次の金額を計算しなさい。 （第70回一部修正）

a．売 上 原 価　　　　b．期首の負債総額

損　　　　　益			
12/31 仕　　　入 （　　　）	12/31 売　　上	8,730,000
〃 給　　　料 1,500,000		
〃 支 払 家 賃 1,260,000		
〃 雑　　　費 50,000		
〃 支 払 利 息 60,000		
〃 資 本 金 （　　　）		
8,730,000	8,730,000

資　　　料
ⅰ　期首の資産総額　¥6,500,000
ⅱ　期末の資産総額　¥6,890,000
ⅲ　期末の負債総額　¥2,720,000
ⅳ　当期純利益　¥ 370,000

a	b
¥	¥

29-6 東京商店の期首の資産総額は¥2,400,000　負債総額は¥900,000であり，期末の貸借対照表は下記のとおりであった。この期間中の収益総額が¥6,740,000であるとき，次の金額を計算しなさい。 （第64回一部修正）

a．費 用 総 額　　　　b．期末の負債総額

貸 借 対 照 表
東 京 商 店　　　令和○年12月31日

現　　　金	920,000	買 掛 金	700,000
売 掛 金	890,000	借 入 金	
商　　　品	580,000	資 本 金	
備　　　品	510,000	当期純利益	200,000
	2,900,000		2,900,000

a	b
¥	¥

29-7 茨城商店（個人企業）の下記の資本金勘定と資料によって，次の金額を計算しなさい。

（第76回）

　　　　a．期間中の費用総額　　　b．期首の資産総額

資　　本　　金

12/31 次期繰越	（　　　）	1/ 1 前期繰越	（　　　）
		12/31 損　　益	430,000
	2,630,000		2,630,000

資　　料
　ⅰ　期首の負債総額　¥1,180,000
　ⅱ　期間中の収益総額　¥2,570,000

a	b
¥	¥

29-8 兵庫商店におけるA品に関する6月の取引によって，下記の表を完成しなさい。

　　　　6月1日　前月繰越　　80個　@¥500
　　　　　　7日　仕　　入　320個　@¥520
　　　　　14日　売　　上　250個　@¥650
　　　　　21日　仕　　入　300個　@¥525
　　　　　26日　売　　上　350個　@¥650

	先入先出法	移動平均法
売　上　高	¥	¥
売上原価	¥	¥
売上総利益	¥	¥

29-9 岩手商店の決算日における総勘定元帳（一部）は，下記のとおりである。ただし，売上勘定・仕入勘定の期間中の記録は，合計額で示してある。よって，

（第63回）

　a．期末商品棚卸高を求めなさい。
　b．当期の純売上高を求めなさい。
　c．（　ア　）に入る勘定科目を記入しなさい。
　d．（　イ　）に入る金額は当期の何の金額であるか，番号で答えなさい。
　　　1．商品売買益　　　2．売上原価　　　3．純仕入高

繰　越　商　品

1/ 1 前期繰越	780,000	12/31 仕　入	780,000
12/31 仕　入	850,000	〃 次期繰越	（　　　）
	1,630,000		1,630,000

売　　　　　　上

	480,000		9,600,000
12/31 （　　）	（　　　）		
	9,600,000		9,600,000

仕　　　　　　入

	6,520,000	12/31 繰越商品	（　　　）
12/31 繰越商品	（　　　）	〃（　ア　）	（　イ　）
	（　　　）		（　　　）

損　　　　　　益

12/31 仕　入	（　イ　）	12/31 売　上	（　　　）

a	b	c	d
¥	¥		

30 文章を完成する問題

解答 ▶ p.62

30-1 次の各文の□□□にあてはまるもっとも適当な語を，下記の語群のなかから選び，その番号を記入しなさい。

(1)a．一定の時点における企業の財政状態を示す表を　ア　といい，これは，次の等式にもとづいて作成する。

資　産　＝　負　債　＋　イ

b．企業の一定期間の経営成績を明らかにするために作成される表を　ウ　といい，借方に費用，貸方に収益を記載し，当期純利益は　エ　に示される。

語群
1．貸借対照表　　　2．合計試算表　　　3．損益計算書　　　4．精　算　表
5．借　　　方　　　6．収　　　益　　　7．純　資　産　　　8．貸　　　方

(2)c．現金・商品・備品などの財貨や売掛金・貸付金などの債権を　オ　といい，この総額から負債の総額を差し引くと　カ　の額が求められる。

d．会計情報を　キ　・処理・管理し，効率的に把握するための専用ソフトウェアを，　ク　という。

語群
1．純　利　益　　　2．収　　　益　　　3．資　　　産　　　4．インターネットバンキング
5．入　　　力　　　6．純　資　産　　　7．主　要　簿　　　8．会計ソフトウェア

(1)	a		b	
	ア	イ	ウ	エ

(2)	c		d	
	オ	カ	キ	ク

30-2 次の各文の { } のなかから，いずれか適当なものを選び，その番号を記入しなさい。

(1)a．企業では，期間中に発生した収益と費用の内容を示すために　ア {1. 貸借対照表　2. 損益計算書} を作成する。これによって，1会計期間の　イ {3. 経営成績　4. 財政状態} を明らかにすることができる。

b．貸倒引当金勘定を　ウ {5. 売掛金　6. 買掛金} 勘定の残高から差し引くと，回収見込額を示すことができる。この貸倒引当金勘定のように，ある勘定の残高を修正する性質をもつ勘定を　エ {7. 統制勘定　8. 評価勘定} という。

(2)c．簿記では，取引が発生すると仕訳帳に記入し，そこから各勘定口座へ転記する。このすべての勘定口座を集めた帳簿を　オ {1. 総勘定元帳　2. 補助元帳} といい，仕訳帳とともになくてはならない大切な帳簿なので　カ {3. 主要簿　4. 補助簿} とよんでいる。

d．資産・負債および　キ {5. 純資産　6. 費用} に属する諸勘定は，決算にさいし，繰越記入をおこなって締め切る。その繰越記入が正しくおこなわれたかどうかを確かめるために　ク {7. 残高試算表　8. 繰越試算表} を作成する。

(3)e．企業の経営活動によって，純資産が減少する原因となることがらを　ケ {1. 費用　2. 収益} という。そのおもなものには給料や　コ {3. 受取家賃　4. 広告料} などがある。

f．企業では，決算において総勘定元帳を締め切る前に，一会計期間の経営成績や期末の財政状態を知るため，サ {5. 残高試算表　6. 繰越試算表}・損益計算書・貸借対照表を一つにまとめた表を作成することがある。この表を　シ {7. 棚卸表　8. 精算表} という。

(1)	a		b	
	ア	イ	ウ	エ

(2)	c		d	
	オ	カ	キ	ク

(3)	e		f	
	ケ	コ	サ	シ

30-3 次の各文の＿＿＿にあてはまるもっとも適当な語を，下記の語群のなかから選び，その番号を記入しなさい。

(1) a．資産に属する勘定および＿＿ア＿＿に属する勘定は，その増加額または発生額をそれぞれの勘定の借方に，負債に属する勘定・純資産に属する勘定および＿＿イ＿＿に属する勘定は，その増加額または発生額をそれぞれの勘定の貸方に記入する。

　　 b．企業では，売掛金元帳に商店名などを勘定科目とする＿＿ウ＿＿を設け，得意先ごとの売掛金の明細を記入する。この場合，総勘定元帳の売掛金勘定は，売掛金元帳の各勘定の記入内容をまとめて示している勘定なので＿＿エ＿＿という。

語群 　1．人名勘定　　　2．損益勘定　　　3．借　　　方　　　4．費　　　用
　　　5．統制勘定　　　6．収　　　益　　　7．残　　　高　　　8．貸　　　方

(2) c．元帳記入が正しくおこなわれたかどうかを調べるために，＿＿オ＿＿を作成する。この表の借方合計額と貸方合計額が一致するのは，＿＿カ＿＿の原理によるものである。

　　 d．期末に各勘定の残高を集めて作成される＿＿キ＿＿を，等式で示すと次のようになる。

　　　　期末資産＋費用総額＝期末負債＋＿＿ク＿＿＋収益総額

語群 　1．貸借平均　　　2．棚　卸　表　　　3．期首純資産　　　4．勘定記入
　　　5．試　算　表　　　6．繰越試算表　　　7．期末純資産　　　8．残高試算表

(1)
a	ア	イ	b	ウ	エ

(2)
c	オ	カ	d	キ	ク

(3) e．総勘定元帳の各勘定の借方合計金額と貸方合計金額を集めて作成する表を＿＿ケ＿＿という。この表によって，仕訳帳から総勘定元帳への転記が正しくおこなわれたかどうかを確かめることができるのは，＿＿コ＿＿によるものである。

　　 f．決算にあたり，勘定のなかには残高が期末の実際有高や1会計期間の発生高を正しく示していないものがあるので，これらの勘定残高を修正する必要がある。この手続きを＿＿サ＿＿といい，これに必要な事項をまとめた一覧表を＿＿シ＿＿という。

語群 　1．残高試算表　　　2．振替仕訳　　　3．棚　卸　表　　　4．貸借平均の原理
　　　5．決算整理　　　6．繰越試算表　　　7．合計試算表　　　8．貸借対照表等式

(4) g．個人企業の決算において，損益勘定の貸方には収益の各勘定の残高を，その借方には＿＿ス＿＿の各勘定の残高を振り替える。この結果，貸方に残高が生じた場合には純利益を意味するので，＿＿セ＿＿勘定の貸方に振り替える。

　　 h．簿記の記帳方法のひとつに，企業の経営活動のすべてを二面的に把握し，記録・計算・整理する方法がある。この方法を＿＿ソ＿＿という。

語群 　1．単式簿記　　　2．資　本　金　　　3．統　　　制　　　4．貸　　　方
　　　5．雑　　　損　　　6．費　　　用　　　7．複式簿記　　　8．借　　　方

(3)
e	ケ	コ	f	サ	シ

(4)
g	ス	セ	h	ソ

(5) i．決算にさいし，資産・負債および＿＿タ＿＿の諸勘定の次期繰越高を集めて，その繰越記入が正しくおこなわれたかどうかを確かめるために作成する表を＿＿チ＿＿という。

　　 j．商品に関する取引を3分法で記帳している場合の決算整理後の仕入勘定の借方残高は＿＿ツ＿＿を意味している。この金額は，期首商品棚卸高＋＿＿テ＿＿－期末商品棚卸高によって求めることができる。

語群 　1．収　　　益　　　2．純仕入高　　　3．仕入値引高　　　4．繰越試算表
　　　5．売上原価　　　6．合計試算表　　　7．純売上高　　　8．純　資　産

(5)
i	タ	チ	j	ツ	テ

形式別復習問題

30-4 次の語の英語表記を省略せずに答えなさい。

(1)	貸借対照表		(2)	資産	
(3)	負債		(4)	純資産	
(5)	損益計算書		(6)	収益	
(7)	費用		(8)	勘定	
(9)	借方		(10)	貸方	

30-5 次の語の英語表記を省略せずに答えなさい。

(1)	取引		(2)	仕訳帳	
(3)	総勘定元帳		(4)	試算表	
(5)	精算表		(6)	現金	
(7)	当座預金		(8)	売掛金	
(9)	買掛金		(10)	伝票	

30-6 次の語にあてはまるもっとも適当な英語表記を，以下の語群の中から選び，その番号を記入しなさい。

(1)	精算表		(2)	資産		(3)	総勘定元帳	
(4)	損益計算書		(5)	貸借対照表		(6)	勘定	
(7)	収益		(8)	現金		(9)	仕訳帳	
(10)	取引		(11)	先入先出法		(12)	費用	

語群
ア．income　　　　　　　イ．journal　　　ウ．transaction　　　エ．assets
オ．Balance Sheet (B/S)　カ．expenses　キ．net assets　　　ク．Work Sheet (W/S)
ケ．general ledger　　　コ．cash　　　サ．liabilities
シ．Profit and Loss Statement (P/L)　　　ス．account (a/c)
セ．Moving Average Method　　　　　　ソ．First in First out Method (FIFO)

30-7 次の文の◻◻◻にあてはまるもっとも適当な語を，下記の語群の中から選び，その番号を記入しなさい。

(1)企業は一会計期間の経営成績を明らかにするために，収益・費用の内容を示す報告書を作成する。この報告書を◻ア◻といい，英語では◻イ◻と表す。

(2)企業は一定時点の財政状態を明らかにするために，資産・負債・純資産の内容を示す報告書を作成する。この報告書を◻ウ◻といい，英語では◻エ◻と表す。

(3)簿記では，資産・負債・純資産を増減させたり，収益・費用を発生させたりすることがらを◻オ◻といい，英語では◻カ◻と表す。

語群
1．transaction　2．貸借対照表　3．損益計算書　4．account　5．取　引
6．勘　定　7．Balance Sheet (B/S)　8．Profit and Loss Statement (P/L)

(1)	ア	イ

(2)	ウ	エ

(3)	オ	カ

㉛ 決算に関する問題

解答 ▶ p.63

31-1　宮崎商店（個人企業　決算年 1 回　12月31日）の総勘定元帳勘定残高と決算整理事項は，次のとおりであった。よって，

(1)決算整理仕訳を示しなさい。

(2)貸倒引当金勘定および仕入勘定に必要な記入をおこない，締め切りなさい。ただし，勘定記入は，日付・相手科目・金額を示すこと。

(3)損益計算書および貸借対照表を完成しなさい。

元帳勘定残高

現　　　金	¥ 1,376,800	当 座 預 金	¥ 2,305,100	売　掛　金	¥ 6,600,000
貸倒引当金	210,000	繰 越 商 品	2,160,000	備　　　品	1,080,000
買　掛　金	5,205,400	従業員預り金	60,000	借　入　金	630,000
資　本　金	6,000,000	売　　　上	17,301,000	受取手数料	360,500
仕　　　入	12,180,000	給　　　料	3,171,000	支 払 家 賃	756,000
消 耗 品 費	67,000	雑　　　費	57,000	支 払 利 息	14,000

決算整理事項

　a．期末商品棚卸高　¥2,235,000

　b．貸 倒 見 積 高　売掛金残高の 5 ％と見積もり，貸倒引当金を設定する。

　c．備品減価償却高　取得原価¥2,160,000　残存価額は零（0）　耐用年数は 6 年とし，定額法により計算し，直接法で記帳している。

$$定額法による年間の減価償却費 = \frac{取得原価 - 残存価額}{耐用年数}$$

(1)

	借　　　　　　方	貸　　　　　　方
a		
b		
c		

(2)

貸 倒 引 当 金　　　　4			
6/ 6 売 掛 金	48,000	1/ 1 前期繰越	258,000

仕　　　　入　　　　13			
7/10 諸 　 口	12,210,000	7/12 買 掛 金	30,000

(3)

損　益　計　算　書

宮　崎　商　店　　　　　令和○年1月1日から令和○年12月31日まで

費　　　　　用	金　　額	収　　　　　益	金　　額
売　上　原　価		売　　上　　高	
給　　　　　料		受　取　手　数　料	
貸　倒　引　当　金　繰　入			
減　価　償　却　費			
支　払　家　賃			
消　耗　品　費			
雑　　　　　費			
支　払　利　息			
(　　　　　　　)			

貸　借　対　照　表

宮　崎　商　店　　　　　令和○年12月31日

資　　　　　産	金　　額	負債および純資産	金　　額
現　　　　　金		買　　掛　　金	
当　座　預　金		(　　　　　　　)	
売　掛　金　(　　　)		借　　入　　金	
貸倒引当金　(　　　)		資　　本　　金	
(　　　　　)		(　　　　　　　)	
備　　　　　品			

31-2 指宿商店（個人企業　決算年1回　12月31日）の総勘定元帳の記録と決算整理事項は，次のとおりであった。よって，

(1)決算に必要な仕訳を示し，総勘定元帳の各勘定に転記して締め切りなさい。

(2)繰越試算表を作成しなさい。

　　ただし，勘定記入は，日付・相手科目・金額を示し，開始記入もおこなうこと。

<u>決算整理事項</u>

　　a．期末商品棚卸高　¥390,000

　　b．貸倒見積高　売掛金残高の5％と見積もり，貸倒引当金を設定する。

　　c．備品減価償却高　¥27,000

(1)

借　　　　　　方	貸　　　　　　方

現　　　　　金　　1		当　座　預　金　　2	
1,326,000	936,000	2,478,000	1,956,000

売　　掛　　金　　3		貸　倒　引　当　金　　4	
2,190,000	1,290,000		

繰　越　商　品　　5		備　　　　　品　　6	
351,000		192,000	

買　掛　金	7
1,010,000	1,685,000

前　受　金	8
418,000	586,000

資　本　金	9
	1,200,000

売　上	10
93,000	2,940,000

仕　入	12
2,508,000	162,000

受　取　手　数　料	11
	195,000

給　料	13
198,000	

支　払　家　賃	14
114,000	

雑　費	15
72,000	

貸 倒 引 当 金 繰 入　16

減 価 償 却 費　17

損　益　18

(2)

繰　越　試　算　表
令和○年　月　日

借　方	元丁	勘 定 科 目	貸　方

31- 3 山陽商店（個人企業　決算年1回　12月31日）の決算整理事項は次のとおりであった。よっ
て，精算表を完成しなさい。

決算整理事項
- a．期末商品棚卸高　￥*950,000*
- b．貸倒見積高　売掛金残高の2％と見積もり，貸倒引当金を設定する。
- c．備品減価償却高　￥*90,000*（直接法によって記帳している）。

精　算　表
令和○年12月31日

勘定科目	残高試算表		整理記入		損益計算書		貸借対照表	
	借　方	貸　方	借　方	貸　方	借　方	貸　方	借　方	貸　方
現　　　金	828,400							
当 座 預 金	1,581,200							
売　掛　金	2,900,000							
貸倒引当金		26,000						
繰 越 商 品	920,000							
備　　　品	620,000							
買　掛　金		1,524,400						
借　入　金		600,000						
資　本　金		4,000,000						
売　　　上		9,609,500						
受 取 手 数 料		47,700						
仕　　　入	6,710,000							
給　　　料	1,482,000							
支 払 家 賃	576,000							
消 耗 品 費	105,000							
雑　　　費	37,000							
支 払 利 息	48,000							
	15,807,600	15,807,600						

31-4 神奈川商店（個人企業　決算年1回　12月31日）の決算整理事項は次のとおりであった。よって，

(1) 精算表を完成しなさい。

(2) 備品勘定と受取手数料勘定に必要な記入をおこない，締め切りなさい。ただし，勘定記入は，日付・相手科目・金額を示すこと。　　　　　　　　　　　　　　　　　（第73回改題）

形式別復習問題

決算整理事項

　　a．期末商品棚卸高　¥710,000

　　b．貸倒見積高　売掛金残高の3％と見積もり，貸倒引当金を設定する。

　　c．備品減価償却高　取得原価¥780,000　残存価額は零(0)　耐用年数は6年とし，定額法により計算し，直接法で記帳している。

(1)

精算表
令和○年12月31日

勘定科目	残高試算表 借方	残高試算表 貸方	整理記入 借方	整理記入 貸方	損益計算書 借方	損益計算書 貸方	貸借対照表 借方	貸借対照表 貸方
現　　　金	637,000							
当座預金	1,740,000							
売　掛　金	1,600,000							
貸倒引当金		12,000						
繰越商品	690,000							
備　　　品	520,000							
買　掛　金		1,730,600						
未　払　金		71,000						
前　受　金		132,000						
資　本　金		2,800,000						
売　　　上		8,429,000						
受取手数料		62,000						
仕　　　入	6,079,000							
給　　　料	1,194,000							
支払家賃	732,000							
消耗品費	25,300							
雑　　　費	19,300							
	13,236,600	13,236,600						

(2)

備　　品　　　　6		
1/1 前期繰越　520,000		

受　取　手　数　料　　　12	
	62,000

31-5　延岡商店（個人企業　決算年1回　12月31日）の決算整理事項は次のとおりであった。よって，

(1)精算表を完成しなさい。

(2)商品売買益（売上総利益）の金額を求めなさい。

決算整理事項

　　a．期末商品棚卸高　¥2,346,000

　　b．貸倒見積高　売掛金残高の5％と見積もり，貸倒引当金を設定する。

　　c．備品減価償却高　取得原価¥900,000　残存価額は取得原価の10％　耐用年数は10年とし，定額法による（直接法によって記帳している）。

(1)
精算表
令和○年12月31日

勘定科目	残高試算表 借方	残高試算表 貸方	整理記入 借方	整理記入 貸方	損益計算書 借方	損益計算書 貸方	貸借対照表 借方	貸借対照表 貸方
現　　　金	495,000							
当 座 預 金	4,550,000							
売　掛　金	3,600,000							
貸倒引当金		128,000						
繰 越 商 品	2,238,000							
貸　付　金	1,200,000							
備　　　品	738,000							
買　掛　金		3,200,000						
資　本　金		7,460,000						
売　　　上		21,390,000						
受 取 利 息		72,000						
仕　　　入	16,440,000							
給　　　料	2,029,000							
支 払 家 賃	960,000							
	32,250,000	32,250,000						

(2)	商 品 売 買 益　　¥

第6章　進んだ学習 全商検定2級
32 手形取引の記帳

学習のまとめ

1 約束手形と手形債権・手形債務

(1)約束手形は，振出人（支払人）が一定の期日に一定の金額を，名あて人（受取人）に支払うことを約束した手形である。

(2)約束手形を受け取ることによって生じる手形金額を受け取る権利を**手形債権**といい，受取手形勘定（資産）で処理する。また，約束手形の振り出しによって生じる手形金額を支払う義務を**手形債務**といい，支払手形勘定（負債）で処理する。

東京商店（借）仕　　　　　入　×××（貸）**支 払 手 形**　×××
千葉商店（借）**受 取 手 形**　×××（貸）売　　　　　上　×××

2 手形の裏書譲渡

所持している約束手形は，手形の裏面に必要事項を記入のうえ署名し，他人に譲り渡すことができる。これを**手形の裏書譲渡**という。

例　商品を仕入れ，受け取っていた約束手形を裏書譲渡した場合
　　　　　（借）仕　　　　　入　×××（貸）**受 取 手 形**　×××

3 手形の割引

資金の融通を受けるために，手持ちの約束手形を支払期日前に銀行などに裏書譲渡する。これを**手形の割引**という。なお，割引の場合には，割引日から支払期日までの利息にあたる割引料を手形金額から差し引かれるが，この割引料を**手形売却損勘定**（費用）で処理する。
　　　　　（借）当 座 預 金　×××（貸）**受 取 手 形**　×××
　　　　　　　　手 形 売 却 損　×××

4 受取手形記入帳・支払手形記入帳

手形債権や手形債務の発生と消滅についての明細は，**受取手形記入帳・支払手形記入帳**という補助簿に記入する。

練習問題

解答 ▶ p.68

32-1 次の取引の仕訳を示しなさい。ただし，商品に関する勘定は3分法によること。
(1)山口商店から商品￥280,000を仕入れ，代金は同店あての約束手形を振り出して支払った。
(2)長門商店に対する売掛金￥780,000を，同店振り出し，当店あての約束手形で受け取った。
(3)さきに，下関商店あてに振り出した約束手形￥540,000が本日満期につき，当店の当座預金から支払ったむね取引銀行から通知を受けた。
(4)かねて取り立てを依頼していた，宇部商店振り出し，当店受け取りの約束手形￥650,000が本日満期につき，取立済みとなり，当座預金に入金したむね取引銀行から通知を受けた。

	借　　　　　方	貸　　　　　方
(1)		
(2)		
(3)		
(4)		

32-2 次の取引の仕訳を示し，受取手形記入帳と支払手形記入帳に記入しなさい。ただし，商品に関する勘定は3分法によること。

9月13日　8月13日に振り出した浜松商店あての約束手形＃10　¥200,000が期日になり，当座預金口座から支払われたむね，取引銀行から通知を受けた。

21日　8月31日に静岡商店から商品代金として受け取っていた同店振り出し，当店あての約束手形＃4　¥500,000を取引銀行で割り引き，割引料¥4,600を差し引かれた手取金は当座預金とした。

27日　沼津商店に買掛金¥270,000の支払いのため，同店あての約束手形＃11（振出日　9月27日，満期日　12月27日，支払場所　中央銀行）を振り出して支払った。

10月2日　富士商店に商品¥300,000を売り渡し，代金は富士商店振り出し，当店あての約束手形＃7（振出日　10月2日，満期日　11月2日，支払場所　北東銀行）で受け取った。

5日　清水商店より売掛金¥250,000を，静岡商店振り出し，清水商店受け取りの約束手形＃9（振出日　9月5日，満期日　12月5日，支払場所　南西銀行）を裏書のうえ譲り受けた。

28日　浜名商店から商品¥400,000を仕入れ，代金のうち¥250,000は10月5日に受け取った約束手形＃9を裏書譲渡し，残額は掛けとした。

11月2日　10月2日に受け取った，当店受け取りの約束手形＃7が本日満期につき，当店の当座預金に入金されたむね，取引銀行から通知を受けた。

	借　　　　方	貸　　　　方
9/13		
21		
27		
10/2		
5		
28		
11/2		

受 取 手 形 記 入 帳

令和〇年		摘　要	金　額	手形種類	手形番号	支払人	振出人または裏書人	振出日		満期日		支払場所	てん末		
													月	日	摘　要
8	31	売　上	500,000	約手	4	静岡商店	静岡商店	8	31	10	30	東西銀行			

支 払 手 形 記 入 帳

令和〇年		摘　要	金　額	手形種類	手形番号	受取人	振出人	振出日		満期日		支払場所	てん末		
													月	日	摘　要
8	13	仕　入	200,000	約手	10	浜松商店	当　店	8	13	9	13	中央銀行			

�33 有価証券の記帳

学習のまとめ

①有価証券

売買を目的として**株式・社債・公債**（国債・地方債）など
を買い入れたときは，取得原価で**有価証券勘定**（資産）の
借方に記入し，売却したときは，帳簿価額で貸方に記入す
る。

　　　有価証券の取得原価＝買入価額＋買入手数料など

有　価　証　券	
購入したとき 買入価額 ＋ 買入手数料など	売却したとき （帳簿価額）
	現在高

②有価証券の売買価額

有価証券の売買価額は，次のように計算する。
(1)株　　式　　1株あたりの単価×株数
(2)社債・公債　　額面金額×$\dfrac{\text{額面¥100についての価額（単価）}}{\text{¥100}}$

　(注)社債・公債などの債券の単価は，¥100につき，いくら（例¥98）と示される。

③有価証券売却損益

有価証券の売却 帳簿価額より高く売る→その差額を**有価証券売却益勘定**（収益）の貸方に記入する。
　　　　　　　　帳簿価額より低く売る→その差額を**有価証券売却損勘定**（費用）の借方に記入する。

④有価証券の評価替え

売買を目的として保有する有価証券は，期末には時価によって評価する。したがって，時価が帳簿価
額より低い場合にはその差額を**有価証券評価損勘定**（費用）で処理し，反対に高い場合にはその差額
を**有価証券評価益勘定**（収益）で処理する。そして，帳簿価額を時価に一致させる。

練習問題
解答 ▶ p.69

33-1 次の取引の仕訳を示しなさい。
(1)出雲商事株式会社の株式300株を1株につき¥7,800で買い入れ，代金は小切手を振り出して
支払った。
(2)上記の株式のうち200株を1株につき¥8,500で売却し，代金は小切手で受け取り，ただちに
当座預金に預け入れた。
(3)仙台商事株式会社の社債　額面¥400,000を額面¥100につき¥98で買い入れ，代金は小切手
を振り出して支払った。
(4)上記の社債のうち，額面¥200,000を額面¥100につき¥99で売却し，代金は現金で受け取っ
た。

	借　　　　方	貸　　　　方
(1)		
(2)		
(3)		
(4)		

33-2 次の取引の仕訳を示し，有価証券勘定・有価証券売却益勘定・有価証券売却損勘定に転記し，決算に必要な記入をおこなって締め切りなさい。ただし，勘定には，日付・相手科目・金額を記入し，開始記入もおこなうこと。なお，決算は年1回　12月31日である。

11月2日　盛岡商事株式会社の株式500株を1株につき¥*5,700*で買い入れ，代金は小切手を振り出して支払った。

　　24日　上記株式のうち100株を1株につき¥*6,100*で売却し，代金は1週間後に受け取ることにした。

12月10日　上記株式のうち200株を1株につき¥*5,600*で売却し，代金は小切手で受け取り，ただちに当座預金とした。

	借　　　　　方	貸　　　　　方
11/ 2		
24		
12/10		

有　価　証　券

有価証券売却益

有価証券売却損

33-3 次の一連の取引の仕訳を示し，下記の勘定口座に転記して，損益勘定以外は締め切りなさい。なお，勘定口座には，日付・相手科目・金額を示し，開始記入もおこなうこと。

10/ 8　長野産業株式会社は売買目的で，額面¥*2,500,000*の社債を額面¥*100*につき¥*96*で買い入れ，代金は小切手を振り出して支払った。

12/31　決算にあたり，上記の社債を額面¥*100*につき¥*98*の時価で評価替えした。

　〃　　決算にあたり，損益勘定に振り替えた。

10/ 8		
12/31		
〃		

有　価　証　券

有価証券評価（　　　）

損　　　　　益

34 個人企業の税金の記帳

① 所得税・住民税

(1)所得税は，1月1日から12月31日までの1年間の事業によって生じた利益（税法では事業所得という）に対して課せられる税金である。

住民税は，道府県民税と市町村民税からなる税金である。

(注)税法には，企業会計とは異なる規定が設けられているために，実際には，企業の利益と税法上の所得は必ずしも一致しない。

(2)所得税や住民税は，本来，企業主個人の家計から納めるべき税金なので，**簿記上の費用**（税法では**必要経費という**）として計上することはできない。したがって，これを企業の現金で納付したときには，資本の引き出しとなるので**引出金勘定**または資本金勘定で処理する。

（借）引 出 金　×××　　　　（貸）現 金 な ど　×××
（または資本金）

② 事業税・固定資産税・印紙税

事業税・固定資産税・印紙税は簿記上の費用として計上することができる。

(1)事業税は，事業を営んでいることに対して課せられる税金である。これを納付したときには，**租税公課勘定**または**事業税勘定**（費用）で処理する。

（借）租 税 公 課　×××　　　　（貸）現 金 な ど　×××
（または事業税）

(2)固定資産税は，毎年1月1日に所有している土地・家屋などに対して課せられる税金であり，これを納付したときには，**租税公課勘定**または**固定資産税勘定**（費用）で処理する。

（借）租 税 公 課　×××　　　　（貸）現 金 な ど　×××
（または固定資産税）

(3)印紙税は，収入印紙を購入したときに，**租税公課勘定**または**印紙税勘定**（費用）で処理する。

（借）租 税 公 課　×××　　　　（貸）現 金 な ど　×××
（または印紙税）

③ 消 費 税

事業者がおこなった商品の売り上げやサービスの提供などに対して，その取引金額に一定の税率を乗じて課せられる税金を**消費税**という。

商品を仕入れるさいに支払った消費税は**仮払消費税勘定**（資産）で処理し，商品を売り上げるさいに受け取った消費税は**仮受消費税勘定**（負債）で処理する。さらに，決算において，仮払消費税と仮受消費税を相殺し，仮受消費税が多い場合は，その差額を**未払消費税勘定**（負債）で処理する。この処理方法を**税抜き方式**という。

例1　水戸商店から商品¥110（税込）を仕入れ，代金は掛けとした。なお，消費税の税率は10%とする。

（借）仕 入　100　　　　（貸）買 掛 金　110
仮 払 消 費 税　10

例2　日立商店に商品¥220（税込）を売り渡し，代金は掛けとした。

（借）売 掛 金　220　　　　（貸）売 上　200
仮 受 消 費 税　20

例3　決算において，消費税の納付税額は¥10と計算された。

（借）仮 受 消 費 税　20　　　　（貸）仮 払 消 費 税　10
未 払 消 費 税　10

例4　確定申告をおこない，未払消費税¥10を現金で納付した。

（借）未 払 消 費 税　10　　　　（貸）現 金　10

練習問題

解答 ▶ p.69

34-1 次の取引の仕訳を示しなさい。

(1)確定申告をおこない, 本年度の所得税額が¥460,000と確定したので, 第1期分と第2期分の予定納税額¥340,000を差し引き, 残額¥120,000を店の現金で納付した。

(2)住民税の第1期分¥26,000を店の現金で納付した。ただし, 資本金勘定は用いない。

(3)収入印紙¥20,000を購入し, 代金は現金で支払った。ただし, 租税公課勘定は用いない。

(4)固定資産税の納税通知書を受け取り, ただちにこの税額¥200,000を, 小切手を振り出して納付した。

(5)固定資産税¥40,000の納税通知書を受け取り, 現金で納付した。ただし, この税金のうち60％は店の負担分で40％は家計の負担分である。

(6)郵便切手¥6,000と収入印紙¥4,000を購入し, 代金は現金で支払った。

	借　　　　　方	貸　　　　　方
(1)		
(2)		
(3)		
(4)		
(5)		
(6)		

34-2 次の連続した取引の仕訳を示しなさい。

8月23日　浅草商店から商品¥250,000を仕入れ, 代金はその消費税¥25,000とともに掛けとした。ただし, 商品を仕入れたときの消費税は, 仮払消費税勘定で処理する。

9月18日　押上商店に商品¥350,000を売り渡し, 代金はその消費税¥35,000とともに掛けとした。ただし, 商品を売り渡したときの消費税は, 仮受消費税勘定で処理する。

12月31日　決算において, 消費税の納付税額を計算した。ただし, 仮払消費税が¥25,000　仮受消費税が¥35,000ある。

3月15日　確定申告をおこない, 未払消費税¥10,000を現金で支払った。

	借　　　　　方	貸　　　　　方
8/23		
9/18		
12/31		
3/15		

35 固定資産の減価償却(2)―間接法― 参照 ▶ p.98

学習のまとめ

1 減価償却費の記帳方法 (間接法)

減価償却の直接法は，減価償却額を備品や建物などの固定資産の勘定から直接差し引いたが，間接法では，固定資産の種類ごとに**減価償却累計額勘定**という固定資産の取得原価から差し引く勘定 (**評価勘定**) を設けて，その貸方に記入する。

間接法では，固定資産の帳簿価額は，固定資産の勘定の借方金額から減価償却累計額勘定の貸方金額を差し引いて求める。

2 固定資産売却の記帳方法

間接法で記帳している固定資産を売却したときは，売却した固定資産の取得原価とその固定資産の減価償却累計額勘定の金額を減らす記入をする。売却価額と帳簿価額との差額によって**固定資産売却損 (益)** を計算する。

```
            備          品
取得原価 500,000 │ 次期繰越 500,000

        備品減価償却累計額
次期繰越 45,000 │ (償却額) 45,000

        減 価 償 却 費
(償却額) 45,000 │
```

進んだ学習

練 習 問 題

解答 ▶ p.69

35-1 次の建物について毎期定額法で減価償却をするとき，直接法と間接法による場合のそれぞれの仕訳を示し，各勘定に転記して締め切りなさい。なお，勘定記入は，日付・相手科目・金額を示し，開始記入もおこなうこと (決算日 12月31日)。

取得原価 ¥5,000,000　残存価額は取得原価の10%　耐用年数 25年　決算 年1回

直接法	

```
            建          物
1/ 5 当 座 預 金    5,000,000 │


```

間接法	

```
     建       物                建物減価償却累計額
1/ 5当座預金 5,000,000 │


```

35-2 次の取引の仕訳を示しなさい。

(1)取得原価¥500,000の営業用金庫を尾道商店に¥80,000で売却し，代金は月末に受け取ることにした。ただし，この金庫に対する減価償却累計額が¥270,000ある。

(2)取得原価¥9,000,000の建物を¥2,700,000で売却し，代金は現金で受け取った。ただし，建物減価償却累計額勘定の残高のうちには，この建物に対する分が¥6,480,000ある。

36 費用の繰り延べ

①費用・収益の繰り延べと見越し

収益・費用への勘定記入は，現金などの収支によっておこなわれる場合が多い。しかし，決算のさい，次期以降に属する分があるときは，その金額を当期の損益計算から控除しなければならない。これを**繰り延べ**という。また，現金などの収支がないためにまだ勘定に記入されていないが，当期に発生している分については損益計算に含めなければならない。これを**見越し**といい，繰り延べと見越しにより期間損益計算を正しく修正する手続きを費用・収益の整理という。

②費用の繰り延べ

費用として支払った金額のうち，次期以降に属する費用の前払分は，当期の費用から差し引くとともに，**前払費用**（資産）として次期に繰り延べる。

前払費用には，**前払保険料・前払利息・前払地代・前払家賃**などがある。

③前払費用の再振替（振り戻し）

次期に繰り越された前払費用は，次期の期首の日付で，もとの費用の勘定に振り替える。

この仕訳を，**再振替仕訳**という。

④消耗品の処理

消耗品を購入したときに，**消耗品費勘定**（費用）で処理している場合，決算にさいして，未使用高を**消耗品勘定**（資産）に振り替える。この場合も，次期の期首の日付で再振替仕訳をおこなう。

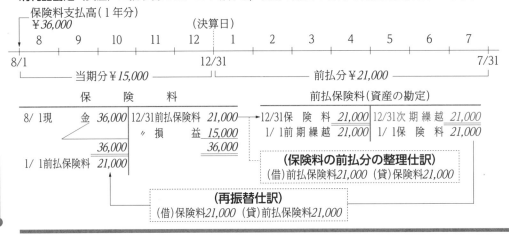

練習問題

解答 ▶ p.70

36-1 次の取引の仕訳を示しなさい。

(1)決算にさいし，保険料の前払分￥25,000を次期に繰り延べた。
(2)決算にさいし，支払利息の前払分￥6,000を次期に繰り延べた。
(3)決算にさいし，消耗品の未使用分￥7,000を次期に繰り延べた。
(4)決算にさいし，支払地代の前払分￥13,000を次期に繰り延べた。

(1)		
(2)		
(3)		
(4)		

36-2　次の一連の取引の仕訳を示し，下記の勘定口座に転記して，損益勘定以外は締め切りなさい。
なお，勘定口座には，日付・相手科目・金額を示し，開始記入もおこなうこと。
　5/ 1　1年分の火災保険料¥36,000を小切手を振り出して支払った。
　12/31　決算にさいし，保険料のうち4か月の前払分¥12,000を次期に繰り延べた。
　　〃　保険料の当期分¥24,000を損益勘定に振り替えた。
　1/ 1　前期から繰り越された前払保険料¥12,000を保険料勘定に振り替えた。

5/ 1		
12/31		
〃		
1/ 1		

保　険　料	（　　　　　）保険料
	損　　　　益

36-3　次の一連の取引の仕訳を示し，下記の勘定口座に転記して，損益勘定以外は締め切りなさい。
なお，勘定口座には，日付・相手科目・金額を示し，開始記入もおこなうこと。
　6/20　事務用の伝票・帳簿など¥50,000を購入し，代金は現金で支払った。
　12/31　決算にさいし，消耗品の未使用分¥35,000を次期に繰り延べた。
　　〃　消耗品の当期使用分¥48,000を損益勘定に振り替えた。
　1/ 1　前期から繰り越された消耗品の未使用分を消耗品費勘定に振り替えた。

6/20		
12/31		
〃		
1/ 1		

消　耗　品　費	（　　　　　　　）
5/30現　　金　33,000	
	損　　　　益

③37 収益の繰り延べ

進んだ学習

①収益の繰り延べ

収益として受け取った金額のうち，次期以降に属する収益の前受分は，当期の収益から差し引くとともに，**前受収益**（負債）として次期に繰り延べる。

前受収益には，**前受地代・前受利息・前受家賃**などがある。

②前受収益の再振替（振り戻し）

次期に繰り越された前受収益は，次期の期首の日付で，もとの収益の勘定に振り替える。

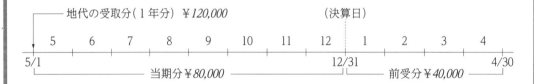

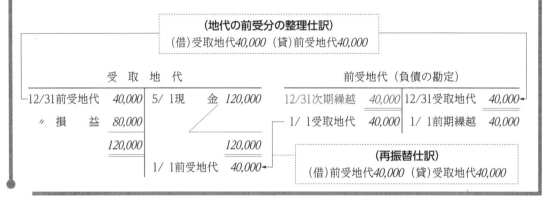

練習問題

解答 ▶ p.70

37-1 次の取引の仕訳を示しなさい。
(1)決算にさいし，受取地代の前受分￥60,000を次期に繰り延べた。
(2)決算にさいし，受取利息の前受分￥24,000を次期に繰り延べた。
(3)決算にさいし，受取家賃の前受分￥86,000を次期に繰り延べた。

(1)		
(2)		
(3)		

37-2 次の取引の仕訳を示しなさい。
決算（12月31日）にさいし，受取手数料のうち￥66,000は，本年10月から翌年3月分まで受け取ったものであり，前受分を次期に繰り延べる。

37-3 次の一連の取引の仕訳を示し，下記の勘定口座に転記して，損益勘定以外は締め切りなさい。なお，勘定口座には，日付・相手科目・金額を示し，開始記入もおこなうこと。

6/ 1　地代1年分¥84,000を現金で受け取った。

12/31　決算にさいし，受取地代のうち5か月の前受分¥35,000を次期に繰り延べた。

〃　　受取地代の当期分¥49,000を損益勘定に振り替えた。

1/ 1　前期から繰り越された前受地代¥35,000を受取地代勘定に振り替えた。

6/ 1		
12/31		
〃		
1/ 1		

受　取　地　代　　　　　　　　　　　（　　　）地　代

損　　　　　益

37-4 次の一連の取引の仕訳を示し，下記の勘定口座に転記して，損益勘定以外は締め切りなさい。なお，勘定口座には，日付・相手科目・金額を示し，開始記入もおこなうこと。

6/ 1　期間1年間の約定で¥600,000の手形貸付をし，小切手を振り出して渡した。なお，利率は年12%である。

9/ 1　手形貸付をした日から，返済期日までの1年分の利息を小切手で受け取り，ただちに当座預金へ預け入れた。

12/31　決算にさいし，利息の前受分を次期に繰り延べた。

〃　　利息の当期分を損益勘定に振り替えた。

1/ 1　前期から繰り越された前受利息を受取利息勘定に振り替えた。

6/ 1		
9/ 1		
12/31		
〃		
1/ 1		

受　取　利　息　　　　　　　　　　　（　　　）利　息

損　　　　　益

38 費用の見越し

進んだ学習

1 費用の見越し

当期にすでに費用が発生しているが，決算日までに支払日が到来していないため，まだ支払っていない費用の未払分は，当期の費用に加えるとともに，**未払費用**（負債）として次期に繰り越す。

未払費用には，**未払利息・未払家賃・未払地代**などがある。

2 未払費用の再振替（振り戻し）

次期に繰り越された未払費用は，次期の期首の日付で，もとの費用の勘定に振り替える。

```
                    支払利息当期分 ¥180,000
                                                        (決算日)
   1    2    3    4    5    6    7    8    9   10   11   12
 1/1                                         9/30           12/31
        支払高 ¥135,000                          未払高 ¥45,000
```

（利息の未払分の整理仕訳）
（借）支払利息45,000 （貸）未払利息45,000

支　払　利　息			未払利息（負債の勘定）	
9/30現　　金 *135,000*	12/31損　　益 *180,000*		12/31次期繰越 *45,000*	12/31支払利息 *45,000*
12/31未払利息 *45,000*			1/ 1支払利息 *45,000*	1/ 1前期繰越 *45,000*
180,000	*180,000*			
	1/ 1未払利息 *45,000*			

（再振替仕訳）
（借）未払利息45,000 （貸）支払利息45,000

練習問題

解答 ▶ p.71

38-1 次の取引の仕訳を示しなさい。
(1)決算にさいし，利息の未払分 ¥*3,000* を計上した。
(2)決算にさいし，地代の未払分 ¥*5,000* を計上した。
(3)決算にさいし，家賃の未払分 ¥*24,000* を計上した。
(4)決算にさいし，広告料の未払分 ¥*36,000* を計上した。

(1)		
(2)		
(3)		
(4)		

38-2 次の取引の仕訳を示しなさい。
決算（12月31日）にさいし，家賃2か月分の未払高を計上した。なお，家賃は半年ごと後払いの契約で，毎年10月31日と4月30日に ¥*300,000* を支払っている。

38-3 次の一連の取引の仕訳を示し，下記の勘定口座に転記して，損益勘定以外は締め切りなさい。なお，勘定口座には，日付・相手科目・金額を示し，開始記入もおこなうこと。

12/31　決算にさいし，利息の未払分¥40,000を計上した。

〃　　利息の当期分¥100,000を損益勘定に振り替えた。

1/ 1　前期から繰り越された未払利息¥40,000を支払利息勘定に振り替えた。

2/28　未払分と合わせて6か月分の利息¥60,000を現金で支払った。

12/31		
〃		
1/ 1		
2/28		

支　払　利　息

8/31 現　　金　60,000	

（　　　）利　息

	損　　　　　益

38-4 次の決算整理事項によって，それぞれ必要な決算仕訳・再振替仕訳を示し，下記の勘定口座に転記して，損益勘定以外は締め切りなさい。なお，勘定口座には，日付・相手科目・金額を示し，開始記入もおこなうこと。決算日は12月31日とする。

決算整理事項

(1)家賃の未払分　　　¥48,000　　　(2)地代の未払分　　　¥72,000

	12/31	決算整理仕訳		
(1)	〃	決算振替仕訳		
	1/ 1	再振替仕訳		

支　払　家　賃

（　　　）家　賃

	損　　　　　益

	12/31	決算整理仕訳		
(2)	〃	決算振替仕訳		
	1/ 1	再振替仕訳		

支　払　地　代

3/31 現　　金　24,000	

（　　　）地　代

	損　　　　　益

39 収益の見越し

学習のまとめ

1 収益の見越し

当期にすでに収益が発生しているが，決算日までに受取日が到来していないため，まだ受け取っていない収益の未収分は，当期の収益に加えるとともに，**未収収益**（資産）として次期に繰り越す。
未収収益には，**未収家賃・未収利息・未収地代**などがある。

2 未収収益の再振替（振り戻し）

次期に繰り越された未収収益は，次期の期首の日付で，もとの収益の勘定に振り替える。

（家賃の未収分の整理仕訳）
（借）未収家賃32,000 （貸）受取家賃32,000

（再振替仕訳）
（借）受取家賃32,000 （貸）未収家賃32,000

練習問題

解答 ▶ p.72

39-1 次の取引の仕訳を示しなさい。
(1)決算にさいし，利息の未収分¥17,000を計上した。
(2)決算にさいし，地代の未収分¥26,000を計上した。
(3)決算にさいし，家賃の未収分¥34,000を計上した。
(4)決算にさいし，手数料の未収分¥8,500を計上した。

(1)		
(2)		
(3)		
(4)		

39-2 次の取引の仕訳を示しなさい。
決算（12月31日）にさいし，地代3か月分の未収高を計上した。なお，地代は1年ごと後払いの契約で，毎年9月末に¥360,000を受け取っている。

39-3 次の一連の取引の仕訳を示し，下記の勘定口座に転記して，損益勘定以外は締め切りなさい。なお，勘定口座には，日付・相手科目・金額を示し，開始記入もおこなうこと。

12/31　決算にさいし，利息の未収分¥2,000を計上した。
　〃　　利息の当期分¥8,000を損益勘定に振り替えた。
　1/ 1　前期から繰り越された未収利息¥2,000を受取利息勘定に振り替えた。
　4/30　未収分と合わせて6か月分の利息¥6,000を現金で受け取った。

12/31		
〃		
1/ 1		
4/30		

受　取　利　息		（　　　　）利　息	
	10/31 現　金　6,000		
		損　　　　益	

39-4 次の一連の取引の仕訳を示し，下記の勘定口座に転記して，損益勘定以外は締め切りなさい。なお，勘定口座には，日付・相手科目・金額を示し，開始記入もおこなうこと。

12/31　決算にさいし，手数料の未収分¥30,000を計上した。
　〃　　手数料の当期分¥90,000を損益勘定に振り替えた。
　1/ 1　前期から繰り越された未収手数料を受取手数料勘定に振り替えた。
　3/31　手数料¥60,000を小切手で受け取った。

12/31		
〃		
1/ 1		
3/31		

受　取　手　数　料		（　　　　）手　数　料	
	9/30 現　金　60,000		
		損　　　　益	

進んだ学習

40 精算表と財務諸表の作成

学習のまとめ

①決算整理事項のまとめ

決算整理仕訳は，残高試算表に示された勘定残高が正しい金額を示すように修正する仕訳で，**損益計算書・貸借対照表**を作成する場合の重要な仕訳である。

いままでに学習した決算整理事項等をまとめると，次のようになる。

①3分法による売上原価の計算　⑦費用の繰り延べ
②貸し倒れの見積もり　　　　　⑧収益の繰り延べ
③固定資産の減価償却　　　　　⑨費用の見越し
④有価証券の評価　　　　　　　⑩収益の見越し
⑤現金過不足の整理
⑥引出金の整理

②費用・収益の整理に関連する勘定の分類

決算整理事項等が増えたので，決算整理仕訳に注意するとともに，特に費用・収益の整理によって新しく設けられた，前払保険料，未収利息，前受地代，未払利息などの各勘定が，資産・負債のどれに属するか間違いのないようにすること。

	貸 借 対 照 表	
資産	前払家賃 前払保険料 消耗品 未収利息 未収家賃	負債
		前受家賃 前受地代 未払利息 未払手数料
		純資産

練習問題

解答 ▶ p.72

40-1 次の決算整理事項によって，決算整理仕訳を示しなさい。

a．期末商品棚卸高　¥420,000　ただし，期首商品棚卸高は¥460,000である。
b．貸 倒 見 積 高　売掛金の期末残高¥600,000に対し，3%と見積もり，貸倒引当金を設定する。
　　　　　　　　　　ただし，貸倒引当金残高は¥15,000である。
c．備品減価償却高　¥ 68,000　ただし，間接法によること。
d．有価証券評価高　¥210,000　ただし，帳簿価額は¥250,000である。
e．保険料前払高　¥ 9,000
f．利 息 未 払 高　¥ 14,000
g．手数料未収高　¥ 25,000
h．利 息 前 受 高　¥ 37,000

a		
b		
c		
d		
e		
f		
g		
h		

40-2 宇都宮商店（個人企業　決算年1回　12月31日）の総勘定元帳勘定残高と決算整理事項等は，次のとおりであった。よって，精算表を完成しなさい。

決算整理事項等
　　a．期末商品棚卸高　¥982,000
　　b．貸倒見積高　売掛金の期末残高に対し，5％と見積もり，貸倒引当金を設定する。
　　c．備品減価償却高　¥41,500　　　d．利息未収高　¥3,600
　　e．家賃未払高　¥15,000　　　　　f．保険料前払高　¥6,000
　　g．手数料前受高　¥4,000　　　　 h．消耗品未使用高　¥11,800
　　i．引出金勘定の¥50,000は整理する。

精　算　表

令和○年12月31日

勘定科目	残高試算表 借方	残高試算表 貸方	整理記入 借方	整理記入 貸方	損益計算書 借方	損益計算書 貸方	貸借対照表 借方	貸借対照表 貸方
現　　　金	115,000							
当 座 預 金	1,033,000							
受 取 手 形	630,000							
売　掛　金	1,240,000							
貸倒引当金		9,000						
繰 越 商 品	967,000							
備　　　品	830,000							
備品減価償却累計額		207,500						
支 払 手 形		470,000						
買　掛　金		765,000						
資　本　金		3,000,000						
引　出　金	50,000							
売　　　上		5,458,000						
受 取 手 数 料		24,000						
受 取 利 息		18,000						
仕　　　入	4,158,000							
給　　　料	542,500							
支 払 家 賃	165,000							
保　険　料	15,000							
消 耗 品 費	172,000							
雑　　　費	34,000							
	9,951,500	9,951,500						
貸倒引当金繰入								
減 価 償 却 費								
未 収 利 息								
未 払 家 賃								
前 払 保 険 料								
前 受 手 数 料								
消　耗　品								
当期純利益								

40-3 鹿児島商店（個人企業　決算年1回　12月31日）の総勘定元帳勘定残高と決算整理事項は，次のとおりであった。よって，精算表を完成しなさい。

元帳勘定残高

現　　　　金	¥ 195,000	当 座 預 金	¥ 320,000	売　掛　金	¥ 400,000
貸 倒 引 当 金	3,000	有 価 証 券	180,000	繰 越 商 品	313,000
備　　　　品	1,000,000	備品減価償却累計額	125,000	買　掛　金	296,000
資　本　金	1,631,000	売　　　上	7,243,000	受 取 手 数 料	20,000
仕　　　入	5,937,000	給　　　料	286,000	通　信　費	52,000
支 払 家 賃	564,000	保　険　料	30,000	消 耗 品 費	41,000

決算整理事項

a. 期末商品棚卸高　¥354,000
b. 貸 倒 見 積 高　売掛金の期末残高に対し，2％と見積もり，貸倒引当金を設定する。
c. 備品減価償却高　¥125,000
d. 有価証券評価高　有価証券は，売買目的で保有している次の株式であり，時価によって評価する。
　　　　　　　株式会社大分商会　100株　　時　価　1株　¥1,950
e. 消耗品未使用高　¥　3,000
f. 保険料前払高　¥　6,000
g. 手数料未収高　¥ 17,000
h. 給 料 未 払 高　¥　8,000

精　算　表
令和○年12月31日

勘定科目	残高試算表 借方	残高試算表 貸方	整理記入 借方	整理記入 貸方	損益計算書 借方	損益計算書 貸方	貸借対照表 借方	貸借対照表 貸方
現　　金	195,000							
当座預金	320,000							
売　掛　金	400,000							
貸倒引当金		3,000						
有価証券	180,000							
繰越商品	313,000							
備　　品	1,000,000							
備品減価償却累計額		125,000						
買　掛　金		296,000						
資　本　金		1,631,000						
売　　上		7,243,000						
受取手数料		20,000						
仕　　入	5,937,000							
給　　料	286,000							
通　信　費	52,000							
支払家賃	564,000							
保　険　料	30,000							
消耗品費	41,000							
	9,318,000	9,318,000						
貸倒引当金繰入								
減価償却費								
有価証券評価(　)								
消　耗　品								
前払保険料								
未収手数料								
未払給料								
当期純(　　)								

40-4 福島商店（個人企業　決算年1回　12月31日）の総勘定元帳勘定残高と決算整理事項は，次のとおりであった。よって，

(1)決算整理仕訳を示しなさい。ただし，繰り延べおよび見越しの勘定を用いること。

(2)損益計算書および貸借対照表を完成しなさい。

　　ただし，貸借対照表には，貸倒引当金・減価償却累計額をそれぞれ控除する形式で記載すること。

進んだ学習

元帳勘定残高

現　　　　金	¥ 266,000	当 座 預 金	¥ 955,000	売　　掛　　金	¥1,400,000
貸 倒 引 当 金	13,000	有 価 証 券	700,000	繰 越 商 品	812,000
備　　　　品	400,000	備品減価償却累計額	120,000	支 払 手 形	260,000
買　　掛　　金	736,000	手 形 借 入 金	325,000	資　　本　　金	2,800,000
売　　　　上	6,820,000	受 取 手 数 料	120,000	仕　　　　入	5,760,000
給　　　　料	737,000	支 払 家 賃	55,000	保　　険　　料	96,000
支 払 利 息	13,000				

決算整理事項

　　a．期末商品棚卸高　¥752,000

　　b．貸 倒 見 積 高　売掛金の期末残高に対し，2％と見積もり，貸倒引当金を設定する。

　　c．備品減価償却高　取得原価¥400,000　残存価額は零（0）　耐用年数は10年とし，定額法による。

　　d．有価証券評価高　売買を目的として保有する次の株式について，時価によって評価する。
　　　　　　山形物産株式会社　200株
　　　　　　　帳簿価額　1株　¥3,500　　時　価　1株　¥3,400

　　e．保険料前払高　保険料の¥96,000は，本年4月1日に契約した期間1か年の火災保険に対するものであり，前払高を次期に繰り延べる。

　　f．家 賃 未 払 高　¥ 11,000

　　g．手数料前受高　受取手数料¥120,000のうち¥30,000は前受分である。

(1)

a		
b		
c		
d		
e		
f		
g		

(2)

損 益 計 算 書

(　　　) 商 店　　令和○年 1 月 1 日から令和○年12月31日まで

費　　　用	金　　額	収　　　益	金　　額
売 上 原 価		売 上 高	
給　　　料		受 取 手 数 料	
(　　　　　)			
(　　　　　)			
支 払 家 賃			
保 険 料			
支 払 利 息			
(　　　　　)			
(　　　　　)			

貸 借 対 照 表

(　　　) 商 店　　令和○年12月31日

資　　　　　産	金　　額	負債および純資産	金　　額
現　　　金		支 払 手 形	
当 座 預 金		買 掛 金	
売 掛 金 (　　　)		手 形 借 入 金	
貸倒引当金 (　　　)		(　　　　　)	
有 価 証 券		(　　　　　)	
商　　　品		資 本 金	
(　　　　　)		(　　　　　)	
備　　品 (　　　)			
減価償却累計額 (　　　)			

進んだ学習

40-5　石巻商店（個人企業　決算年1回　12月31日）の総勘定元帳勘定残高と決算整理事項は，次のとおりであった。よって，

(1)決算整理仕訳を示しなさい。ただし，繰り延べおよび見越しの勘定を用いること。

(2)損益計算書および貸借対照表を完成しなさい。

ただし，貸借対照表には，貸倒引当金・減価償却累計額をそれぞれ控除する形式で記載すること。

元帳勘定残高

現　　　　　金	¥ 170,000	当 座 預 金	¥ 474,000	売 　掛 　金	¥ 750,000
貸 倒 引 当 金	6,000	有 価 証 券	450,000	繰 越 商 品	580,000
備　　　　　品	360,000	備品減価償却累計額	129,600	支 払 手 形	240,000
買 　掛 　金	358,400	借 　入 　金	460,000	資 　本 　金	1,500,000
売　　　　　上	3,735,000	受 取 手 数 料	48,000	仕　　　　　入	3,114,000
給　　　　　料	397,000	支 払 家 賃	115,000	保 　険 　料	36,000
支 払 利 息	31,000				

決算整理事項

a．期末商品棚卸高　¥630,000

b．貸 倒 見 積 高　売掛金の期末残高に対し，2％と見積もり，貸倒引当金を設定する。

c．備品減価償却高　定額法による。ただし，残存価額は取得原価の10％　耐用年数は10年とする。

d．有価証券評価高　有価証券は，売買目的で保有している次の株式であり，時価によって評価する。

青島商事株式会社　100株　時　価　1株　¥4,680

e．保険料前払高　保険料の¥36,000は，本年9月1日からの1年分を支払ったものであり，前払高を次期に繰り延べる。

f．家 賃 未 払 高　¥ 40,000

g．利 息 未 払 高　¥ 8,000

(1)

a		
b		
c		
d		
e		
f		
g		

(2)

損 益 計 算 書

（ 　　　 ）商 店　　　令和○年　　月　　日から令和○年　　月　　日まで

費　　　　用	金　　額	収　　　　益	金　　額
売 上 原 価		売 上 高	
給　　　　料		受 取 手 数 料	
（　　　　　　）		（　　　　　　　）	
（　　　　　　）			
支 払 家 賃			
保 険 料			
支 払 利 息			
（　　　　　　）			

貸 借 対 照 表

（ 　　　 ）商 店　　　　　　令和○年　　月　　日

資　　　　　　産	金　　額	負 債 お よ び 純 資 産	金　　額
現　　　　金		支 払 手 形	
当 座 預 金		買 掛 金	
売 掛 金（　　　 ）		借 入 金	
貸 倒 引 当 金（　　　 ）		（　　　　　　）	
有 価 証 券		（　　　　　　）	
商　　　　品		資 本 金	
（　　　　　）		（　　　　　　）	
備　　　品（　　　 ）			
減価償却累計額（　　　 ）			

進んだ学習

入金伝票・出金伝票・振替伝票の集計・転記 参照 ▶ p.132

学習のまとめ

1 入金伝票・出金伝票・振替伝票から総勘定元帳への合計転記

　3伝票制によっている場合，合計転記をするために**仕訳集計表**を作成し，仕訳集計表から総勘定元帳の各勘定にそれぞれ転記する。
　仕訳集計表は，次のように作成する。
(1)入金伝票の合計額を，現金勘定の借方欄に記入する。
(2)出金伝票の合計額を，現金勘定の貸方欄に記入する。
(3)振替伝票の借方と出金伝票について，同一勘定科目別に分類・集計して，該当する勘定の借方欄に記入する。
(4)振替伝票の貸方と入金伝票について，同一勘定科目別に分類・集計して，該当する勘定の貸方欄に記入する。

2 各伝票から補助簿への個別転記

　各伝票から補助簿に記入する場合には，それぞれ個別に転記する。

3 仕訳集計表から総勘定元帳への転記

　総勘定元帳への記入は，仕訳集計表から勘定科目ごとの合計額を転記する。元丁欄には転記後，その口座番号を記入して転記終了を示す。

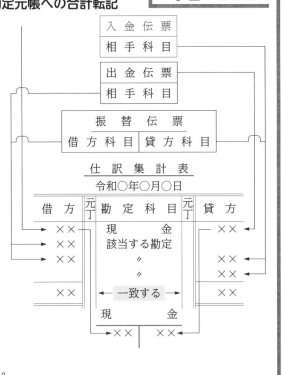

練習問題

解答 ▶ p.76

41-1 大分商店の2月1日における取引は，下記の伝票に記入したとおりであった。よって，
(1)仕訳集計表を作成し，総勘定元帳の現金勘定と仕入勘定に転記しなさい。
(2)電卓について，先入先出法によって商品有高帳に記入しなさい。
　　ただし，総勘定元帳の記入は，日付と金額を示せばよい。

入　金　伝　票			
令和○年2月1日			No.31
科目	売掛金	入金先	佐伯商店殿
摘　　要		金　　額	
回　　　収			160,000

振替伝票(借方)		
令和○年2月1日 No.41		
勘定科目	金　　額	
仕　　入		200,000
摘要	電卓　100個 @¥2,000	

振替伝票(貸方)		
令和○年2月1日 No.41		
勘定科目	金　　額	
買　掛　金		200,000
摘要	竹　田　商　店	

入　金　伝　票			
令和○年2月1日			No.32
科目	売上	入金先	田川商店殿
摘　　要		金　　額	
万年筆　50本 @¥3,000			150,000

振替伝票(借方)		
令和○年2月1日 No.42		
勘定科目	金　　額	
売　　上		12,000
摘要	万年筆　4本 @¥3,000戻り	

振替伝票(貸方)		
令和○年2月1日 No.42		
勘定科目	金　　額	
売　掛　金		12,000
摘要	津　久　見　商　店	

出　金　伝　票			
令和○年 2 月 1 日			No.56
科目	仕　入	支払先	飯塚商店殿
摘　　　要		金　　額	
万年筆 40本 ＠￥3,000			120,000

振替伝票（借方）		振替伝票（貸方）	
令和○年 2 月 1 日 No.43		令和○年 2 月 1 日 No.43	
勘定科目	金　　額	勘定科目	金　　額
売 掛 金	200,000	売　　上	200,000
摘要　玉 名 商 店		摘要　電卓 80個 ＠￥2,500	

出　金　伝　票			
令和○年 2 月 1 日			No.57
科目	買掛金	支払先	日田商店殿
摘　　　要		金　　額	
支　払　い			150,000

振替伝票（借方）		振替伝票（貸方）	
令和○年 2 月 1 日 No.44		令和○年 2 月 1 日 No.44	
勘定科目	金　　額	勘定科目	金　　額
当 座 預 金	144,000	売　　上	144,000
摘要　小切手＃18 当座預金預け入れ		摘要　万年筆 40本 ＠￥3,600	

進んだ学習

(1)

仕 訳 集 計 表
令和○年 2 月 1 日

借　　方	元丁	勘 定 科 目	元丁	貸　　方
		現　　　　　金		
		当 座 預 金		
		売 　掛　 金		
		買 　掛　 金		
		売　　　　上		
		仕　　　　入		

総 勘 定 元 帳

現　　　　金　　　　1		仕　　　　入　　　21	
5,160,000	2,760,000	3,940,000	526,000

(2)　（先入先出法）

商 品 有 高 帳
品名　電　卓　　　　単位：個

令和○年		摘　要	受　入			払　出			残　高		
			数量	単価	金　額	数量	単価	金　額	数量	単価	金　額
2	1	前 月 繰 越	20	2,100	42,000				20	2,100	42,000

41-2 鹿児島商店は，取引を入金伝票・出金伝票・振替伝票の3種類の伝票に記入し，これを1日分ずつ集計して仕訳集計表を作成し，仕訳集計表から総勘定元帳に転記している。よって，

(1)下記の取引を伝票に記入しなさい。

(2)仕訳集計表を作成して，総勘定元帳の現金勘定と売掛金勘定に転記しなさい。

(3)買掛金元帳に転記しなさい。

　　ただし，ⅰ　仕入・売上の各取引については，代金の決済条件にかかわらず，すべて，いったん掛け取引として処理する方法によっている。

　　　　　　ⅱ　総勘定元帳の記入は，日付と金額を示せばよい。

　2月3日の取引

　　①山鹿商店から次の商品を仕入れ，代金は掛けとした。

　　　　　　A品　　600個　　@¥1,400　　¥840,000

　　②筑後商店に次の商品を売り渡し，代金のうち¥500,000は同店振り出しの小切手#9で受け取りただちに当座預金に預け入れ，残額は掛けとした。

　　　　　　A品　　200個　　@¥1,600　　¥320,000

　　　　　　B品　　400〃　　〃〃1,400　　¥560,000

　　③日田商店に対する買掛金のうち¥260,000を現金で支払った。

　　④川内商店に対する買掛金の一部¥340,000について，小切手#11¥340,000を振り出して支払った。

　　⑤鹿屋商店に対する売掛金¥330,000を現金で回収した。

(1)

入　金　伝　票　令和○年　月　日　No.7／出　金　伝　票　令和○年　月　日　No.11

振　替　伝　票（借方）令和○年　月　日　No.21／振　替　伝　票（貸方）令和○年　月　日　No.21

振　替　伝　票（借方）令和○年　月　日　No.22／振　替　伝　票（貸方）令和○年　月　日　No.22

振 替 伝 票 （借方）		
令和○年　月　日　　No.23		
勘　定　科　目	金　　額	
摘要		

振 替 伝 票 （貸方）		
令和○年　月　日　　No.23		
勘　定　科　目	金　　額	
摘要		

振 替 伝 票 （借方）		
令和○年　月　日　　No.24		
勘　定　科　目	金　　額	
摘要		

振 替 伝 票 （貸方）		
令和○年　月　日　　No.24		
勘　定　科　目	金　　額	
摘要		

進んだ学習

(2)

仕 訳 集 計 表
令和○年　月　日

借　　方	元丁	勘　定　科　目	元丁	貸　　方
		現　　　　　　金		
		当　座　預　金		
		売　　掛　　金		
		買　　掛　　金		
		売　　　　　　上		
		仕　　　　　　入		

総 勘 定 元 帳

現　　　　金　　　　1		売　　掛　　金　　　5	
1,820,000	470,000	3,700,000	2,630,000

(3)

買 掛 金 元 帳
山 鹿 商 店　　　　　　　　　　1

令和○年	摘　　　　要	借　方	貸　方	借または貸	残　高
2 1	前　月　繰　越		400,000	貸	400,000

日 田 商 店　　　　　　　　　　2

2 1	前　月　繰　越		700,000	貸	700,000

川 内 商 店　　　　　　　　　　3

2 1	前　月　繰　越		380,000	貸	380,000

第7章 発展学習 日商検定3級

42 自己振出の小切手・約束手形

学習のまとめ

① 自己振出小切手

小切手を受け取ったさい，他店振り出しであるか，当店振り出しであるかに注意しなければならない。以前当店で振り出し，当座預金の減少として処理をしていた小切手を，売上や売掛金の回収などで受け取った場合には，現金として処理をせずに**当座預金の増加**として処理をする。

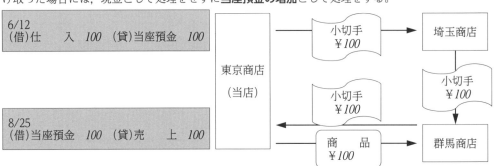

| 6/12 (借)仕　入　100 (貸)当座預金　100 |
| 8/25 (借)当座預金　100 (貸)売　上　100 |

例　長野商店に商品￥200,000を売り渡し，代金は当店振り出しの小切手で受け取った。
　　（借）当 座 預 金　200,000　　（貸）売　　上　200,000

② 当店振り出しの約束手形の受け取り

当店が振り出した約束手形を，売掛金の回収などで別の商店から受け取った場合は，手形の債務が消滅することになるので**支払手形の減少**として処理する。

例　山梨商店に対する売掛金￥200,000の回収として，当店振り出しの約束手形￥200,000を受け取った。
　　（借）支 払 手 形　200,000　　（貸）売 掛 金　200,000

練習問題

解答 ▶ p.77

42-1 次の取引の仕訳を示しなさい。ただし，商品に関する勘定は3分法によること。

(1)浜松商店に商品￥150,000を売り渡し，代金は当店振り出しの小切手で受け取った。
(2)静岡商店に商品￥80,000を売り渡し，代金は同店振り出しの小切手で受け取った。
(3)沼津商店に対する売掛金￥100,000の回収として，当店振り出しの約束手形￥100,000を受け取った。
(4)島田商店に対する売掛金￥780,000の回収として，同店振り出し，当店あての約束手形で受け取った。

(1)		
(2)		
(3)		
(4)		

43 売上原価の計算―売上原価勘定―

①売上原価勘定

仕入勘定で売上原価を計算する方法は p.92で学んだが，**売上原価勘定**（費用の勘定）を設ける方法もある。

売上原価を売上原価勘定で処理する場合の決算整理仕訳例を示すと，次のとおりである。

繰 越 商 品		売 上		仕 入	
1,000			100,000	70,000	

決算整理事項

期末商品棚卸高は¥3,000である。

〈決算整理仕訳〉

(1)期首商品棚卸高を，繰越商品勘定から売上原価勘定の借方に振り替える。

(借) 売 上 原 価　　1,000　　(貸) 繰 越 商 品　　1,000

(2)純仕入高を，売上原価勘定の借方に振り替える。

(借) 売 上 原 価　　70,000　　(貸) 仕　　入　　70,000

(3)期末商品棚卸高を，売上原価勘定から繰越商品勘定の借方に振り替える。

(借) 繰 越 商 品　　3,000　　(貸) 売 上 原 価　　3,000

(4)純売上高を，損益勘定の貸方に振り替える。

(借) 売　　上　　100,000　　(貸) 損　　益　　100,000

(5)売上原価を，損益勘定の借方に振り替える。

(借) 損　　益　　68,000　　(貸) 売 上 原 価　　68,000

	売 上 原 価		
(1)繰越商品	1,000	(3)繰越商品	3,000
(2)仕　　入	70,000	(5)損　　益	68,000
	71,000		71,000

以上の結果，純売上高¥100,000から売上原価¥68,000を差し引くことによって，商品売買益（売上総利益）¥32,000を求めることができる。

練 習 問 題

解答 ▶ p.77

43-1 次の商品に関する勘定記録から，売上原価および商品売買益（売上総利益）の金額を求めなさい。なお，売上原価は，売上原価勘定を用いて処理する方法によること。

決算整理事項

期末商品棚卸高は¥78,000である。

繰 越 商 品		売 上		仕 入	
95,000			980,000	637,000	

売 上 原 価	商 品 売 買 益
¥	¥

43-2 商品に関する勘定記録から，商品売買益を求めるために必要な仕訳を示し，これを勘定口座に転記して，損益勘定以外は締め切りなさい。なお，勘定口座には，日付・相手科目・金額を示し，開始記入もおこなうこと（決算日　12月31日）。

ただし，期末商品棚卸高は¥50,000であり，売上原価は売上原価勘定を用いて処理する方法によること。

	借　　　　　方		貸　　　　　方	
1				
2				
3				
4				
5				

繰　越　商　品

1/ 1前期繰越	70,000		

売　　　　　上

		1,720,000

売　上　原　価

仕　　　　　入

1,360,000		

損　　　　　益

43-3 次の商品に関する勘定記録から，商品売買益を求めるために必要な仕訳を示し，これを勘定口座に転記して，損益勘定以外は締め切りなさい。なお，勘定口座には，日付・相手科目・金額を示し，開始記入もおこなうこと（決算日　12月31日）。

ただし，期末商品棚卸高は¥120,000であり，売上原価は売上原価勘定を用いて処理する方法によること。

	借　　　　　方		貸　　　　　方	
1				
2				
3				
4				
5				

繰　越　商　品

1/ 1前期繰越	140,000		

売　　　　　上

		2,185,000

売　上　原　価

仕　　　　　入

1,680,000		

損　　　　　益

簿記実務検定第3級模擬試験問題

商業簿記（制限時間　1時間30分）

1 下記の取引の仕訳を示しなさい。ただし，勘定科目は，次のなかからもっとも適当なものを使用すること。

現 金	当 座 預 金	定 期 預 金	売 掛 金
土 地	買 掛 金	未 払 金	売 上
発 送 費	支 払 手 数 料	消 耗 品 費	保 険 料
水 道 光 熱 費	雑 費		

a．今月分の水道料および電気料￥30,000を現金で支払った。

b．愛媛商店に商品￥470,000を売り渡し，代金は掛けとした。なお，発送費￥5,000は現金で支払った。

c．店舗を建てるため，土地￥8,200,000を購入し，代金は登記料と買入手数料の合計額￥160,000とともに小切手を振り出して支払った。

d．鹿児島銀行に定期預金として現金￥730,000を預け入れた。

	借　　　　　方	貸　　　　　方
a		
b		
c		
d		

2 山形商店の次の取引を入金伝票・出金伝票・振替伝票のうち，必要な伝票に記入しなさい。

取　　　引

　7月15日　青森商店から商品の注文を受け，内金として現金￥80,000を受け取った。

（伝票番号　No.25）

　〃日　商品陳列用ケース￥260,000を買い入れ，代金は7月31日に支払うことにした。

（伝票番号　No.28）

　〃日　従業員庄内太郎の出張にあたり，旅費の概算額￥50,000を現金で渡した。

（伝票番号　No.32）

入　金　伝　票			
令和○年　　月　　日			No. __
科目		入金先	殿
摘　　　　要		金　　　額	
合　　　計			

出　金　伝　票			
令和○年　　月　　日			No. __
科目		支払先	殿
摘　　　　要		金　　　額	
合　　　計			

振　替　伝　票					
令和○年　　月　　日					No. __
勘　定　科　目	借　　　　方		勘　定　科　目	貸　　　　方	
合　　　　計			合　　　　計		
摘要					

3 (p.201～p.204)

　　岡山商店の下記の取引について,

(1)仕訳帳に記入して, 総勘定元帳（略式）に転記しなさい。

(2)買掛金元帳（略式）に記入して締め切りなさい。

(3)1月末における残高試算表を作成しなさい。

　　ただし, ⅰ　商品に関する勘定は3分法によること。

　　　　　　ⅱ　仕訳帳の小書きは省略する。

　　　　　　ⅲ　総勘定元帳および買掛金元帳には, 日付と金額を記入すればよい。

取　　　引

　　1月4日　得意先 沖縄商店に次の商品を売り渡し, 代金は掛けとした。

A 品	100個	@¥1,250	¥125,000
B 品	140個	@¥1,890	¥264,600

　　　6日　事務用のボールペンを現金で購入し, 次の領収証を受け取った。

領　収　証

令和○年1月6日

岡山商店　　様

¥2,500－

但　ボールペン代として

上記正に領収いたしました
岡山県倉敷市吉田1-9
倉敷文房具店

　　　9日　仕入先 京都商店に対する買掛金の一部¥480,000を, 小切手を振り出して支払った。

　　11日　仕入先 奈良商店から商品を仕入れ, 次の納品書を受け取った。なお, 代金は掛けとした。

納　品　書　　令和○年1月11日

〒710-0998
岡山県倉敷市北堀5-10
岡山商店　　**御中**

〒631-0352　奈良県奈良市村井4-2
奈良商店

下記の通り納品いたしました。

商　品　名	数　量	単　価	金　　額	備考
A品	500	1,200	600,000	
以下余白				
	合　計			600,000

14日　得意先 滋賀商店に次の商品を売り渡し，代金は掛けとした。

$$\begin{array}{lllll} \text{A} & \text{品} & 200個 & @¥1,250 & ¥250,000 \\ \text{B} & \text{品} & 320個 & @¥1,890 & ¥604,800 \end{array}$$

15日　建物に対する1年分の火災保険料¥74,000が当座預金口座から引き落とされた。

18日　仕入先 奈良商店に対する買掛金の一部について，次の小切手を振り出して支払った。

20日　事務所用のパーソナルコンピュータ¥330,000を買い入れ，代金は付随費用¥51,700とともに小切手を振り出して支払った。

21日　得意先 福岡商店に対する売掛金の一部¥624,000を，現金で受け取った。

23日　仕入先 京都商店から次の商品を仕入れ，代金は掛けとした。

$$\begin{array}{lllll} \text{B} & \text{品} & 410個 & @¥1,320 & ¥541,200 \end{array}$$

25日　本月分の給料¥350,000の支払いにあたり，所得税額¥28,000を差し引いて，従業員の手取額を現金で支払った。

26日　得意先 愛知商店に次の商品を売り渡し，代金は掛けとした。

$$\begin{array}{lllll} \text{A} & \text{品} & 250個 & @¥1,250 & ¥312,500 \\ \text{B} & \text{品} & 210個 & @¥1,890 & ¥396,900 \end{array}$$

29日　得意先 沖縄商店に対する売掛金の一部¥783,000を，現金で受け取り，ただちに当座預金に預け入れた。

31日　大阪商店から借用証書によって¥450,000を借り入れていたが，利息¥1,500とともに小切手を振り出して支払った。

(1)

			仕　訳　帳			1
令和 ○年		摘　　　　　　　　要	元 丁	借　　方	貸　　方	
1	1	前 期 繰 越 高	✓	4,485,800	4,485,800	

模擬試験問題

総　勘　定　元　帳

現　　　　金　　1		当　座　預　金　　2		売　　掛　　金　　3	
1/ 1　590,800		1/ 1　1,960,000		1/ 1　915,000	

繰 越 商 品　　　4	
1/ 1　620,000	

備　　　品　　　5	
1/ 1　400,000	

買 　掛　 金　　　6	
	1/ 1　1,280,000

借 　入　 金　　　7	
	1/ 1　800,000

所 得 税 預 り 金　　8	

資 　本　 金　　　9	
	1/ 1　2,405,800

売　　　上　　　10	

仕　　　入　　　11	

給　　　料　　　12	

消 耗 品 費　　　13	

保 　険　 料　　　14	

支 払 利 息　　　15	

(2)

買 　掛　 金　 元 　帳

京 　都 　商 　店　　　1	
	1/ 1　715,200

奈 　良 　商 　店　　　2	
	1/ 1　564,800

(注意) 買掛金元帳は締め切ること。

(3)

残　 高　 試　 算　 表

令和○年1月31日

借　　　方	元丁	勘 定 科 目	貸　　　方
	1	現　　　　　金	
	2	当 座 預 金	
	3	売 　掛　 金	
	4	繰 越 商 品	
	5	備　　　　　品	
	6	買 　掛　 金	
	7	借 　入　 金	
	8	所 得 税 預 り 金	
	9	資 　本　 金	
	10	売　　　　　上	
	11	仕　　　　　入	
	12	給　　　　　料	
	13	消 耗 品 費	
	14	保 　険　 料	
	15	支 払 利 息	

4 次の各問いに答えなさい。

(1)次の用語を英語にしなさい。ただし，もっとも適切な語を下記の語群のなかから選び，その番号を記入すること。

　　ア．資　　産　　　　イ．損益計算書　　　　ウ．仕　　訳

語群
1．journalizing　　2．liability　　3．Balance Sheet
4．asset　　　　　5．slip　　　　6．Profit and Loss Statement

ア	イ	ウ

(2)次の□□□に入る金額を求めなさい。

　　兵庫商店（個人企業）の当期の収益総額は¥6,236,000で当期純損失は¥490,000であるとき，費用総額は¥□ア□である。また，期首の資産総額は¥4,117,000　負債総額は¥2,831,000であり，期末の負債総額は¥2,510,000であるとき，期末の資産総額は¥□イ□である。

ア	イ
¥	¥

5 長野商店（個人企業　決算年1回　12月31日）の総勘定元帳勘定残高と決算整理事項は，次のとおりであった。よって，

(1)決算整理仕訳を示しなさい。

(2)支払家賃勘定に必要な記入をおこない，締め切りなさい。なお，勘定記入は日付・相手科目・金額を示すこと。

(3)損益計算書および貸借対照表を完成しなさい。なお，貸借対照表の資本金は期首資本の金額を示すこと。

元帳勘定残高

現 金	¥ 783,000	当 座 預 金	¥ 1,402,000	売 掛 金	¥ 2,900,000
貸 倒 引 当 金	6,000	繰 越 商 品	920,000	備 品	1,500,000
買 掛 金	2,059,000	前 受 金	325,000	借 入 金	800,000
資 本 金	3,700,000	売 上	9,849,000	受 取 手 数 料	89,000
仕 入	6,887,000	給 料	1,500,000	支 払 家 賃	852,000
消 耗 品 費	42,000	雑 費	26,000	支 払 利 息	16,000

決算整理事項

a．期末商品棚卸高　¥872,000

b．貸倒見積高　売掛金残高の2％と見積もり，貸倒引当金を設定する。

c．備品減価償却高　取得原価¥2,000,000　残存価額は零（0）　耐用年数8年とし，定額法により計算し，直接法で記帳している。

$$定額法による年間の減価償却費 = \frac{取得原価 - 残存価額}{耐用年数}$$

(1)

	借　　　　方	貸　　　　方
a		
b		
c		

(2)　　　　　　　　　支　払　家　賃　　　　　　　15

1/26	426,000		
7/26	426,000		

(3)

損 益 計 算 書

長野商店　　令和○年1月1日から令和○年12月31日まで　　（単位：円）

費　　用	金　　額	収　　益	金　　額
売 上 原 価		（　　　　　）	9,849,000
給　　料	1,500,000	受 取 手 数 料	89,000
貸 倒 引 当 金 繰 入			
減 価 償 却 費			
支 払 家 賃	852,000		
消 耗 品 費	42,000		
雑　　費	26,000		
支 払 利 息	16,000		
（　　　　　）			

貸 借 対 照 表

長野商店　　令和○年12月31日　　（単位：円）

資　　産	金　　額	負債および純資産	金　　額
現　　金	783,000	買 掛 金	2,059,000
当 座 預 金	1,402,000	（　　　　　）	
売 掛 金 （　　）		借 入 金	800,000
貸倒引当金 （　　）		資 本 金	
（　　　　　）		（　　　　　）	
備　　品			

最近2回分の簿記実務検定試験3級の試験内容

	第 95 回	第 96 回
仕訳問題	① a. 現金の預け入れ（定期預金） b. 出張中の従業員から振り込み c. 借用証書による貸し付け d. 売掛金の貸し倒れ（貸倒引当金・貸倒損失）	① a. 借用証書による借り入れ b. 旅費の概算額（仮払金） c. 現金を出資して開業 d. 小口現金の補給
伝票問題	② 2つの取引を伝票を選択して記入 (1) 郵便切手の買い入れ（出金伝票） (2) 備品の購入（小切手）（振替伝票）	② 2つの取引を伝票を選択して記入 (1) 利息の受け取り（入金伝票） (2) 広告料の支払い（小切手）（振替伝票）
記帳問題	③ 一連の取引から (1)a. 仕訳帳への記入 ○買掛金（一部支払い・小切手） ○商品の売り上げ（掛け） ○水道光熱費の引き落とし（普通預金） ○商品の仕入れ（掛け） ○商品の売り上げ（掛け） ○売掛金（一部回収・当座預金） ○消耗品の購入（現金） ○商品の仕入れ（掛け） ○給料支払い（所得税預り金） ○売掛金（一部回収・現金） ○家賃の引き落とし（普通預金） ○買掛金（一部支払い・小切手） b. 総勘定元帳（略式）への転記	③ 一連の取引から (1)a. 仕訳帳への記入 ○商品の売り上げ（掛け） ○商品の仕入れ（掛け） ○買掛金（支払い・現金） ○売掛金（一部回収・当座預金） ○商品の仕入れ（掛け） ○商品の売り上げ（掛け） ○掛け売り商品の一部返品 ○買掛金（一部支払い・小切手） ○電話料金の支払い（現金） ○給料支払い（所得税預り金） ○消耗品の購入（現金） ○売掛金（一部回収・小切手） b. 総勘定元帳（略式）への転記
（補助簿）	(2) 売掛金元帳の記入，締め切り (3) 残高試算表の作成	(2) 買掛金元帳の記入，締め切り (3) 合計試算表の作成
計算・文章問題	④(1) 文章問題 ア．Bookkeeping イ．Cash account (2) 文章問題 経営成績 (3) 計算問題 a．期間中の費用総額 b．期首の負債総額	④(1) 文章問題 a．Assets b．複式簿記 (2) 資本金勘定に関する計算問題 a．期間中の収益総額 b．期首の負債総額 c．期末の資本金
決算問題	⑤ 元帳勘定残高と決算整理事項から (1) 決算整理仕訳 (2) 備品 a/c・水道光熱費 a/c の記入，締め切り (3) 損益計算書および貸借対照表の完成 決算整理事項 a．期末商品棚卸高 b．貸倒見積高 c．備品減価償却高	⑤ 決算整理事項から (1) 精算表の完成 (2) 備品 a/c・給料 a/c の記入，締め切り (3) 損益計算書および貸借対照表の完成 決算整理事項 a．期末商品棚卸高 b．貸倒見積高 c．備品減価償却高

完全段階式 **標準検定簿記問題集**

解　答

全商

3

級

東京法令 **とうほう**

第1章　簿記の基本

① 資産・負債・純資産—貸借対照表— ▷p.4〜

1-1

1：A　2：C　3：A　4：A　5：A　6：A　7：B
8：A　9：B　10：A

考え方
資産…ほかに車両運搬具などがある。

1-2

貸 借 対 照 表

資　　産 （¥　　　1,630,000）	負　　債 （¥　　　630,000）
	純 資 産 （¥　　　1,000,000）

考え方
資産…現金・売掛金・繰越商品・備品
負債…買掛金・借入金
資産－負債＝純資産
　　¥1,630,000 － ¥630,000 ＝ ¥1,000,000

1-3

貸 借 対 照 表

（三重）商店	令和○年1月1日		
資　　産	金　　額	負債および純資産	金　　額
現　　　　金	301,900	買　　掛　　金	635,700
売　　掛　　金	564,700	借　　入　　金	715,300
商　　　　品	612,800	資　　本　　金	2,419,000
建　　　　物	1,827,400		
備　　　　品	463,200		
	3,770,000		3,770,000

考え方
資産¥3,770,000 － 負債¥1,351,000 ＝ 純資産¥2,419,000

1-4

貸 借 対 照 表

（三重）商店	令和○年12月31日		
資　　産	金　　額	負債および純資産	金　　額
現　　　　金	473,700	買　　掛　　金	475,800
売　　掛　　金	610,200	借　　入　　金	756,800
商　　　　品	596,100	資　　本　　金	2,419,000
建　　　　物	1,827,400	当 期 純 利 益	319,000
備　　　　品	463,200		
	3,970,600		3,970,600

注意
　期末の貸借対照表では，期末純資産を期首の資本金と当期純利益（または当期純損失）に分けて表示する。
　貸借対照表には，当期純利益（または当期純損失）は，黒字で記入する。

1-5

	期 首 資 産	期 首 負 債	期首純資産	期 末 資 産	期 末 負 債	期末純資産	純　利　益	純　　損　　失
1	695,000	295,000	400,000	851,000	365,000	486,000	86,000	
2	583,000	383,000	200,000	754,000	464,000	290,000	90,000	

考え方
1．期首純資産　¥695,000 － ¥295,000 ＝ ¥400,000
　　期末純資産　¥851,000 － ¥365,000 ＝ ¥486,000
　　純　利　益　¥486,000 － ¥400,000 ＝ ¥86,000

2．期首純資産　¥290,000 － ¥90,000 ＝ ¥200,000
　　期 首 負 債　¥583,000 － ¥200,000 ＝ ¥383,000
　　期 末 資 産　¥464,000 ＋ ¥290,000 ＝ ¥754,000

❷ 収益・費用―損益計算書― ▷p.6〜

2-1

1:B　2:A　3:B　4:B　5:B　6:A　7:B
8:B　9:A

考え方
収益…ほかに受取家賃，受取地代などがある。
費用…ほかに広告料，雑費，支払利息などがある。

2-2

| 京都商店 | 当期純（**利益**）¥ | *140,000* |
| 山口商店 | 当期純（**損失**）¥ | *82,200* |

考え方
［京都商店］
　収益…売上
　費用…仕入・水道光熱費
　総収益−総費用＝当期純利益（マイナスは当期純損失）
　¥764,900−（¥583,200＋¥41,700）＝¥140,000
［山口商店］
　収益…売上・受取利息
　費用…仕入・給料・広告料・支払利息
　（¥913,500＋¥4,800）−（¥670,200＋¥239,100
　　　　　　　　　　　　　＋¥84,500＋¥6,700）＝−¥82,200

2-3

損　益　計　算　書

| 費　　用（¥ | *908,400*） | 収　益（¥ | *986,700*） |
| **当期純利益**（¥ | 78,300） | | |

注意　損益計算書には，当期純利益（または当期純損失）は，赤字で記入する（黒字で記入する場合もある）。

2-4

	期首純資産	期末資産	期末負債	期末純資産	収益総額	費用総額	純　利　益	純　損　失
1	270,000	1,300,000	**950,000**	350,000	680,000	**600,000**	**80,000**	
2	**385,000**	891,000	456,000	**435,000**	**795,000**	745,000	50,000	
3	581,000	**966,000**	423,000	**543,000**	946,000	984,000		**38,000**

考え方
1．期末負債　¥1,300,000−¥350,000＝¥950,000
　純　利　益　¥350,000−¥270,000＝¥80,000
　費用総額　¥680,000−¥80,000＝¥600,000
2．期末純資産　¥891,000−¥456,000＝¥435,000
　期首純資産　¥435,000−¥50,000＝¥385,000
　収益総額　¥745,000＋¥50,000＝¥795,000

3．純　損　失　¥946,000−¥984,000＝−¥38,000
　期末純資産　¥581,000−¥38,000＝¥543,000
　期末資産　¥423,000＋¥543,000＝¥966,000

2-5

損　益　計　算　書

(**千葉**)商店　令和○年1月1日から令和○年12月31日まで

費　　用	金　額	収　益	金　額
売　上　原　価	*1,543,600*	売　上　高	*2,865,700*
給　　　料	*872,900*	受　取　手　数　料	*341,900*
広　告　料	*238,300*		
通　信　費	*149,500*		
雑　　　費	*67,100*		
当　期　純　利　益	*336,200*		
	3,207,600		*3,207,600*

2-6

損　益　計　算　書

(**岡山**)商店　令和○年1月1日から令和○年12月31日まで

費　　用	金　額	収　益	金　額
売　上　原　価	*309,800*	売　上　高	*596,300*
給　　　料	*156,400*	当　期　純　損　失	*125,500*
広　告　料	*72,300*		
通　信　費	*91,500*		
消　耗　品　費	*84,600*		
雑　　　費	*7,200*		
	721,800		*721,800*

1

a	¥ 5,154,300
b	¥ 2,294,500

考え方
- a. ¥ 5,678,000 − ¥ 523,700 ＝ ¥ 5,154,300
- b. 期首の純資産
    ¥ 3,190,000 − ¥ 1,419,200 ＝ ¥ 1,770,800
  期末の純資産
    ¥ 1,770,800 ＋ ¥ 523,700 ＝ ¥ 2,294,500

2

(1)

損　益　計　算　書

(東京)商店　令和○年1月1日から令和○年12月31日まで

費　　　用	金　　額	収　　　益	金　　額
売 上 原 価	349,800	売 上 高	934,600
給 料	172,500	受 取 手 数 料	152,700
通 信 費	61,600		
水 道 光 熱 費	79,600		
支 払 家 賃	140,000		
雑 費	27,500		
支 払 利 息	18,000		
当 期 純 利 益	238,300		
	1,087,300		1,087,300

(2)

貸　借　対　照　表

(東京)商店　令和○年12月31日

資　　　産	金　　額	負債および純資産	金　　額
現 金	724,600	買 掛 金	721,700
売 掛 金	769,800	借 入 金	500,000
建 物	980,000	資 本 金	1,400,000
備 品	385,600	当 期 純 利 益	238,300
	2,860,000		2,860,000

考え方
期末の貸借対照表では，期末純資産を期首の資本金と当期純利益（当期純損失）に分けて表示する。
期首純資産¥ 1,400,000 ＝期首資産¥ 1,400,000 −期首負債¥ 0
貸借対照表によって得られる当期純利益と，損益計算書によって得られる当期純利益は，必ず一致する。

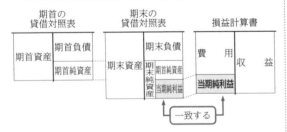

3

a		b
ア	イ	ウ
7	1	6

4

損　益　計　算　書

(押上)商店　令和○年1月1日から令和○年12月31日まで

費　　　用	金　　額	収　　　益	金　　額
売 上 原 価	400,000	売 上 高	993,000
給 料	110,000	受 取 手 数 料	60,000
広 告 料	180,000		
支 払 家 賃	160,000		
雑 費	30,000		
支 払 利 息	13,000		
当 期 純 利 益	160,000		
	1,053,000		1,053,000

貸　借　対　照　表

(押上)商店　令和○年12月31日

資　　　産	金　　額	負債および純資産	金　　額
現 金	420,000	買 掛 金	580,000
売 掛 金	670,000	借 入 金	380,000
建 物	830,000	資 本 金	1,000,000
備 品	200,000	当 期 純 利 益	160,000
	2,120,000		2,120,000

考え方
- ・貸借対照表と損益計算書の当期純利益の額は一致する。
- ・損益計算書に記入する当期純利益は，赤で記入するが黒で記入する場合もある。

❸ 取引と勘定 ▷p.11〜

3-1
(1)A (2)B (3)A (4)B (5)A

3-2
資　産：1, 2, 8, 10, 11, 14, 17
負　債：5, 13
純資産：3
収　益：4, 7, 9
費　用：6, 12, 15, 16, 18, 19, 20

3-3
(1)P/L (2)P/L (3)B/S (4)B/S (5)B/S (6)P/L

3-4

資　産		負　債		純　資　産	
(増 加)	(減 少)	(減 少)	(増 加)	(減 少)	(増 加)

収　益		費　用	
(消 滅)	(発 生)	(発 生)	(消 滅)

3-5
(a)増加 (b)減少 (c)増加 (d)減少 (e)発生
(f)発生 (g)減少 (h)増加 (i)減少 (j)増加

3-6
(1)借方 (2)貸方 (3)借方 (4)貸方 (5)借方
(6)貸方 (7)借方 (8)借方 (9)借方

3-7
(1)借, 貸 (2)借, 貸 (3)貸, 借 (4)貸, 借
(5)借, 貸 (6)貸, 借 (7)貸, 借 (8)貸, 借

3-8
(1)借方 (2)借方 (3)貸方 (4)借方 (5)貸方
(6)貸方 (7)借方 (8)貸方

3-9

(1)資産の増加
- 負債の増加（○）
- 純資産の増加（○）
- 費用の発生（　）
- 収益の発生（○）

(2)負債の減少
- 資産の減少（○）
- 負債の増加（○）
- 費用の発生（　）
- 純資産の減少（　）

3-10
(1)c (2)f (3)a (4)d (5)b (6)e

[考え方]
具体的な勘定科目で考えてみる。
(1)現金と資本金の増加
(2)備品（金庫）の増加と現金の減少
(3)仕入の発生と買掛金の増加
(4)借入金と現金の減少
(5)給料の発生と現金の減少
(6)現金の増加と受取手数料の発生

3-11
(1)a (2)c (3)b

[考え方]
(1)仕入の発生と現金の減少・買掛金の増加
(2)売掛金の増加と売上の発生
(3)借入金の減少・支払利息の発生と現金の減少

3-12

(1)	資産の増加（現　　金）¥ 700,000	——	純資産の増加（資 本 金）¥ 700,000
(2)	費用の発生（仕　　入）¥ 300,000	——	負債の増加（買 掛 金）¥ 300,000
(3)	資産の増加（現　　金）¥ 76,000	——	収益の発生（売　　上）¥ 76,000
(4)	負債の減少（買 掛 金）¥ 200,000	——	資産の減少（現　　金）¥ 200,000
(5)	費用の発生（広 告 料）¥ 50,000	——	資産の減少（現　　金）¥ 50,000
(6)	資産の増加（現　　金）¥ 140,000	——	負債の増加（借 入 金）¥ 140,000

3-13

現　金

4/ 1	2,000,000	4/ 2	270,000
14	200,000	20	300,000
		26	80,000
		30	16,000

売掛金

4/12	400,000	4/14	200,000

備品

4/ 2	270,000		

買掛金

4/20	300,000	4/ 7	600,000

資本金

		4/ 1	2,000,000

売上

		4/12	400,000

仕入

4/ 7	600,000		

給料

4/26	80,000		

雑費

4/30	16,000		

4 - 1

5/ 1	現　　金	2,500,000	資　本　金	2,500,000
4	仕　　入	780,000	現　　金	780,000
6	現　　金	700,000	借　入　金	700,000
8	売　掛　金	310,000	売　　上	310,000
15	備　　品	300,000	現　　金	300,000
20	現　　金	50,000	受取手数料	50,000
25	給　　料	130,000	現　　金	130,000
27	現　　金	400,000	売　　上	400,000
30	現　　金	160,000	売　掛　金	160,000
31	借　入　金 支 払 利 息	350,000 2,000	現　　金	352,000

4 - 2

現　　金

5/ 1	2,500,000	5/ 4	780,000
6	700,000	15	300,000
20	50,000	25	130,000
27	400,000	31	352,000
30	160,000		

売　掛　金

5/ 8	310,000	5/30	160,000

備　　品

5/15	300,000		

借　入　金

5/31	350,000	5/ 6	700,000

資　本　金

		5/ 1	2,500,000

売　　上

		5/ 8	310,000
		27	400,000

受 取 手 数 料

		5/20	50,000

仕　　入

5/ 4	780,000		

給　　料

5/25	130,000		

支 払 利 息

5/31	2,000		

4 - 3

借方金額の合計額と貸方金額の合計額の一致額	¥	5,682,000

4 - 4

6/10	現　　金	2,000,000	借　入　金	2,000,000
18	仕　　入	600,000	現　　金 買　掛　金	200,000 400,000
20	現　　金	400,000	売　　上	400,000
25	給　　料	180,000	現　　金	180,000

資 産 の 勘 定

現　　金

6/10	2,000,000	6/18	200,000
20	400,000	25	180,000

（負 債）の 勘 定

（買　掛　金）

		6/18	400,000

借　入　金

		6/10	2,000,000

（収 益）の 勘 定

売　　上

		6/20	400,000

費 用 の 勘 定

仕　　入

6/18	600,000		

（給　　料）

6/25	180,000		

4 - 5

(1)	現　　金 建　　物	800,000 1,200,000	資　本　金	2,000,000
(2)	備　　品	250,000	現　　金	250,000
(3)	仕　　入	780,000	現　　金 買　掛　金	580,000 200,000
(4)	支 払 家 賃	120,000	現　　金	120,000
(5)	現　　金	500,000	借　入　金	500,000
(6)	売　掛　金	390,000	売　　上	390,000
(7)	現　　金	250,000	売　掛　金	250,000
(8)	買　掛　金	100,000	現　　金	100,000
(9)	給　　料	150,000	現　　金	150,000
(10)	現　　金 売　掛　金	150,000 450,000	売　　上	600,000
(11)	現　　金	36,000	受取手数料	36,000
(12)	消 耗 品 費	8,000	現　　金	8,000

5-1

仕　訳　帳　　1

令和○年		摘　要	元丁	借方	貸方
5	15	（仕　入）諸　口		700,000	
		（現　金）			300,000
		（買 掛 金）			400,000
		前橋商店から仕入れ			
	20	（現　金）		500,000	
		（借 入 金）			500,000
		大宮銀行から借り入れ			

5-2

仕　訳　帳　　3

令和○年		摘　要	元丁	借方	貸方
		前ページから		2,500,000	2,500,000
4	5	（仕　入）諸　口	24	380,000	
		（現　金）	1		200,000
		（買 掛 金）	14		180,000
		長崎商店から仕入れ			
	10	（売 掛 金）	3	290,000	
		（売　上）	21		290,000
		広島商店に売り渡し			
		次ページへ		3,170,000	3,170,000

仕　訳　帳　　4

令和○年		摘　要	元丁	借方	貸方
		前ページから		3,170,000	3,170,000
4	25	（現　金）	1	190,000	
		（売 掛 金）	3		190,000
		広島商店から売掛金の一部回収			

総　勘　定　元　帳
現　金　　1

令和○年	摘要	仕丁	借　方	令和○年	摘要	仕丁	貸方
4 25	売掛金	4	190,000	4 5	仕　入	3	200,000

売　掛　金　　3

令和○年	摘要	仕丁	借　方	令和○年	摘要	仕丁	貸方
4 10	売　上	3	290,000	4 25	現　金	4	190,000

買　掛　金　　14

令和○年	摘要	仕丁	借　方	令和○年	摘要	仕丁	貸方
				4 5	仕　入	3	180,000

売　上　　21

令和○年	摘要	仕丁	借　方	令和○年	摘要	仕丁	貸方
				4 10	売掛金	3	290,000

仕　入　　24

令和○年	摘要	仕丁	借　方	令和○年	摘要	仕丁	貸方
4 5	諸　口	3	380,000				

注意　仕丁欄には仕訳帳のページを記入する。
　　　元丁欄には総勘定元帳の番号を記入する。

仕　訳　帳　　1

令和○年		摘　要	元丁	借方	貸方
5	1	諸　口　（資 本 金）	5		900,000
		（現　金）	1	640,000	
		（備　品）	3	260,000	
		元入れして営業を開始			
	5	（仕　入）	7	680,000	
		（買 掛 金）	4		680,000
		宮城商店から仕入れ			
	8	（売 掛 金）	2	320,000	
		（売　上）	6		320,000
		山口商店に売り渡し			
	13	（現　金）	1	160,000	
		（売 掛 金）	2		160,000
		山口商店から売掛金の一部回収			
	19	諸　口　（売　上）	6		256,000
		（現　金）	1	16,000	
		（売 掛 金）	2	240,000	
		福島商店に売り渡し			
	24	（買 掛 金）	4	280,000	
		（現　金）	1		280,000
		宮城商店に買掛金の一部支払い			
	26	（給　料）	8	40,000	
		（現　金）	1		40,000
		本月分給料支払い			
	31	（支 払 家 賃）	9	16,000	
		（現　金）	1		16,000
		本月分家賃支払い			

総　勘　定　元　帳
現　金　　1

令和○年	摘要	仕丁	借　方	令和○年	摘要	仕丁	貸方
5 1	資 本 金	1	640,000	5 24	買 掛 金	1	280,000
13	売 掛 金	〃	160,000	26	給　料	〃	40,000
19	売　上	〃	16,000	31	支払家賃	〃	16,000

売　掛　金　　2

令和○年	摘要	仕丁	借　方	令和○年	摘要	仕丁	貸方
5 8	売　上	1	320,000	5 13	現　金	1	160,000
19	売　上	〃	240,000				

備　品　　3

令和○年	摘要	仕丁	借　方	令和○年	摘要	仕丁	貸方
5 1	資 本 金	1	260,000				

買　掛　金　　4

令和○年	摘要	仕丁	借　方	令和○年	摘要	仕丁	貸方
5 24	現　金	1	280,000	5 5	仕　入	1	680,000

資　本　金　　5

令和○年	摘要	仕丁	借　方	令和○年	摘要	仕丁	貸方
				5 1	諸　口	1	900,000

売　　　　　上　　　6

				5	8	売掛金	1	320,000
					19	諸　口	″	256,000

仕　　　　　入　　　7

5	5	買掛金	1	680,000				

給　　　　　料　　　8

5	26	現　金	1	40,000				

支　払　家　賃　　　9

5	31	現　金	1	16,000				

5－4

仕　　訳　　帳　　　1

令和○年		摘　　　　要	元丁	借　方	貸　方
6	1	（現　　金）	1	650,000	
		（資　本　金）	5		650,000
		出資して開業			
	3	（備　　品）	3	300,000	
		（現　　　金）	1		300,000
		島根家具店から机・いすなど買い入れ			
	7	（仕　　入）　　諸　　　口	7	400,000	
		（現　　　金）	1		80,000
		（買　掛　金）	4		320,000
		鳥取商店から仕入れ			
	14	（消　耗　品　費）	8	2,300	
		（現　　　金）	1		2,300
		富山文房具店から帳簿・伝票など買い入れ			
	20	（売　掛　金）	2	104,000	
		（売　　　上）	6		104,000
		福井商店に売り渡し			
	27	（買　掛　金）	4	200,000	
		（現　　　金）	1		200,000
		鳥取商店に支払い			
		次ページへ		1,656,300	1,656,300

仕　　訳　　帳　　　2

令和○年		摘　　　　要	元丁	借　方	貸　方
		前ページから		1,656,300	1,656,300
6	29	諸　　口　（売　　上）	6		312,000
		（現　　金）	1	62,000	
		（売　掛　金）	2	250,000	
		兵庫商店に売り渡し			
	30	（現　　金）	1	104,000	
		（売　掛　金）	2		104,000
		福井商店から受け取り			

総　勘　定　元　帳

現　　　　　金　　　1

令和○年		摘　要	仕丁	借　方	令和○年		摘　要	仕丁	貸　方
6	1	資本金	1	650,000	6	3	備　品	1	300,000
	29	売　上	2	62,000		7	仕　入	″	80,000
	30	売掛金	″	104,000		14	消耗品費	″	2,300
						27	買掛金	″	200,000

売　　掛　　金　　　2

6	20	売　上	1	104,000	6	30	現　金	2	104,000
	29	売　上	2	250,000					

備　　　　　品　　　3

6	3	現　金	1	300,000					

買　　掛　　金　　　4

6	27	現　金	1	200,000	6	7	仕　入	1	320,000

資　　本　　金　　　5

					6	1	現　金	1	650,000

売　　　　　上　　　6

					6	20	売掛金	1	104,000
						29	諸　口	2	312,000

仕　　　　　入　　　7

6	7	諸　口	1	400,000					

消　耗　品　費　　　8

6	14	現　金	1	2,300					

6 試算表

▷p.24~

6－1

合計試算表

令和○年○月○日

借方	元丁	勘定科目	貸方
3,600,000	1	現金	2,100,000
2,380,000	2	売掛金	1,130,000
600,000	3	買掛金	1,000,000
	4	資本金	2,000,000
	5	売上	2,850,000
2,500,000	6	仕入	
9,080,000			9,080,000

考え方

合計試算表は，各勘定口座の借方合計・貸方合計を記入する。

6－2

残高試算表

令和○年5月31日

借方	元丁	勘定科目	貸方
4,988,400	1	現金	
1,397,600	2	売掛金	
330,000	3	備品	
	4	買掛金	4,410,000
	5	借入金	200,000
	6	資本金	1,000,000
	7	売上	1,384,700
114,700	8	仕入	
70,000	9	給料	
30,000	10	支払家賃	
19,900	11	雑費	
44,100	12	支払利息	
6,994,700			6,994,700

考え方

残高試算表は，各勘定口座の残高を求め，資産と費用の残高は借方に，負債と純資産・収益の残高は貸方に，それぞれ記入する。

6－3

現金 1

1/1～4/30	1,950,000	5/14 通信費	16,000
5/28 売掛金	600,000	23 買掛金	530,000
		26 給料	180,000

売掛金 2

1/1～4/30	1,170,000	5/28 現金	600,000
5/12 売上	500,000		

買掛金 3

5/23 現金	530,000	1/1～4/30	1,120,000
		5/ 6 仕入	650,000

資本金 4

		1/1～4/30	2,000,000

売上 5

		5/12 売掛金	500,000

仕入 6

5/ 6 買掛金	650,000		

給料 7

5/26 現金	180,000		

通信費 8

5/14 現金	16,000		

合計残高試算表

令和○年5月31日

借方		元丁	勘定科目	貸方	
残高	合計			合計	残高
1,824,000	2,550,000	1	現金	726,000	
1,070,000	1,670,000	2	売掛金	600,000	
	530,000	3	買掛金	1,770,000	1,240,000
		4	資本金	2,000,000	2,000,000
		5	売上	500,000	500,000
650,000	650,000	6	仕入		
180,000	180,000	7	給料		
16,000	16,000	8	通信費		
3,740,000	5,596,000			5,596,000	3,740,000

考え方

合計残高試算表は，各勘定口座の借方合計・貸方合計を合計欄に記入し，それぞれの勘定口座の残高が，借方・貸方のどちらになるかを確認しながら残高欄に記入する。

精算表(1)― 6けた精算表―　　　▷p.28〜

7 - 1

精　算　表
令和○年12月31日

勘 定 科 目	残 高 試 算 表		損 益 計 算 書		貸 借 対 照 表	
	借　　　方	貸　　　方	借　　　方	貸　　　方	借　　　方	貸　　　方
現　　　　　金	2,220,000				2,220,000	
普 通 預 金	1,000,000				1,000,000	
売 　掛 　金	1,420,000				1,420,000	
建　　　　物	1,000,000				1,000,000	
備　　　　品	320,000				320,000	
買 　掛 　金		1,560,000				1,560,000
資 　本 　金		4,280,000				4,280,000
売　　　　上		600,000		600,000		
仕　　　　入	280,000		280,000			
給　　　　料	200,000		200,000			
当 期 純 (利 益)			120,000			120,000
	6,440,000	6,440,000	600,000	600,000	5,960,000	5,960,000

考え方
　①残高試算表の収益項目は，損益計算書欄の貸方に記入。
　②残高試算表の費用項目は，損益計算書欄の借方に記入。
　③残高試算表の資産項目は，貸借対照表欄の借方に記入。
　④残高試算表の負債・純資産項目は，貸借対照表欄の貸方に記入。
　⑤損益計算書・貸借対照表の貸借合計金額の差額を，当期純利益または当期純損失として，それぞれ金額の少ない方に記入。
　※　残高試算表・損益計算書・貸借対照表はそれぞれ貸借合計金額が一致する。

精　算　表

令和○年12月31日

勘定科目	残高試算表 借方	残高試算表 貸方	損益計算書 借方	損益計算書 貸方	貸借対照表 借方	貸借対照表 貸方
現　　　金	297,200				297,200	
売　掛　金	480,000				480,000	
備　　　品	230,000				230,000	
買　掛　金		257,600				257,600
資　本　金		(520,000)				520,000
売　　　上		677,600		677,600		
仕　　　入	200,000		200,000			
給　　　料	159,200		159,200			
支　払　家　賃	64,000		64,000			
雑　　　費	24,800		24,800			
当 期 純 利 益			229,600			229,600
	1,455,200	1,455,200	677,600	677,600	1,007,200	1,007,200

考え方
　残高試算表の資本金の額は，借方・貸方それぞれの合計金額の差額から算出する。
　　借方合計￥1,455,200－貸方合計￥935,200＝￥520,000

精　算　表

令和○年12月31日

勘定科目	残高試算表 借方	残高試算表 貸方	損益計算書 借方	損益計算書 貸方	貸借対照表 借方	貸借対照表 貸方
現　　　金	412,500				412,500	
売　掛　金	365,100				365,100	
備　　　品	840,000				840,000	
買　掛　金		817,600				817,600
資　本　金		600,000				600,000
売　　　上		560,800		560,800		
仕　　　入	150,000		150,000			
給　　　料	130,000		130,000			
広　告　料	80,800		80,800			
当 期 純(利 益)			200,000			200,000
	1,978,400	1,978,400	560,800	560,800	1,617,600	1,617,600

精　　算　　表

令和○年12月31日

勘 定 科 目	残 高 試 算 表		損 益 計 算 書		貸 借 対 照 表	
	借　方	貸　方	借　方	貸　方	借　方	貸　方
現　　　金	237,600				237,600	
売　掛　金	374,400				374,400	
備　　　品	275,200				275,200	
買　掛　金		316,000				316,000
借　入　金		320,000				320,000
資　本　金		400,000				400,000
売　　　上		552,000		552,000		
仕　　　入	284,000		284,000			
給　　　料	300,000		300,000			
消 耗 品 費	51,200		51,200			
雑　　　費	29,600		29,600			
支 払 利 息	36,000		36,000			
当 期 純 損 失				148,800	148,800	
	1,588,000	1,588,000	700,800	700,800	1,036,000	1,036,000

8 決 算　▷p.30~

8-1

収益の勘定残高を損益勘定に振り替えるための仕訳	売　　上 *1,000,000* 受 取 利 息 *140,000*	損　　益 *1,140,000*	
費用の勘定残高を損益勘定に振り替えるための仕訳	損　　益 *480,000*	仕　　入 *360,000* 給　　料 *120,000*	
損益勘定の残高を資本金勘定に振り替えるための仕訳	損　　益 *660,000*	資 本 金 *660,000*	

売　　上
12/31 損　　益 *1,000,000*		*1,000,000*

受 取 利 息
12/31 損　　益 *140,000*		*140,000*

仕　　入
360,000	12/31 損　　益	*360,000*

給　　料
120,000	12/31 損　　益	*120,000*

損　　益
12/31 仕　　入 *360,000*	12/31 売　　上 *1,000,000*
〃 給　　料 *120,000*	〃 受 取 利 息 *140,000*
〃 資 本 金 *660,000*	
1,140,000	*1,140,000*

8-2

総 勘 定 元 帳
現　　金　　1

令和○年	摘要	仕丁	借　方	令和○年	摘要	仕丁	貸　方
12 1	資 本 金	1	*2,500,000*	12 5	通 信 費	1	*12,000*
20	売 掛 金	2	*880,000*	12	買 掛 金	2	*850,000*
				24	通 信 費	3	*16,000*
				31	次期繰越	✓	*2,502,000*
			3,380,000				*3,380,000*
1 1	前期繰越	✓	*2,502,000*				

資　本　金　　13

12 31	次期繰越	✓	*2,976,000*	12 1	現　　金	14	*2,500,000*
				31	損　　益	14	*476,000*
			2,976,000				*2,976,000*
				1 1	前期繰越	✓	*2,976,000*

通　信　費　　16

12 5	現　　金	13	*12,000*	12 31	損　　益	4	*28,000*
24	現　　金	13	*16,000*				
			28,000				*28,000*

8-3

損　　益 *189,000*	資 本 金 *189,000*

損　　益
12/31 仕　　入 *190,000*	12/31 売　　上 *420,000*
〃 給　　料 *50,000*	〃 受 取 利 息 *30,000*
〃 広 告 料 *15,000*	
〃 雑　　費 *6,000*	
〃 資 本 金 *189,000*	
450,000	*450,000*

資　本　金
12/31 次期繰越 *689,000*	1/1 前期繰越 *500,000*
	12/31 損　　益 *189,000*
689,000	*689,000*
	1/1 前期繰越 *689,000*

8-4

12/31	売　　上 *820,000* 受取手数料 *150,000*	損　　益 *970,000*
〃	損　　益 *700,000*	仕　　入 *300,000* 給　　料 *400,000*
〃	損　　益 *270,000*	資 本 金 *270,000*

資　本　金
12/31 次期繰越 *1,270,000*	1/1 前期繰越 *1,000,000*
	12/31 損　　益 *270,000*
1,270,000	*1,270,000*
	1/1 前期繰越 *1,270,000*

売　　上
12/31 損　　益 *820,000*		*820,000*

受 取 手 数 料
12/31 損　　益 *150,000*		*150,000*

仕　　入
300,000	12/31 損　　益	*300,000*

給　　料
400,000	12/31 損　　益	*400,000*

損　　益
12/31 仕　　入 *300,000*	12/31 売　　上 *820,000*
〃 給　　料 *400,000*	〃 受取手数料 *150,000*
〃 資 本 金 *270,000*	
970,000	*970,000*

8-5

(1)

12/31	売上 230,000 受取手数料 106,000		損益	336,000
〃	損益 232,000		仕入 給料 雑費	132,000 64,000 36,000
〃	損益 104,000		資本金	104,000

(2)

現 金   1

	552,000		214,000
		12/31 次期繰越	338,000
	552,000		552,000
1/1 前期繰越	338,000		

売 掛 金   2

	546,000		260,000
		12/31 次期繰越	286,000
	546,000		546,000
1/1 前期繰越	286,000		

備 品   3

	200,000	12/31 次期繰越	200,000
1/1 前期繰越	200,000		

買 掛 金   4

	238,000		458,000
12/31 次期繰越	220,000		
	458,000		458,000
		1/1 前期繰越	220,000

資 本 金   5

12/31 次期繰越	604,000		500,000
		12/31 損益	104,000
	604,000		604,000
		1/1 前期繰越	604,000

売 上   6

12/31 損益	230,000	230,000

受 取 手 数 料   7

12/31 損益	106,000	106,000

仕 入   8

132,000	12/31 損益	132,000

給 料   9

64,000	12/31 損益	64,000

雑 費   10

36,000	12/31 損益	36,000

損 益   11

12/31	仕入	132,000	12/31 売上	230,000
〃	給料	64,000	〃 受取手数料	106,000
〃	雑費	36,000		
〃	資本金	104,000		
		336,000		336,000

(3)

繰 越 試 算 表

令和○年12月31日

借 方	元丁	勘 定 科 目	貸 方
338,000	1	現 金	
286,000	2	売 掛 金	
200,000	3	備 品	
	4	買 掛 金	220,000
	5	資 本 金	604,000
824,000			824,000

8-6

損 益 計 算 書

(熊野)商店　令和○年1月1日から令和○年12月31日まで

費 用	金 額	収 益	金 額
売 上 原 価	203,000	売 上 高	433,000
給 料	110,000	受 取 手 数 料	93,000
通 信 費	33,000		
雑 費	79,000		
当 期 純 利 益	101,000		
	526,000		526,000

貸 借 対 照 表

(熊野)商店　令和○年12月31日

資 産	金 額	負債および純資産	金 額
現 金	514,000	買 掛 金	619,000
売 掛 金	451,000	借 入 金	500,000
建 物	500,000	資 本 金	545,000
備 品	300,000	当 期 純 利 益	101,000
	1,765,000		1,765,000

[注意]
1. 損益勘定の借方の「資本金」は損益計算書に記入するときは「当期純利益」として表示する。
2. 貸借対照表の期末純資産は，期首の「資本金」と「当期純利益」とに分けて表示する。

1

仕　訳　帳　　1

令和○年		摘　　要		元丁	借　方	貸　方
4	1	諸　　口	（資 本 金）	5		1,000,000
		（現　　　金）		1	800,000	
		（備　　　品）		3	200,000	
	3	（仕　　　入）		7	510,000	
			（買 掛 金）	4		510,000
	6	（支 払 家 賃）		9	20,000	
			（現　　　金）	1		20,000
	12	（売 掛 金）		2	240,000	
			（売　　　上）	6		240,000
	17	（現　　　金）		1	120,000	
			（売 掛 金）	2		120,000
	22	諸　　口	（売　　　上）	6		450,000
		（現　　　金）		1	100,000	
		（売 掛 金）		2	350,000	
	28	（給　　　料）		8	100,000	
			（現　　　金）	1		100,000
	30	（買 掛 金）		4	210,000	
			（現　　　金）	1		210,000
					2,650,000	2,650,000

総 勘 定 元 帳

現　　　金　　1

令和○年	摘要	仕丁	借　方	令和○年	摘要	仕丁	貸　方
4 1	資 本 金	1	800,000	4 6	支払家賃	1	20,000
17	売 掛 金	〃	120,000	28	給　料	〃	100,000
22	売　上	〃	100,000	30	買掛金	〃	210,000

売　掛　金　　2

4 12	売 上	1	240,000	4 17	現　金	1	120,000
22	売 上	〃	350,000				

備　　　品　　3

4 1	資 本 金	1	200,000				

買　掛　金　　4

4 30	現 金	1	210,000	4 3	仕　入	1	510,000

資　本　金　　5

				4 1	諸　口	1	1,000,000

売　　　上　　6

				4 12	売掛金	1	240,000
				22	諸　口	〃	450,000

仕　　　入　　7

4 3	買掛金	1	510,000				

給　　　料　　8

4 28	現 金	1	100,000				

支 払 家 賃　　9

4 6	現 金	1	20,000				

合 計 残 高 試 算 表
令和○年4月30日

借　　方		元丁	勘定科目	貸　　方	
残　高	合　計			合　計	残　高
690,000	1,020,000	1	現　　　金	330,000	
470,000	590,000	2	売 掛 金	120,000	
200,000	200,000	3	備　　　品		
	210,000	4	買 掛 金	510,000	300,000
		5	資 本 金	1,000,000	1,000,000
		6	売　　　上	690,000	690,000
510,000	510,000	7	仕　　　入		
100,000	100,000	8	給　　　料		
20,000	20,000	9	支 払 家 賃		
1,990,000	2,650,000			2,650,000	1,990,000

精　算　表
令和○年4月30日

勘定科目	残 高 試 算 表		損 益 計 算 書		貸 借 対 照 表	
	借　方	貸　方	借　方	貸　方	借　方	貸　方
現　　　金	690,000				690,000	
売 掛 金	470,000				470,000	
備　　　品	200,000				200,000	
買 掛 金		300,000				300,000
資 本 金		1,000,000				1,000,000
売　　　上		690,000		690,000		
仕　　　入	510,000		510,000			
給　　　料	100,000		100,000			
支 払 家 賃	20,000		20,000			
当 期 純 利 益			60,000			60,000
	1,990,000	1,990,000	690,000	690,000	1,360,000	1,360,000

❷

(1)

12/ 3	仕 入	90,000	買 掛 金	90,000
10	売 掛 金	85,000	売 上	85,000
17	現 金	15,000	受取手数料	15,000
20	買 掛 金	200,000	現 金	200,000
28	給 料	180,000	現 金	180,000
30	現 金	270,000	売 掛 金	270,000

現　　　　金　　　1

1/1～11/30		4,807,000	1/1～11/30		3,275,000
12/17	受取手数料	15,000	12/20	買 掛 金	200,000
30	売 掛 金	270,000	28	給 料	180,000
			31	次期繰越	1,437,000
		5,092,000			5,092,000

売　　掛　　金　　　2

1/1～11/30		4,575,000	1/1～11/30		2,500,000
12/10	売 上	85,000	12/30	現 金	270,000
			31	次期繰越	1,890,000
		4,660,000			4,660,000

建　　　　物　　　3

1/1～11/30	2,800,000	12/31 次期繰越	2,800,000

買　　掛　　金　　　4

1/1～11/30		1,000,000	1/1～11/30		2,497,000
12/20	現 金	200,000	12/ 3	仕 入	90,000
31	次期繰越	1,387,000			
		2,587,000			2,587,000

資　　本　　金　　　5

12/31 次期繰越	4,740,000	1/ 1		3,500,000
		12/31	損 益	1,240,000
	4,740,000			4,740,000

売　　　　上　　　6

12/31 損 益	3,345,000	1/1～11/30		3,260,000
		12/10	売 掛 金	85,000
	3,345,000			3,345,000

受　取　手　数　料　　　7

12/31 損 益	15,000	12/17 現 金	15,000

仕　　　　入　　　8

1/1～11/30		1,200,000	12/31 損 益	1,290,000
12/ 3	買 掛 金	90,000		
		1,290,000		1,290,000

給　　　　料　　　9

1/1～11/30		370,000	12/31 損 益	550,000
12/28	現 金	180,000		
		550,000		550,000

広　　告　　料　　　10

1/1～11/30	280,000	12/31 損 益	280,000

損　　　　益　　　11

12/31	仕 入	1,290,000	12/31	売 上	3,345,000
〃	給 料	550,000	〃	受取手数料	15,000
〃	広 告 料	280,000			
〃	資 本 金	1,240,000			
		3,360,000			3,360,000

(2)

残　高　試　算　表

令和○年12月31日

借　　方	元丁	勘 定 科 目	貸　　方
1,437,000	1	現　　　　金	
1,890,000	2	売　　掛　　金	
2,800,000	3	建　　　　物	
	4	買　　掛　　金	1,387,000
	5	資　　本　　金	3,500,000
	6	売　　　　上	3,345,000
	7	受　取　手　数　料	15,000
1,290,000	8	仕　　　　入	
550,000	9	給　　　　料	
280,000	10	広　　告　　料	
8,247,000			8,247,000

(3)

12/31	売 上	3,345,000	損 益	3,360,000
	受取手数料	15,000		
〃	損 益	2,120,000	仕 入	1,290,000
			給 料	550,000
			広 告 料	280,000
〃	損 益	1,240,000	資 本 金	1,240,000

(4)

繰　越　試　算　表

令和○年12月31日

借　　方	元丁	勘 定 科 目	貸　　方
1,437,000	1	現　　　　金	
1,890,000	2	売　　掛　　金	
2,800,000	3	建　　　　物	
	4	買　　掛　　金	1,387,000
	5	資　　本　　金	4,740,000
6,127,000			6,127,000

損　益　計　算　書

(鈴鹿)商店　令和○年1月1日から令和○年12月31日まで

費　　用	金　　額	収　　益	金　　額
売　上　原　価	1,290,000	売　上　高	3,345,000
給　　　料	550,000	受取手数料	15,000
広　告　料	280,000		
当期純利益	1,240,000		
	3,360,000		3,360,000

貸　借　対　照　表

(鈴鹿)商店　令和○年12月31日

資　　産	金　　額	負債および純資産	金　　額
現　　　金	1,437,000	買　　掛　　金	1,387,000
売　　掛　　金	1,890,000	資　　本　　金	3,500,000
建　　　物	2,800,000	当期純利益	1,240,000
	6,127,000		6,127,000

9 現金・現金過不足の記帳　▷p.41〜

9 − 1

5/21	買 掛 金	400,000	現　　　金	400,000
25	給　　料	200,000	現　　　金	200,000
27	現　　　金	80,000	受取手数料	80,000
30	仕　　入	150,000	現　　　金	50,000
			買 掛 金	100,000
31	現　　　金	400,000	売 掛 金	400,000

注意　5/31送金小切手は現金扱い

現 金 出 納 帳　2

令和〇年	摘　　要	収　入	支　出	残　高
	前ページから	841,000	218,000	623,000
5 21	高知商店に買掛金支払い		400,000	223,000
25	従業員に5月分給料支払い		200,000	23,000
27	山形商店から手数料受け入れ	80,000		103,000
30	奈良商店からの仕入商品代金の一部支払い		50,000	53,000
31	宮城商店から売掛金を回収	400,000		453,000
〃	次月繰越		453,000	
		1,321,000	1,321,000	
6 1	前月繰越	453,000		453,000

9 − 2

(1)	現　　　金	560,000	売　　　上	560,000
(2)	現　　　金	370,000	売 掛 金	370,000

9 − 3

(1)	6/16	現金過不足	1,500	現　　　金	1,500
	30	通 信 費	800	現金過不足	800
	12/31	雑　　損	700	現金過不足	700
(2)	8/15	現　　　金	5,000	現金過不足	5,000
	9/30	現金過不足	4,600	受取利息	4,600
	12/31	現金過不足	400	雑　　益	400

9 − 4

(1)	現　　　金	2,300	現金過不足	2,300
(2)	水道光熱費	7,500	現金過不足	7,500

9 − 5

(1)	現　　　金	100,000	売 掛 金	100,000
(2)	買 掛 金	90,000	現　　　金	90,000
(3)	広 告 料	30,000	現　　　金	30,000
(4)	水道光熱費	38,000	現　　　金	38,000

10 預金の記帳　▷p.44〜

10 − 1

(1)	当座預金	460,000	現　　　金	460,000
(2)	仕　　入	120,000	当座預金	120,000

10 − 2

9/ 1	当座預金	180,000	現　　　金	180,000
7	仕　　入	150,000	当座預金	150,000
17	当座預金	42,000	売 掛 金	42,000
22	当座預金	120,000	売　　　上	120,000
27	買 掛 金	30,000	当座預金	30,000

当 座 預 金

9/ 1	現　　　金	180,000	9/ 7	仕　　入	150,000
17	売 掛 金	42,000	27	買 掛 金	30,000
22	売　　　上	120,000			

当 座 預 金 出 納 帳　1

令和〇年	摘　　要	預　入	引　出	借または貸	残　高
9 1	鎌倉銀行と当座取引開始，現金預け入れ	180,000		借	180,000
7	伊豆商店から商品仕入れ　小切手#1振り出し		150,000	〃	30,000
17	横浜商店から売掛金回収　小切手受け取り	42,000		〃	72,000
22	下田商店に商品売り上げ　小切手受け取り	120,000		〃	192,000
27	神奈川商店に買掛金支払い　小切手#2振り出し		30,000	〃	162,000
30	次月繰越		162,000		
		342,000	342,000		

10 − 3

ア：¥150,000　　イ：¥240,000

考え方

ア．当座預金出納帳の1/1前月繰越の金額は，当座預金勘定の
1/1前期繰越¥120,000と同額である。
　当座預金出納帳の残高欄金額より
　　¥270,000−¥120,000＝¥150,000
　よって，1/10の売掛金回収額は¥150,000

10 − 4

(1)	普 通 預 金	50,000	現　　　金	50,000
(2)	定 期 預 金	100,000	当座預金	100,000
(3)	現　　　金	303,000	定 期 預 金	300,000
			受 取 利 息	3,000
(4)	備　　品	230,000	当座預金	230,000

(1)	買 掛 金	620,000	当 座 預 金		620,000
(2)	買 掛 金	420,000	当 座 預 金		350,000
			当 座 借 越		70,000
(3)	当 座 借 越	560,000	売 掛 金		1,000,000
	当 座 預 金	440,000			
(4)	定 期 預 金	600,000	当 座 預 金		600,000
(5)	普 通 預 金	170,000	現 　 金		170,000
(6)	現 　 金	101,000	定 期 預 金		100,000
			受 取 利 息		1,000

6/26	買 掛 金	300,000	当 座 預 金		180,000
			当 座 借 越		120,000
29	当 座 借 越	120,000	売 掛 金		185,000
	当 座 預 金	65,000			

9/ 1	当 座 預 金	150,000	現 　 金		150,000
7	仕 　 入	260,000	当 座 預 金		150,000
			当 座 借 越		30,000
			買 掛 金		80,000
10	買 掛 金	120,000	当 座 借 越		120,000
16	当 座 借 越	150,000	売 掛 金		220,000
	当 座 預 金	70,000			
25	借 入 金	160,000	当 座 預 金		70,000
	支 払 利 息	11,200	当 座 借 越		101,200
30	当 座 借 越	101,200	売 　 上		270,000
	当 座 預 金	168,800			

当 座 預 金

9/ 1	現 　 金	150,000	9/ 7	仕 　 入		150,000
16	売 掛 金	70,000	25	諸 　 口		70,000
30	売 　 上	168,800	30	次 期 繰 越		168,800
		388,800				388,800

当 座 借 越

9/16	売 掛 金	150,000	9/ 7	仕 　 入		30,000
30	売 　 上	101,200	10	買 掛 金		120,000
			25	諸 　 口		101,200
		251,200				251,200

7/ 3	買 掛 金	130,000	当 座 預 金		130,000
18	仕 　 入	90,000	当 座 預 金		70,000
			当 座 借 越		20,000
31	当 座 借 越	20,000	売 掛 金		180,000
	当 座 預 金	160,000			

当 座 預 金 出 納 帳　　　　1

令和〇年		摘　　　要	預　入	引　出	借または貸	残　高
7	1	前月繰越	200,000		借	200,000
	3	仙台商店に買掛金支払い 小切手＃4振り出し		130,000	〃	70,000
	18	盛岡商店より商品買い入れ 小切手＃5振り出し		90,000	貸	20,000
	31	秋田商店より売掛金回収 小切手受け取り	180,000		借	160,000
	〃	次月繰越		160,000		
			380,000	380,000		
8	1	前月繰越	160,000		借	160,000

(1)	普 通 預 金	300,000	現 　 金		300,000
(2)	普 通 預 金	65,000	現 　 金		65,000
(3)	定 期 預 金	200,000	当 座 預 金		200,000
(4)	現 　 金	200,000	当 座 預 金		200,000
(5)	普 通 預 金	211,500	定 期 預 金		200,000
			受 取 利 息		11,500

(1)　仕 訳 帳　　　　1

令和〇年		摘　　　要	元丁	借　方	貸　方
1	20	前期繰越高	✓	3,584,000	3,584,000
		（当座預金）	2	80,000	
		（売掛金）			80,000
	31	（買掛金）		225,000	
		（当座預金）	2		225,000

総 勘 定 元 帳

当 座 預 金　　　　2

令和〇年		摘要	仕丁	借　方	令和〇年		摘要	仕丁	貸　方
1	1	前期繰越	✓	260,000	1	31	買掛金	1	225,000
	20	売掛金	1	80,000					

(2)　当 座 預 金 出 納 帳　　　　1

令和〇年		摘　　　要	預　入	引　出	借または貸	残　高
1	1	前月繰越	260,000		借	260,000
	20	栃木商店から売掛金回収 小切手＃58受け取り	80,000		〃	340,000
	31	群馬商店に買掛金支払い 小切手＃18振り出し		225,000	〃	115,000
	〃	次月繰越		115,000		
			340,000	340,000		

11-1

小口現金出納帳　　　　　1

収　入	令和○年		摘　要	支　出	内　　　　　　　　　訳			残　高
					通 信 費	消耗品費	交 通 費	
80,000	6	1	小切手受け入れ					80,000
		7	タクシー代	1,500			1,500	78,500
		10	ノート・鉛筆代	4,000		4,000		74,500
		27	電 話 料 金	19,900	19,900			54,600
			合　　　計	25,400	19,900	4,000	1,500	
25,400		30	小切手受け入れ					80,000
		〃	次 月 繰 越	80,000				
105,400				105,400				
80,000	7	1	前 月 繰 越					80,000

		通 信 費	19,900	小 口 現 金	25,400	
		消 耗 品 費	4,000			
		交 通 費	1,500			
6/30		小 口 現 金	25,400	当 座 預 金	25,400	
	または	通 信 費　19,900		当座預金　25,400		
		消 耗 品 費　4,000				
		交 通 費　1,500				

11-2

(1)	小 口 現 金	60,000	当 座 預 金	60,000	
(2)	消 耗 品 費	2,600	小 口 現 金	47,300	
	通 信 費	8,000			
	水 道 光 熱 費	30,000			
	雑　　　費	6,700			
(3)	小 口 現 金	47,300	当 座 預 金	47,300	

11-3

(1)　　　　　　　　　　　　　　小口現金出納帳　　　　　11

収　入	令和○年		摘　要	支　出	内　　　　　　　　　　　訳				残　高
					通 信 費	消耗品費	交 通 費	雑　　費	
10,000	11	1	前 月 繰 越						10,000
		3	郵 便 切 手	650	650				9,350
		7	ボールペン	900		900			8,450
		12	タクシー代	2,180			2,180		6,270
		20	伝票・帳簿	2,700		2,700			3,570
		25	新 聞 代	1,700				1,700	1,870
		28	バス回数券	1,000			1,000		870
			合　　　計	9,130	650	3,600	3,180	1,700	
9,130		30	小切手受け入れ						10,000
		〃	次 月 繰 越	10,000					
19,130				19,130					

(2)

b	通 信 費	650	小 口 現 金	9,130	
	消 耗 品 費	3,600			
	交 通 費	3,180			
	雑　　　費	1,700			
c	小 口 現 金	9,130	当 座 預 金	9,130	

12-1

(1)	仕	入	340,000	買 掛 金		340,000
(2)	買 掛 金		20,000	仕	入	20,000
(3)	売 掛 金		370,000	売	上	370,000
(4)	売	上	12,600	売 掛 金		12,600
(5)	仕	入	655,000	買 掛 金		650,000
				現	金	5,000
(6)	売 掛 金		500,000	売	上	500,000
	発 送 費		3,800	現	金	3,800

注意 (5) 引取費用は仕入に含める
(6) 発送費は費用として表示する

12-2

6/ 5	仕	入	180,000	買 掛 金		180,000
10	仕	入	219,000	当 座 預 金		119,000
				買 掛 金		100,000
13	買 掛 金		39,600	仕	入	39,600
20	仕	入	321,310	現	金	321,310

仕　　入　　帳　　1

令和○年		摘　　　要		内　訳	金　額
6	5	熱海商店	掛け		
		A品　150個　@¥1,200			180,000
	10	伊東商店	小切手・掛け		
		A品　50個　@¥1,300		65,000	
		B品　70 〃　〃 〃2,200		154,000	219,000
	13	伊東商店	掛け返品		
		B品　18個　@¥2,200			39,600
	20	焼津商店	現金		
		B品　127個　@¥2,460		312,420	
		引取費用現金払い		8,890	321,310
	30		総 仕 入 高		720,310
	〃		仕入返品高		39,600
			純 仕 入 高		680,710

12-3

7/ 6	現	金	20,000	売	上	120,000
	売 掛 金		100,000			
15	現	金	74,400	売	上	374,400
	売 掛 金		300,000			
18	売	上	10,000	売 掛 金		10,000
25	当 座 預 金		31,000	売	上	231,000
	売 掛 金		200,000			

売　　上　　帳　　1

令和○年		摘　　　要		内　訳	金　額
7	6	一宮商店	小切手・掛け		
		A品　60個　@¥2,000			120,000
	15	名古屋商店	現金・掛け		
		A品　80個　@¥1,980		158,400	
		B品　60 〃　〃 〃3,600		216,000	374,400
	18	名古屋商店	掛け値引き		
		A品　50個　@¥ 200			10,000
	25	大垣商店	小切手・掛け		
		B品　70個　@¥3,300			231,000
	31		総 売 上 高		725,400
	〃		売上値引高		10,000
			純 売 上 高		715,400

12-4

(1)	買 掛 金		8,500	仕	入	8,500
(2)	売	上	6,200	売 掛 金		6,200
(3)	仕	入	477,000	当 座 預 金		70,000
				買 掛 金		400,000
				現	金	7,000
(4)	売 掛 金		370,000	売	上	370,000
	発 送 費		5,100	現	金	5,100

12-5

9/15	仕	入	2,868,000	買 掛 金		2,860,000
				現	金	8,000
20	買 掛 金		11,000	仕	入	11,000

12-6

9/ 7	仕	入	220,000	当 座 預 金		220,000
22	当 座 預 金		120,000	売	上	120,000

12 - 7

8/10	仕　　入	105,000	当座預金	105,000
15	現　　金	83,600	売　　上	83,600
20	仕　　入	78,200	買　掛　金	78,200
25	売　掛　金	64,400	売　　上	64,400

(先入先出法)

商　品　有　高　帳

品名　A　品　　　　　　　　　　　　　　　　　単位：個

令和〇年		摘　　要	受	入		払	出		残	高	
			数量	単価	金額	数量	単価	金額	数量	単価	金額
8	10	犬山商店	300	350	105,000				300	350	105,000
	15	三河商店				190	350	66,500	110	350	38,500
	20	尾張商店	230	340	78,200				{ 110	350	38,500
									230	340	78,200
	25	春日井商店				{ 110	350	38,500			
						30	340	10,200	200	340	68,000
	31	次月繰越				200	340	68,000			
			530		183,200	530		183,200			
9	1	前月繰越	200	340	68,000				200	340	68,000

12 - 8

9/ 6	仕　　入	166,000	買　掛　金	166,000
14	現　　金	100,000	売　　上	260,000
	売　掛　金	160,000		
20	仕　　入	170,000	当座預金	170,000
27	現　　金	70,000	売　　上	218,400
	売　掛　金	148,400		

(移動平均法)

商　品　有　高　帳

品名　A　品　　　　　　　　　　　　　　　　　単位：個

令和〇年		摘　　要	受	入		払	出		残	高	
			数量	単価	金額	数量	単価	金額	数量	単価	金額
9	1	前月繰越	200	400	80,000				200	400	80,000
	6	花巻商店	400	415	166,000				600	410	246,000
	14	宮古商店				500	410	205,000	100	410	41,000
	20	盛岡商店	400	425	170,000				500	422	211,000
	27	釜石商店				420	422	177,240	80	422	33,760
	30	次月繰越				80	422	33,760			
			1,000		416,000	1,000		416,000			
10	1	前月繰越	80	422	33,760				80	422	33,760

12 - 9

商 品 有 高 帳

（先入先出法）　　品名　A 品　　　　　　　　　　　　単位：個

令和○年		摘　要	受　入			払　出			残　高		
			数量	単価	金額	数量	単価	金額	数量	単価	金額
9	1	前 月 繰 越	30	3,200	96,000				30	3,200	96,000
	8	大 垣 商 店				25	3,200	80,000	5	3,200	16,000
	19	岐 阜 商 店	25	3,400	85,000				{ 5	3,200	16,000
									25	3,400	85,000
	20	岐阜商店返品				6	3,400	20,400	{ 5	3,200	16,000
									19	3,400	64,600
	23	関 　 商 　 店				{ 5	3,200	16,000			
						10	3,400	34,000	9	3,400	30,600
	26	恵 那 商 店	25	3,500	87,500				{ 9	3,400	30,600
									25	3,500	87,500
	30	次 月 繰 越				{ 9	3,400	30,600			
						25	3,500	87,500			
			80		268,500	80		268,500			
10	1	前 月 繰 越	{ 9	3,400	30,600				{ 9	3,400	30,600
			25	3,500	87,500				25	3,500	87,500

12 - 10

商 品 有 高 帳

（移動平均法）　　品名　B 品　　　　　　　　　　　　単位：個

令和○年		摘　要	受　入			払　出			残　高		
			数量	単価	金額	数量	単価	金額	数量	単価	金額
9	1	前 月 繰 越	80	1,400	112,000				80	1,400	112,000
	7	福 島 商 店	40	1,430	57,200				120	1,410	169,200
	13	郡 山 商 店				50	1,410	70,500	70	1,410	98,700
	20	白 河 商 店	30	1,450	43,500				100	1,422	142,200
	26	会 津 商 店				60	1,422	85,320	40	1,422	56,880
	30	次 月 繰 越				40	1,422	56,880			
			150		212,700	150		212,700			
10	1	前 月 繰 越	40	1,422	56,880				40	1,422	56,880

B品の9月中の売上高	¥ 201,000
B品の9月中の売上原価	¥ 155,820

12-11

仕 入 帳

令和○年		摘　　　　要	内　訳	金　額
12	6	帯広商店　　　　　　　　掛け		
		A品　　400個　　@￥340	136,000	
		B品　　300〃　　〃〃250	75,000	211,000
	7	帯広商店　　　　　掛け返品		
		B品　　10個　　@￥250		2,500

売 上 帳

令和○年		摘　　　　要	内　訳	金　額
12	3	水戸商店　　　　　　　　掛け		
		B品　　100個　　@￥330		33,000
	9	高崎商店　　　　　　　小切手		
		A品　　280個　　@￥450	126,000	
		B品　　200〃　　〃〃320	64,000	190,000

(先入先出法)

商 品 有 高 帳

品名　B　品　　　　　　　　　　　　　　　　　　　単位：個

令和○年		摘　　　要	受　入 数量	単価	金　額	払　出 数量	単価	金　額	残　高 数量	単価	金　額
12	1	前 月 繰 越	180	230	41,400				180	230	41,400
	3	水 戸 商 店				100	230	23,000	80	230	18,400
	6	帯 広 商 店	300	250	75,000				{ 80	230	18,400
									300	250	75,000
	7	帯広商店返品				10	250	2,500	{ 80	230	18,400
									290	250	72,500
	9	高 崎 商 店				{ 80	230	18,400			
						120	250	30,000	170	250	42,500

12-12

a		1	b	￥	12,500
c	￥	23,500	d	￥	30,000

考え方

a．5月17日の払出欄の単価はまず前月繰越￥220のものを50個払い出し，残り50個については5月10日受け入れの￥250のものを払い出している。よって先に仕入れたものから先に払い出しているので先入先出法。

b．5月17日の残高は5月10日に受け入れた￥250のもの50個である。
　　￥250×50個＝￥12,500

c．5月中の売上原価は5月17日払出金額の合計
　　￥11,000＋￥12,500＝￥23,500

d．5月中の売上高は販売単価×5月中払出数量
　　￥300×100個＝￥30,000

12-13

a		2	b	￥	97,200
c	￥	114,800	d	￥	155,000

考え方

c．1月中の売上原価は払出欄から計算する。
　　￥44,000＋（￥236×300個）＝￥114,800

d．1月中の売上高は販売単価×1月中払出数量
　　￥310×500個＝￥155,000

12-14

(1)	仕　　　入	225,000	当 座 預 金	120,000
			買　掛　金	105,000
(2)	売 掛 金	760,000	売　　　上	760,000
	発 送 費	4,200	現　　　金	4,200
(3)	仕　　　入	467,000	買 掛 金	460,000
			現　　　金	7,000
(4)	買 掛 金	19,000	仕　　　入	19,000
(5)	売　　　上	2,000	売 掛 金	2,000
(6)	現　　　金	50,000	売　　　上	186,000
	売 掛 金	136,000		
(7)	当 座 預 金	100,000	売　　　上	420,000
	売 掛 金	320,000		

12-15

ア	¥	640	イ	400 本

考え方
ア. 移動平均法によって記帳しているので, 1/1の残高欄と 1/10の受入欄の数量と金額より単価を算出する。

$$\frac{¥60,000 + ¥260,000}{100本 + 400本} = ¥640$$

イ. 売り上げたのは, 1/15の八戸商店のみであるので, 100本 + 400本 − 300本 = 200本の200本に弘前商店の200本を加算して400本

12-16

a	¥	730,000		
b	ア ¥	120,000	イ ¥	180,000

考え方
a. A品とB品の前月繰越額を合算する。
A品(¥80,000 + ¥270,000) + B品(¥120,000 + ¥260,000) = ¥730,000

b.(ア) 先入先出法によって記帳しているので1/6 B品受入れの残高記録は末尾に記入される。よって,(ア)の残高は前月繰越額の¥120,000である。

(イ) @¥800のA品から先に払い出されるため, @¥900のA品の払出数量は600個 − 100個 = 500個となる。よって, 残高は @¥900 × (700個 − 500個) = ¥180,000

12-17

(1)
		仕 訳 帳			1

令和○年	摘 要	元丁	借 方	貸 方
1 1	前期繰越高	✓	5,300,000	5,300,000
8	(仕 入) 諸 口		740,000	
	(当座預金)			300,000
	(買 掛 金)			440,000
14	(売 掛 金)	4	600,000	
	(売 上)			600,000
16	(売 上)		30,000	
	(売 掛 金)	4		30,000
21	諸 口 (売 上)			350,000
	(現 金)		100,000	
	(売 掛 金)	4	250,000	
25	(現 金)		200,000	
	(売 掛 金)	4		200,000

＊勘定科目の（　）はなくてもよい。

総 勘 定 元 帳
売 掛 金　　　　4

令和○年	摘要	仕丁	借 方	令和○年	摘要	仕丁	貸 方
1 1	前期繰越	✓	440,000	1 16	売 上	1	30,000
14	売 上	1	600,000	25	現 金	〃	200,000
21	売 上	1	250,000				

(2)
売 上 帳　　　　1

令和○年	摘 要	内 訳	金 額
1 14	富山商店　　　　　掛け		
	A品　300個　@¥950	285,000	
	B品　420〃　〃¥750	315,000	600,000
16	富山商店　　　掛け返品		
	B品　40個　@¥750		30,000
21	福井商店　　小切手・掛け		
	C品　500個　@¥700		350,000
31	総売上高		950,000
〃	売上返品高		30,000
	純売上高		920,000

商 品 有 高 帳
品名　A　品　　　　　　単位：個

(移動平均法)											
令和○年	摘 要	受 入			払 出			残 高			
		数量	単価	金 額	数量	単価	金 額	数量	単価	金 額	
1 1	前月繰越	100	820	82,000				100	820	82,000	
8	石川商店	400	800	320,000				500	804	402,000	
14	富山商店				300	804	241,200	200	804	160,800	
31	次月繰越				200	804	160,800				
		500		402,000	500		402,000				

考え方
1/8 残高欄平均単価
$$\frac{¥82,000 + ¥320,000}{100個 + 400個} = ¥804$$

13-1

7/ 4	売 掛 金	200,000	売 上	200,000
28	現 金	75,000	売 掛 金	75,000

売 掛 金　　　4

7/ 4	売 上	200,000	7/28	現 金	75,000

売 掛 金 元 帳
横 浜 商 店　　　1

令和○年	摘 要	借 方	貸 方	借または貸	残 高
7	4	売 り 上 げ	200,000		借	200,000
	28	回　　収		75,000	〃	125,000
	31	次 月 繰 越		125,000		
			200,000	200,000		

13-2

7/ 7	売 掛 金	90,000	売 上	90,000
10	売 掛 金	100,000	売 上	100,000
15	売 上	10,000	売 掛 金	10,000
28	現 金	200,000	売 掛 金	200,000
29	現 金	72,000	売 掛 金	72,000

売 掛 金　　　4

7/ 1	前期繰越	340,000	7/15	売 上	10,000
7	売 上	90,000	28	現 金	200,000
10	売 上	100,000	29	現 金	72,000

売 掛 金 元 帳
倉 吉 商 店　　　1

令和○年	摘 要	借 方	貸 方	借または貸	残 高
7	1	前 月 繰 越	340,000		借	340,000
	7	売 り 上 げ	90,000		〃	430,000
	28	回　　収		200,000	〃	230,000
	31	次 月 繰 越		230,000		
			430,000	430,000		
8	1	前 月 繰 越	230,000		借	230,000

米 子 商 店　　　2

7	10	売 り 上 げ	100,000		借	100,000
	15	売 上 返 品		10,000	〃	90,000
	29	回　　収		72,000	〃	18,000
	31	次 月 繰 越		18,000		
			100,000	100,000		
8	1	前 月 繰 越	18,000		借	18,000

13-3

仕 訳 帳　　　1

令和○年	摘 要	元丁	借 方	貸 方
9	17	(仕 入)		420,000	
		(買 掛 金)	8		420,000
		琴平商店から仕入れ			
	18	(買 掛 金)	8	9,000	
		(仕 入)			9,000
		琴平商店から値引き			
	30	(買 掛 金)	8	200,000	
		(当座預金)			200,000
		讃岐商店に小切手振り出し			

買 掛 金　　　8

9/18	仕 入	9,000	9/ 1	前期繰越	300,000
30	当座預金	200,000	17	仕 入	420,000

買 掛 金 元 帳
讃 岐 商 店　　　1

令和○年	摘 要	借 方	貸 方	借または貸	残 高
9	1	前 月 繰 越		300,000	貸	300,000
	30	支 払 い	200,000		〃	100,000
	〃	次 月 繰 越	100,000			
			300,000	300,000		
10	1	前 月 繰 越		100,000	貸	100,000

琴 平 商 店　　　2

9	17	仕 入 れ		420,000	貸	420,000
	18	仕 入 値 引	9,000		〃	411,000
	30	次 月 繰 越	411,000			
			420,000	420,000		
10	1	前 月 繰 越		411,000	貸	411,000

13-4

(1)	貸 倒 損 失	80,000	売 掛 金	80,000
(2)	貸 倒 損 失	140,000	売 掛 金	140,000

13-5

売　上　帳　　1

令和○年		摘　　要		内　訳	金　額
1	9	大津商店	現金・掛け		
		A品　300個	@￥500	150,000	
		B品　240〃	〃￥750	180,000	330,000
	17	宇治商店	掛　け		
		B品　100個	@￥750		75,000
	18	宇治商店	掛け返品		
		B品　20個	@￥750		15,000
	31		総売上高		405,000
	〃		売上返品高		15,000
			純売上高		390,000

売　掛　金　元　帳
宇　治　商　店　　2

1/1	150,000	1/18	15,000
17	75,000	31	210,000
	225,000		225,000

商　品　有　高　帳
品名　A　品　　　　　単位：個

(先入先出法)

令和○年		摘　要	受　入			払　出			残　高		
			数量	単価	金額	数量	単価	金額	数量	単価	金額
1	1	前月繰越	200	380	76,000				200	380	76,000
	5	福山商店	500	400	200,000				{ 200	380	76,000
									{ 500	400	200,000
	9	大津商店				{ 200	380	76,000			
						{ 100	400	40,000	400	400	160,000
	31	次月繰越				400	400	160,000			
			700		276,000	700		276,000			

13-6

(1)

仕　訳　帳　　1

令和○年		摘　　要	元丁	借　方	貸　方
1	1	前期繰越高	✓	6,179,000	6,179,000
	4	（売　掛　金）	3	540,000	
		（売　　上）	10		540,000
	12	（買　掛　金）	7	420,000	
		（現　　金）	1		420,000
	14	（当座預金）	2	270,000	
		（売　掛　金）	3		270,000
	17	（売　掛　金）	3	1,035,000	
		（売　　上）	10		1,035,000
	18	（売　　上）	10	120,000	
		（売　掛　金）	3		120,000
	20	（仕　　入）	12	680,000	
		（買　掛　金）	7		680,000
	25	（買　掛　金）	7	490,000	
		（当座預金）	2		490,000
	27	（現　　金）	1	789,000	
		（売　掛　金）	3		789,000
	28	（仕　　入）　　諸　口	12	213,000	
		（買　掛　金）	7		210,000
		（現　　金）	1		3,000

＊勘定科目の（　　　）はなくてもよい。

総　勘　定　元　帳
現　　金　　1

1/1	719,000	1/12	420,000
27	789,000	28	3,000

当　座　預　金　　2

1/1	1,539,000	1/25	490,000
14	270,000		

売　掛　金　　3

1/1	1,464,000	1/14	270,000
4	540,000	18	120,000
17	1,035,000	27	789,000

買　掛　金　　7

1/12	420,000	1/1	910,000
25	490,000	20	680,000
		28	210,000

売　　上　　10

1/18	120,000	1/4	540,000
		17	1,035,000

仕　　入　　12

1/20	680,000		
28	213,000		

(2)

買 掛 金 元 帳

神 奈 川 商 店			1
1/12	*420,000*	1/ 1	*420,000*
31	*210,000*	28	*210,000*
	630,000		*630,000*

埼 玉 商 店			2
1/25	*490,000*	1/ 1	*490,000*
31	*680,000*	20	*680,000*
	1,170,000		*1,170,000*

13 - 7

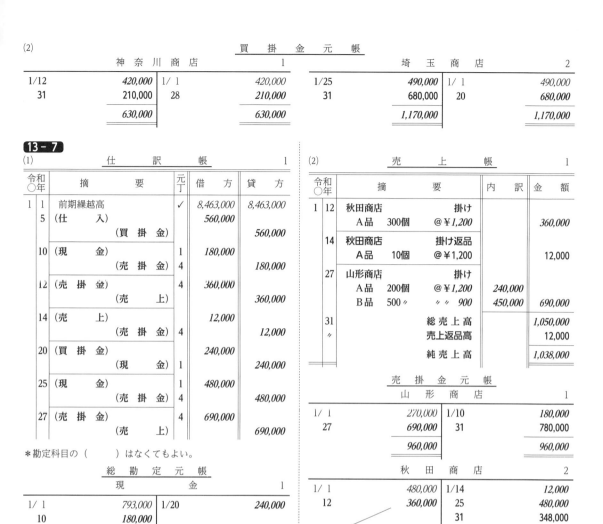

(1)

仕 訳 帳　　1

令和 ○年	摘　　　要	元丁	借　方	貸　方
1 1	前期繰越高	✓	*8,463,000*	*8,463,000*
5	（仕　　　入）		*560,000*	
	（買 掛 金）			*560,000*
10	（現　　　金）	1	*180,000*	
	（売 掛 金）	4		*180,000*
12	（売 掛 金）	4	*360,000*	
	（売　　　上）			*360,000*
14	（売　　　上）		*12,000*	
	（売 掛 金）	4		*12,000*
20	（買 掛 金）		*240,000*	
	（現　　　金）	1		*240,000*
25	（現　　　金）	1	*480,000*	
	（売 掛 金）	4		*480,000*
27	（売 掛 金）	4	*690,000*	
	（売　　　上）			*690,000*

＊勘定科目の（　　）はなくてもよい。

総 勘 定 元 帳

現　　　金			1
1/ 1	*793,000*	1/20	*240,000*
10	*180,000*		
25	*480,000*		

売　　掛　　金			4
1/ 1	*750,000*	1/10	*180,000*
12	*360,000*	14	*12,000*
27	*690,000*	25	*480,000*

(2)

売 上 帳　　1

令和 ○年	摘　　　要		内　訳	金　額
1 12	秋田商店	掛け		
	A品 300個 @￥1,200			*360,000*
14	秋田商店	掛け返品		
	A品 10個 @￥1,200			*12,000*
27	山形商店	掛け		
	A品 200個 @￥1,200		*240,000*	
	B品 500〃 〃〃 900		*450,000*	*690,000*
31	総 売 上 高			*1,050,000*
〃	売上返品高			*12,000*
	純 売 上 高			*1,038,000*

売 掛 金 元 帳

山 形 商 店			1
1/ 1	*270,000*	1/10	*180,000*
27	*690,000*	31	*780,000*
	960,000		*960,000*

秋 田 商 店			2
1/ 1	*480,000*	1/14	*12,000*
12	*360,000*	25	*480,000*
		31	*348,000*
	840,000		*840,000*

14-1

(1)	前 払 金	50,000	当座預金	50,000
(2)	現　　　金	30,000	前 受 金	30,000

14-2

(1)	鳥取商店	前 払 金	90,000	現　　　金	90,000
	倉吉商店	現　　　金	90,000	前 受 金	90,000
(2)	鳥取商店	仕　　　入	450,000	前 払 金	90,000
				買 掛 金	360,000
	倉吉商店	前 受 金	90,000	売　　　上	450,000
		売 掛 金	360,000		

14-3

(1)	備　　　品	380,000	現　　　金	150,000
			未 払 金	230,000
(2)	未 払 金	270,000	現　　　金	270,000
(3)	未 収 金 (未収入金)	2,000	雑　　　益	2,000
(4)	現　　　金	2,000	未 収 金	2,000

14-4

(1)	現　　　金	380,000	借 入 金	380,000
(2)	借 入 金	380,000	当座預金	386,000
	支 払 利 息	6,000		

14-5

(1)	貸 付 金	250,000	現　　　金	250,000
(2)	当座預金	253,000	貸 付 金	250,000
			受 取 利 息	3,000

14-6

(1)	手形貸付金	700,000	現　　　金	700,000
(2)	現　　　金	705,000	手形貸付金	700,000
			受 取 利 息	5,000
(3)	当座預金	370,000	手形借入金	370,000
(4)	手形借入金	370,000	当座預金	372,300
	支 払 利 息	2,300		

14-7

(1)	a	従業員立替金	50,000	現　　　金	50,000
	b	給　　　料	210,000	従業員立替金	50,000
				現　　　金	160,000
(2)	a	給　　　料	250,000	従業員預り金	5,000
				所得税預り金	12,500
				現　　　金	232,500
	b	従業員預り金	20,000	現　　　金	20,000
	c	所得税預り金	12,500	現　　　金	12,500

14-8

(1)	仮 払 金	80,000	現　　　金	80,000
(2)	仮 払 金	90,000	現　　　金	90,000
(3)	当座預金	480,000	仮 受 金	480,000
(4)	旅　　　費	79,000	仮 払 金	90,000
	現　　　金	11,000		
(5)	仮 受 金	480,000	売 掛 金	480,000
(6)	仮 受 金	176,000	前 受 金	176,000

14-9

(1)	現　　　金	30,000	前 受 金	30,000
(2)	前 受 金	100,000	売　　　上	350,000
	売 掛 金	250,000		
(3)	前 払 金	90,000	当座預金	90,000
(4)	仕　　　入	300,000	前 払 金	60,000
			買 掛 金	240,000

14-10

(1)	備　　　品	300,000	未 払 金	300,000
(2)	未 払 金	200,000	当座預金	200,000
(3)	現　　　金	800,000	借 入 金	800,000
(4)	借 入 金	400,000	現　　　金	406,000
	支 払 利 息	6,000		
(5)	貸 付 金	800,000	現　　　金	800,000
(6)	現　　　金	721,000	貸 付 金	700,000
			受 取 利 息	21,000

14-11

(1)	従業員立替金	50,000	現　　　金	50,000
(2)	給　　　料	610,000	所得税預り金	48,000
			現　　　金	562,000
(3)	給　　　料	790,000	所得税預り金	47,000
			従業員立替金	50,000
			現　　　金	693,000
(4)	所得税預り金	72,000	現　　　金	72,000

14-12

(1)	当座預金	70,000	仮 受 金	70,000
(2)	仮 受 金	280,000	売 掛 金	280,000
(3)	旅　　　費	52,000	仮 払 金	53,000
	現　　　金	1,000		
(4)	仮 払 金	97,000	現　　　金	97,000

15−1

(1)	備 品	240,000	当 座 預 金	240,000
(2)	備 品	480,000	未 払 金	480,000
(3)	車両運搬具	1,850,000	当 座 預 金	850,000
			未 払 金	1,000,000
(4)	土 地	66,900,000	当 座 預 金	66,900,000

15−2

(1)	土 地	10,350,000	当 座 預 金	5,350,000
			未 払 金	5,000,000
(2)	備 品	280,000	当 座 預 金	130,000
			未 払 金	150,000
(3)	土 地	860,000	現 金	860,000
(4)	建 物	4,110,000	当 座 預 金	4,110,000
(5)	現 金	2,000,000	土 地	3,600,000
	未 収 金 (未 収 入 金)	2,300,000	固定資産売却益	700,000
(6)	当 座 預 金	3,200,000	建 物	4,000,000
	固定資産売却損	800,000		

考え方
(5) 売却益の金額 ¥4,300,000−¥3,600,000＝¥700,000
(6) 売却損の金額 ¥3,200,000−¥4,000,000＝−¥800,000

15−3

4/ 5	土 地	13,000,000	当 座 預 金	10,000,000
			未 払 金	2,000,000
			現 金	1,000,000
7/12	当 座 預 金	3,500,000	土 地	6,500,000
	未 収 金 (未 収 入 金)	3,500,000	固定資産売却益	500,000

土　　　　地

1/ 1 前 期 繰 越	10,000,000	7/12 諸　　　口	6,500,000
4/ 5 諸　　　口	13,000,000	12/31 次 期 繰 越	16,500,000
	23,000,000		23,000,000
1/ 1 前 期 繰 越	16,500,000		

固 定 資 産 売 却 益

12/31 損　　益	500,000	7/12 諸　　　口	500,000

15−4

(1)	備 品	188,200	未 払 金	180,000
			現 金	8,200
(2)	建 物	370,000	当 座 預 金	370,000
(3)	土 地	640,000	現 金	640,000
(4)	備 品	604,500	当 座 預 金	604,500

注意 固定資産を取得した場合には，その代金のほか，使用可能な状態にするまでの経費はその固定資産勘定の借方に記入する。

15−5

(1)	備 品	358,000	当 座 預 金	358,000
(2)	備 品	260,000	当 座 預 金	100,000
			未 払 金	160,000
(3)	建 物	4,790,000	当 座 預 金	4,500,000
			現 金	290,000
(4)	土 地	5,480,000	当 座 預 金	5,480,000

16 − 1

(1)	支 払 家 賃	120,000	当 座 預 金	120,000
(2)	保 険 料	72,000	当 座 預 金	72,000
(3)	売 掛 金	180,000	売 上	180,000
	発 送 費	4,800	現 金	4,800
(4)	消 耗 品 費	1,700	現 金	1,700
(5)	広 告 料	58,000	現 金	58,000
(6)	水 道 光 熱 費	6,900	当 座 預 金	6,900
(7)	通 信 費	2,400	現 金	2,400
(8)	雑 費	4,800	現 金	4,800
(9)	修 繕 費	300,000	未 払 金	300,000

16 − 2

9/18	販売費及び一般管理費	2,100	現 金	2,100
25	販売費及び一般管理費	17,600	当 座 預 金	17,600
30	販売費及び一般管理費	80,000	当 座 預 金	80,000

販 売 費 及 び 一 般 管 理 費

9/18 現 金	2,100	
25 当 座 預 金	17,600	
30 当 座 預 金	80,000	

販 売 費 及 び 一 般 管 理 費 元 帳

消 耗 品 費　　　　6

令和〇年	摘 要	仕丁	借 方	貸 方	借または貸	残 高
9 18	帳簿・筆記用具など		2,100		借	2,100

水 道 光 熱 費　　　　7

9 25	本月分電気料金		17,600		借	17,600

支 払 家 賃　　　　8

9 30	９月分家賃		80,000		借	80,000

16 − 3

(1)	水 道 光 熱 費	2,000	現 金	2,000
(2)	通 信 費	39,000	普 通 預 金	39,000
(3)	保 険 料	78,000	現 金	78,000
(4)	広 告 料	79,000	現 金	79,000
(5)	通 信 費	20,000	現 金	20,000

17 − 1

1/ 1	現 金	500,000	資 本 金	2,500,000
	建 物	2,000,000		
3/10	資 本 金	7,000	仕 入	7,000
10/ 7	現 金	1,000,000	資 本 金	1,000,000
12/31	損 益	30,000	資 本 金	30,000

資 本 金

3/10 仕 入	7,000	1/ 1 諸 口	2,500,000
12/31 次 期 繰 越	3,523,000	10/ 7 現 金	1,000,000
		12/31 損 益	30,000
	3,530,000		3,530,000
		1/ 1 前 期 繰 越	3,523,000

17 − 2

12/ 5	引 出 金	62,000	現 金	62,000
15	引 出 金	3,600	仕 入	3,600
31	資 本 金	65,600	引 出 金	65,600
〃	損 益	200,000	資 本 金	200,000

引 出 金

12/ 5 現 金	62,000	12/31 資 本 金	65,600
15 仕 入	3,600		
	65,600		65,600

資 本 金

12/31 引 出 金	65,600	1/ 1 前 期 繰 越	1,000,000
〃 次 期 繰 越	1,134,400	12/31 損 益	200,000
	1,200,000		1,200,000
		1/ 1 前 期 繰 越	1,134,400

17 − 3

(1)	現 金	1,200,000	資 本 金	1,200,000

1

(1)	現　　金	630,000	売 掛 金	630,000
(2)	現　　金	150,000	売　　上	290,000
	売 掛 金	140,000		
(3)	当 座 預 金	100,000	売 掛 金	100,000
(4)	小 口 現 金	30,000	当 座 預 金	30,000
(5)	通 信 費	9,350	小 口 現 金	17,150
	交 通 費	7,800		
	小 口 現 金	17,150	当 座 預 金	17,150
	または　通 信 費 9,350　当座預金 17,150			
	交 通 費 7,800			
(6)	仕　　入	646,300	買 掛 金	640,000
			現　　金	6,300
(7)	買 掛 金	60,000	仕　　入	60,000
(8)	売 掛 金	480,000	売　　上	480,000
	発 送 費	4,280	現　　金	4,280
(9)	売　　上	12,000	売 掛 金	12,000
(10)	備　　品	250,000	現　　金	30,000
			未 払 金	220,000

2

(1)	前 払 金	130,000	当 座 預 金	130,000
(2)	貸 付 金	700,000	現　　金	700,000
(3)	給　　料	330,000	従業員預り金	15,000
			所得税預り金	33,000
			現　　金	282,000
(4)	所得税預り金	57,000	現　　金	57,000
(5)	仮 受 金	90,000	前 受 金	90,000
(6)	旅　　費	48,500	仮 払 金	60,000
	現　　金	11,500		
(7)	備　　品	615,000	現　　金	415,000
			未 払 金	200,000
(8)	土　　地	10,500,000	当 座 預 金	10,500,000
(9)	消 耗 品 費	1,200	現　　金	3,600
	雑　　費	2,400		
(10)	交 通 費	4,000	現　　金	4,000

3

仕　　入　　帳　　　　　1

令和○年	摘　　要	内　訳	金　額
1 10	岩手商店　　　　　　掛け		
	A品　500個　@¥400	200,000	
	B品　600〃　〃〃450	270,000	470,000
12	岩手商店　　　掛け返品		
	A品　15個　@¥400		6,000
26	山形商店　　小切手・掛け		
	C品　900個　@¥500		450,000
31〃	総 仕 入 高		920,000
	仕入返品高		6,000
	純 仕 入 高		914,000

買 掛 金 元 帳

岩 手 商 店　　　　　1

1/12	6,000	1/ 1	140,000
31	604,000	10	470,000
	610,000		610,000

山 形 商 店　　　　　2

1/30	130,000	1/ 1	270,000
31	290,000	26	150,000
	420,000		420,000

⑱ 商品に関する決算整理　▷p.92〜

18-1

	期首商品棚卸高	純仕入高	期末商品棚卸高	売上原価	純売上高	商品売買益	販売費及び一般管理費	純損益
1	190,000	1,080,000	242,500	1,027,500	1,564,000	536,500	240,900	295,600
2	270,000	770,000	337,400	702,600	956,600	254,000	297,000	−43,000
3	406,000	612,000	136,000	882,000	1,220,000	338,000	163,800	174,200

考え方
1. 売上原価　¥190,000＋¥1,080,000−¥242,500
　　　　　　　＝¥1,027,500
　商品売買益　¥1,564,000−¥1,027,500＝¥536,500
　純損益　¥536,500−¥240,900＝¥295,600
2. 売上原価　¥270,000＋¥770,000−¥337,400＝¥702,600
　商品売買益　¥956,600−¥702,600＝¥254,000
　純損益　¥254,000−¥297,000＝−¥43,000
3. 期首商品棚卸高
　　¥882,000＋¥136,000−¥612,000＝¥406,000
　商品売買益　¥1,220,000−¥882,000＝¥338,000
　純損益　¥338,000−¥163,800＝¥174,200

18-2

12/31	仕　入	165,000	繰越商品	165,000
〃	繰越商品	180,000	仕　入	180,000
〃	売　上	990,000	損　益	990,000
〃	損　益	745,000	仕　入	745,000

繰越商品

1/1 前期繰越	165,000	12/31 仕　入	165,000
12/31 仕　入	180,000	〃 次期繰越	180,000
	345,000		345,000
1/1 前期繰越	180,000		

売上

12/31 損　益	990,000		990,000

仕入

	760,000	12/31 繰越商品	180,000
12/31 繰越商品	165,000	〃 損　益	745,000
	925,000		925,000

損益

12/31 仕　入	745,000	12/31 売　上	990,000

考え方
　売上原価　¥165,000＋¥760,000−¥180,000＝¥745,000

18-3

12/31	仕　入	39,000	繰越商品	39,000
〃	繰越商品	53,000	仕　入	53,000
〃	売　上	376,900	損　益	376,900
〃	損　益	246,700	仕　入	246,700

繰越商品

	39,000	12/31 仕　入	39,000
12/31 仕　入	53,000	〃 次期繰越	53,000
	92,000		92,000
1/1 前期繰越	53,000		

売上

	9,700		394,000
	7,400		
12/31 損　益	376,900		
	394,000		394,000

仕入

	280,000		13,000
			6,300
12/31 繰越商品	39,000	12/31 繰越商品	53,000
		〃 損　益	246,700
	319,000		319,000

損益

12/31 仕　入	246,700	12/31 売　上	376,900

考え方
　純仕入高　¥280,000−¥13,000−¥6,300＝¥260,700
　売上原価　¥39,000＋¥260,700−¥53,000＝¥246,700
　純売上高　¥394,000−¥9,700−¥7,400＝¥376,900

(1)

12/31	仕　　　　入	64,000	繰 越 商 品	64,000
	繰 越 商 品	82,000	仕　　　　入	82,000
	売　　　　上	4,938,000	損　　　　益	4,938,000
	損　　　　益	3,506,000	仕　　　　入	3,506,000

繰　越　商　品

1/ 1	前 期 繰 越	64,000	12/31	仕　　　　入	64,000
12/31	仕　　　　入	82,000	〃	次 期 繰 越	82,000
		146,000			146,000
1/ 1	前 期 繰 越	82,000			

売　　　　上

1/1~11/30		120,000	1/1~11/30		4,662,000
12/31		10,000	12/31		406,000
〃	損　　益	4,938,000			
		5,068,000			5,068,000

仕　　　　入

1/1~11/30		3,402,000	1/1~11/30		194,000
12/31		336,000	12/31		20,000
〃	繰 越 商 品	64,000	〃	繰 越 商 品	82,000
			〃	損　　益	3,506,000
		3,802,000			3,803,000

損　　　　益

12/31	仕　　　　入	3,506,000	12/31	売　　　上	4,938,000

(2) | 商品売買益 | ¥ 1,432,000 |

考え方
　商品売買益　¥4,938,000 − ¥3,506,000 = ¥1,432,000

12/31	仕　　　　入	59,000	繰 越 商 品	59,000
	繰 越 商 品	61,000	仕　　　　入	61,000
	売　　　　上	588,000	損　　　　益	588,000
	損　　　　益	505,450	仕　　　　入	505,450

繰　越　商　品

1/ 1	前 期 繰 越	59,000	12/31	仕　　　　入	59,000
12/31	仕　　　　入	61,000	〃	次 期 繰 越	61,000
		120,000			120,000
1/ 1	前 期 繰 越	61,000			

売　　　　上

1/1~11/30		24,000	1/1~11/30		522,000
12/20	売 掛 金	9,000	12/15	現　　　金	36,000
31	損　　益	588,000	18	売 掛 金	27,000
			30	現　　　金	36,000
		621,000			621,000

仕　　　　入

1/1~11/30		447,000	1/1~11/30		17,000
12/10	諸　　　口	39,000	12/11	買 掛 金	4,300
27	買 掛 金	45,000	29	買 掛 金	2,250
31	繰 越 商 品	59,000	31	繰 越 商 品	61,000
			〃	損　　益	505,450
		590,000			590,000

損　　　　益

12/31	仕　　　　入	505,450	12/31	売　　　上	588,000

考え方
　純仕入高　（¥447,000＋¥39,000＋¥45,000）
　　　　　　−（¥17,000＋¥4,300＋¥2,250）＝¥507,450
　売上原価　¥59,000＋¥507,450−¥61,000＝¥505,450
　純売上高　（¥522,000＋¥36,000＋¥27,000＋¥36,000）
　　　　　　−（¥24,000＋¥9,000）＝¥588,000

19 - 1

| 貸倒引当金繰入 | 8,000 | 貸倒引当金 | 8,000 |

貸 倒 引 当 金

12/31 次 期 繰 越	18,000		10,000
		12/31 貸倒引当金繰入	8,000
	18,000		18,000
		1/ 1 前 期 繰 越	18,000

考え方
　¥600,000×3％−¥10,000＝¥8,000

19 - 2

6/ 8	貸倒引当金	42,000	売 掛 金	42,000
12/31	貸倒引当金繰入	67,000	貸倒引当金	67,000
7/15	貸倒引当金	105,000	売 掛 金	120,000
	貸 倒 損 失	15,000		

貸 倒 引 当 金

6/ 8 売 掛 金	42,000	1/ 1 前 期 繰 越	80,000
12/31 次 期 繰 越	105,000	12/31 貸倒引当金繰入	67,000
	147,000		147,000
7/15 売 掛 金	105,000	1/ 1 前 期 繰 越	105,000

考え方
　12/31　¥2,100,000×5％−¥38,000＝¥67,000
　7/15　貸倒損失　¥120,000−¥105,000＝¥15,000

19 - 3

| 貸倒引当金 | 2,000 | 貸倒引当金戻入 | 2,000 |

考え方
　¥220,000×5％＝¥11,000
　貸倒引当金戻入　¥13,000−¥11,000＝¥2,000

19 - 4

(1)	貸 倒 損 失	76,000	売 掛 金	76,000
(2)	貸倒引当金	76,000	売 掛 金	76,000
(3)	貸倒引当金	70,000	売 掛 金	76,000
	貸 倒 損 失	6,000		

考え方
　(3)　貸倒損失　¥76,000−¥70,000＝¥6,000

19 - 5

(1)	貸倒引当金	76,000	売 掛 金	76,000
(2)	貸倒引当金	26,000	売 掛 金	45,000
	貸 倒 損 失	19,000		

20 - 1

| 計算式 | $\dfrac{¥400,000-¥0}{10年}=¥40,000$ | |
| | | 毎期の減価償却費 ¥　40,000 |

考え方
　残存価額を¥0とする。

20 - 2

1/10	備　　品	250,000	当 座 預 金	250,000
12/31	減価償却費	45,000	備　　品	45,000
〃	損　　益	45,000	減価償却費	45,000

備　　　　　品

1/10 当 座 預 金	250,000	12/31 減価償却費	45,000
		〃 次 期 繰 越	205,000
	250,000		250,000
1/ 1 前 期 繰 越	205,000		

減 価 償 却 費

| 12/31 備　　品 | 45,000 | 12/31 損　　益 | 45,000 |

考え方
　12/31　毎期の減価償却費
　　　　$\dfrac{¥250,000-¥250,000×0.1}{5年}=¥45,000$

　直接法では，減価償却費の額を直接，固定資産の帳簿価額から減らす。

㉑ 精算表(2)— 8けた精算表 — ▷p.100〜

21-1

a	仕 入	730,000	繰越商品	730,000
	繰越商品	930,000	仕 入	930,000
b	貸倒引当金繰入	50,000	貸倒引当金	50,000
c	減価償却費	180,000	備 品	180,000

精 算 表
令和○年12月31日

勘定科目	残高試算表 借方	残高試算表 貸方	整理記入 借方	整理記入 貸方	損益計算書 借方	損益計算書 貸方	貸借対照表 借方	貸借対照表 貸方
現 金	280,000						280,000	
当 座 預 金	760,000						760,000	
売 掛 金	1,100,000						1,100,000	
貸 倒 引 当 金		5,000		50,000				55,000
繰 越 商 品	730,000		930,000	730,000			930,000	
備 品	820,000			180,000			640,000	
買 掛 金		720,000						720,000
前 受 金		100,000						100,000
資 本 金		2,400,000						2,400,000
売 上		8,100,000				8,100,000		
受 取 手 数 料		65,000				65,000		
仕 入	5,700,000		730,000	930,000	5,500,000			
給 料	1,080,000				1,080,000			
支 払 家 賃	840,000				840,000			
通 信 費	72,000				72,000			
雑 費	8,000				8,000			
	11,390,000	11,390,000						
貸倒引当金繰入			50,000		50,000			
減 価 償 却 費			180,000		180,000			
当期純(利益)					435,000			435,000
			1,890,000	1,890,000	8,165,000	8,165,000	3,710,000	3,710,000

考え方
a. 期首商品棚卸高の金額
  残高試算表欄の繰越商品の金額→¥730,000
b. 貸倒見積高 ¥1,100,000×5％−¥5,000＝¥50,000
c. 備品勘定の残高 ¥820,000−¥180,000＝¥640,000

— 35 —

21 - 2

a	仕　　　入	105,000	繰 越 商 品	105,000
	繰 越 商 品	136,000	仕　　　入	136,000
b	貸倒引当金繰入	5,000	貸倒引当金	5,000
c	減価償却費	18,000	備　　　品	18,000

精　算　表

令和○年12月31日

勘定科目	残高試算表 借方	残高試算表 貸方	整理記入 借方	整理記入 貸方	損益計算書 借方	損益計算書 貸方	貸借対照表 借方	貸借対照表 貸方
現　　　　金	215,000						215,000	
当 座 預 金	365,000						365,000	
売 　掛　 金	400,000						400,000	
貸 倒 引 当 金		11,000		5,000				16,000
繰 越 商 品	105,000		136,000	105,000			136,000	
備 　　　品	400,000			18,000			382,000	
買 　掛　 金		400,000						400,000
借 　入　 金		488,000						488,000
資 　本　 金		500,000						500,000
売 　　　上		1,849,000				1,849,000		
受 取 手 数 料		45,000				45,000		
仕 　　　入	1,513,000		105,000	136,000	1,482,000			
給 　　　料	207,000				207,000			
広 　告　 料	58,000				58,000			
支 払 利 息	30,000				30,000			
	3,293,000	3,293,000						
貸倒引当金繰入			5,000		5,000			
減 価 償 却 費			18,000		18,000			
当 期 純 利 益					94,000			94,000
			264,000	264,000	1,894,000	1,894,000	1,498,000	1,498,000

考え方
　b．貸倒見積高　¥400,000×4％−¥11,000＝¥5,000
　c．備品勘定の残高　¥400,000−¥18,000＝¥382,000

注意　あらたに生じた勘定科目については，勘定科目欄に追加し
　　　て金額を記入する。

21 - 3

(1)

	借方		貸方	
a	仕　　　入	920,000	繰越商品	920,000
	繰越商品	950,000	仕　　　入	950,000
b	貸倒引当金繰入	102,000	貸倒引当金	102,000
c	減価償却費	54,000	備　　　品	54,000

(2)

精　算　表

令和○年12月31日

勘定科目	残高試算表 借方	残高試算表 貸方	整理記入 借方	整理記入 貸方	損益計算書 借方	損益計算書 貸方	貸借対照表 借方	貸借対照表 貸方
現　　金	375,000						375,000	
当座預金	2,830,000						2,830,000	
売　掛　金	2,980,000						2,980,000	
貸倒引当金		47,000		102,000				149,000
繰越商品	920,000		950,000	920,000			950,000	
備　　品	372,000			54,000			318,000	
買　掛　金		2,040,000						2,040,000
借　入　金		550,000						550,000
資　本　金		4,000,000						4,000,000
売　　上		8,760,000				8,760,000		
受取手数料		139,000				139,000		
仕　　入	6,236,000		920,000	950,000	6,206,000			
給　　料	1,210,000				1,210,000			
支払家賃	360,000				360,000			
消耗品費	118,000				118,000			
雑　　費	78,000				78,000			
支払利息	57,000				57,000			
	15,536,000	15,536,000						
貸倒引当金繰入			102,000		102,000			
減価償却費			54,000		54,000			
当期純利益					714,000			714,000
			2,026,000	2,026,000	8,899,000	8,899,000	7,453,000	7,453,000

(3)

繰越商品			5
1/ 1 前期繰越	920,000	12/31 仕　　入	920,000
12/31 仕　　入	950,000	〃　次期繰越	950,000
	1,870,000		1,870,000

資本金			9
12/31 次期繰越	4,714,000	1/ 1 前期繰越	4,000,000
		12/31 損　　益	714,000
	4,714,000		4,714,000

受取手数料			11
12/31 損　　益	139,000	10/ 2 現　　金	90,000
		11/15 現　　金	49,000
	139,000		139,000

支払家賃			14
1/20 当座預金	180,000	12/31 損　　益	360,000
7/20 現　　金	180,000		
	360,000		360,000

考え方

b．貸倒見積高

$¥2,980,000 × 5\% - ¥47,000 = ¥102,000$

c．備品減価償却高

$$\frac{¥480,000 - ¥480,000 × 0.1}{8年} = ¥54,000$$

21 - 4

(1)
精　算　表
令和○年12月31日

勘定科目	残高試算表 借方	残高試算表 貸方	整理記入 借方	整理記入 貸方	損益計算書 借方	損益計算書 貸方	貸借対照表 借方	貸借対照表 貸方
現　　　　金	451,000						451,000	
当 座 預 金	1,242,000						1,242,000	
売 　掛　 金	1,500,000						1,500,000	
貸 倒 引 当 金		6,000		24,000				30,000
繰 越 商 品	594,000		648,000	594,000			648,000	
前 　払　 金	300,000						300,000	
備　　　　品	840,000			210,000			630,000	
買 　掛　 金		972,000						972,000
資 　本　 金		3,150,000						3,150,000
売　　　　上		9,450,000				9,450,000		
受 取 手 数 料		89,000				89,000		
仕 　　　入	6,858,000		594,000	648,000	6,804,000			
給 　　　料	1,080,000				1,080,000			
支 払 家 賃	720,000				720,000			
消 耗 品 費	64,000				64,000			
雑 　　　費	18,000				18,000			
	13,667,000	13,667,000						
貸倒引当金繰入			24,000		24,000			
減 価 償 却 費			210,000		210,000			
当 期 純 利 益					619,000			619,000
			1,476,000	1,476,000	9,539,000	9,539,000	4,771,000	4,771,000

(2)
```
            貸 倒 引 当 金              4
6/ 6 売 掛 金   20,000 | 1/ 1 前期繰越   26,000
12/31 次期繰越  30,000 | 12/31 貸倒引当金繰入 24,000
               50,000 |              50,000
```

考え方
(1) 〔決算整理仕訳〕
　a. 仕　　　入 594,000　繰越商品 594,000
　　繰越商品 648,000　仕　　　入 648,000
　b. 貸倒引当金繰入 24,000　貸倒引当金 24,000
　　　¥1,500,000×2％−¥6,000＝¥24,000
　c. 減価償却費 210,000　備　　　品 210,000
　　　$\frac{¥1,260,000−¥0}{6年}$＝¥210,000
(2) 決算整理仕訳bを転記して締め切る。

(1)

精 算 表
令和○年12月31日

勘定科目	残高試算表 借方	残高試算表 貸方	整理記入 借方	整理記入 貸方	損益計算書 借方	損益計算書 貸方	貸借対照表 借方	貸借対照表 貸方
現　　　　金	730,000						730,000	
当 座 預 金	1,676,000						1,676,000	
売 　掛　 金	2,300,000						2,300,000	
貸 倒 引 当 金		6,000		40,000				46,000
繰 越 商 品	690,000		730,000	690,000			730,000	
備　　　　品	750,000			150,000			600,000	
買 　掛　 金		1,392,000						1,392,000
前 　受　 金		360,000						360,000
資 　本　 金		4,000,000						4,000,000
売　　　　上		9,400,000				9,400,000		
受 取 手 数 料		32,000				32,000		
仕　　　　入	6,554,000		690,000	730,000	6,514,000			
給　　　　料	1,386,000				1,386,000			
支 払 家 賃	816,000				816,000			
水 道 光 熱 費	247,000				247,000			
雑　　　　費	41,000				41,000			
	15,190,000	15,190,000						
貸倒引当金繰入			40,000		40,000			
減 価 償 却 費			150,000		150,000			
当 期 純 利 益					238,000			238,000
			1,610,000	1,610,000	9,432,000	9,432,000	6,036,000	6,036,000

(2)

	備　　　　品		6
1/ 1 前 期 繰 越	750,000	12/31 減価償却費	150,000
		〃 次 期 繰 越	600,000
	750,000		750,000

考え方

b. 貸倒見積高

$¥2,300,000 × 2\% − ¥6,000 = ¥40,000$

c. 備品減価償却高

$\dfrac{¥1,200,000 − ¥0}{8年} = ¥150,000$

(1)
精　算　表
令和○年12月31日

勘定科目	残高試算表 借方	残高試算表 貸方	整理記入 借方	整理記入 貸方	損益計算書 借方	損益計算書 貸方	貸借対照表 借方	貸借対照表 貸方
現　　金	300,000						300,000	
当座預金	749,000						749,000	
売　掛　金	800,000						800,000	
貸倒引当金		7,000		9,000				16,000
繰越商品	630,000		420,000	630,000			420,000	
備　　品	1,040,000			260,000			780,000	
買　掛　金		621,000						621,000
前　受　金		80,000						80,000
資　本　金		1,500,000						1,500,000
売　　上		6,536,000				6,536,000		
受取手数料		198,000				198,000		
仕　　入	3,875,000		630,000	420,000	4,085,000			
給　　料	1,080,000				1,080,000			
支払家賃	360,000				360,000			
水道光熱費	75,000				75,000			
消耗品費	26,000				26,000			
雑　　費	7,000				7,000			
	8,942,000	8,942,000						
貸倒引当金繰入			9,000		9,000			
減価償却費			260,000		260,000			
当期純利益					832,000			832,000
			1,319,000	1,319,000	6,734,000	6,734,000	3,049,000	3,049,000

(2)
売　　　上　　　　　10

	28,000		6,564,000
12/31 損　　益	6,536,000		
	6,564,000		6,564,000

考え方

　b．貸倒見積高

　　　　¥800,000×2％－¥7,000＝¥9,000

　c．備品減価償却高

$$\frac{¥1,560,000-¥0}{6年}=¥260,000$$

(1)

精 算 表
令和○年12月31日

勘 定 科 目	残 高 試 算 表 借 方	貸 方	整 理 記 入 借 方	貸 方	損 益 計 算 書 借 方	貸 方	貸 借 対 照 表 借 方	貸 方
現 金	455,000						455,000	
当 座 預 金	1,830,000						1,830,000	
売 掛 金	2,780,000						2,780,000	
貸 倒 引 当 金		40,000		99,000				139,000
繰 越 商 品	900,000		860,000	900,000			860,000	
備 品	800,000			200,000			600,000	
買 掛 金		2,100,000						2,100,000
借 入 金		800,000						800,000
前 受 金		90,000						90,000
資 本 金		3,000,000	30,000					2,970,000
引 出 金	30,000			30,000				
売 上		9,170,000				9,170,000		
受 取 手 数 料		45,000				45,000		
仕 入	6,270,000		900,000	860,000	6,310,000			
給 料	1,350,000				1,350,000			
支 払 家 賃	600,000				600,000			
消 耗 品 費	132,000				132,000			
雑 費	43,000				43,000			
支 払 利 息	48,000				48,000			
現 金 過 不 足	7,000			7,000				
	15,245,000	15,245,000						
貸倒引当金繰入			99,000		99,000			
減 価 償 却 費			200,000		200,000			
雑 損			7,000		7,000			
当 期 純 利 益					426,000			426,000
			2,096,000	2,096,000	9,215,000	9,215,000	6,525,000	6,525,000

(2)

	繰 越 商 品		5
1/ 1 前 期 繰 越	900,000	12/31 仕 入	900,000
12/31 仕 入	860,000	〃 次 期 繰 越	860,000
	1,760,000		1,760,000

	給 料		14
	1,350,000	12/31 損 益	1,350,000

考え方
b. 貸倒見積高
　　¥2,780,000×5％－¥40,000＝¥99,000
c. 備品減価償却高
　　$\frac{¥1,200,000-¥0}{6年}=¥200,000$

㉒ 帳 簿 決 算　　▷p.109〜

22-1

(1)	仕　　　　入	320,000	繰 越 商 品	320,000
	繰 越 商 品	480,000	仕　　　　入	480,000
(2)	貸倒引当金繰入	8,000	貸 倒 引 当 金	8,000
(3)	減 価 償 却 費	25,200	備　　　　品	25,200

22-2

(1)

	借方科目	金額	貸方科目	金額
決算整理仕訳	仕　　　　入	325,000	繰 越 商 品	325,000
	繰 越 商 品	315,000	仕　　　　入	315,000
	減 価 償 却 費	13,500	備　　　　品	13,500
決算振替仕訳	売　　　　上	1,600,000	損　　　　益	1,600,000
	損　　　　益	1,409,500	仕　　　　入	1,120,000
			給　　　　料	276,000
			減 価 償 却 費	13,500
	損　　　　益	190,500	資　本　金	190,500

	現			金		1
		1,694,000				1,460,000
			12/31	次 期 繰 越		234,000
		1,694,000				1,694,000
1/ 1	前 期 繰 越	234,000				

	繰	越	商	品		5
		325,000	12/31	仕　　　入		325,000
12/31	仕　　　入	315,000	〃	次 期 繰 越		315,000
		640,000				640,000
1/ 1	前 期 繰 越	315,000				

	備			品		6
		96,000	12/31	減 価 償 却 費		13,500
			〃	次 期 繰 越		82,500
		96,000				96,000
1/ 1	前 期 繰 越	82,500				

	買		掛	金		8
		1,155,000				1,196,000
12/31	次 期 繰 越	41,000				
		1,196,000				1,196,000
			1/ 1	前 期 繰 越		41,000

	資		本	金		10
						400,000
12/31	次 期 繰 越	590,500	12/31	損　　　益		190,500
		590,500				590,500
			1/ 1	前 期 繰 越		590,500

	売			上		11
12/31	損　　　益	1,600,000				1,600,000

	仕			入		12
		1,110,000	12/31	繰 越 商 品		315,000
12/31	繰 越 商 品	325,000	〃	損　　　益		1,120,000
		1,435,000				1,435,000

	給			料		13
		276,000	12/31	損　　　益		276,000

	減	価	償	却	費	15
12/31	備　　　品	13,500	12/31	損　　　益		13,500

	損			益		21
12/31	仕　　　入	1,120,000	12/31	売　　　上		1,600,000
〃	給　　　料	276,000				
〃	減 価 償 却 費	13,500				
〃	資　本　金	190,500				
		1,600,000				1,600,000

(2)

繰 越 試 算 表
令和○年12月31日

借　　方	元丁	勘 定 科 目	貸　　方
234,000	1	現　　　　金	
315,000	5	繰 越 商 品	
82,500	6	備　　　　品	
	8	買　掛　金	41,000
	10	資　本　金	590,500
631,500			631,500

(3)

商 品 売 買 益	¥	480,000

考え方

売上原価
　¥1,110,000＋¥325,000−¥315,000＝¥1,120,000
商品売買益
　¥1,600,000−¥1,120,000＝¥480,000

		仕　　入	71,000	繰越商品	71,000
決算整理仕訳		繰越商品	96,000	仕　　入	96,000
		貸倒引当金繰入	3,500	貸倒引当金	3,500
		減価償却費	14,400	備　　品	14,400
決算振替仕訳	収益の振替	売　　上	643,000	損　　益	643,000
	費用の振替	損　　益	603,900	仕　　入	489,000
				給　　料	52,000
				支払家賃	45,000
				貸倒引当金繰入	3,500
				減価償却費	14,400
	純損益の振替	損　　益	39,100	資本金	39,100

現　金　　1

		894,400			635,000
			12/31	次期繰越	259,400
		894,400			894,400
1/1	前期繰越	259,400			

売　掛　金　　3

		382,000			232,000
			12/31	次期繰越	150,000
		382,000			382,000
1/1	前期繰越	150,000			

貸　倒　引　当　金　　4

12/31	次期繰越	7,500			4,000
			12/31	貸倒引当金繰入	3,500
		7,500			7,500
			1/1	前期繰越	7,500

繰　越　商　品　　5

		71,000	12/31	仕　入	71,000
12/31	仕　入	96,000	〃	次期繰越	96,000
		167,000			167,000
1/1	前期繰越	96,000			

備　　品　　6

		145,600	12/31	減価償却費	14,400
			〃	次期繰越	131,200
		145,600			145,600
1/1	前期繰越	131,200			

買　掛　金　　8

		195,000			285,000
12/31	次期繰越	90,000			
		285,000			285,000
			1/1	前期繰越	90,000

資　本　金　　10

12/31	次期繰越	539,100			500,000
			12/31	損　益	39,100
		539,100			539,100
			1/1	前期繰越	539,100

売　　上　　11

12/31	損　益	643,000			643,000

仕　　入　　12

		514,000	12/31	繰越商品	96,000
12/31	繰越商品	71,000	〃	損　益	489,000
		585,000			585,000

給　　料　　13

		52,000	12/31	損　益	52,000

支　払　家　賃　　14

		45,000	12/31	損　益	45,000

貸　倒　引　当　金　繰　入　　15

12/31	貸倒引当金	3,500	12/31	損　益	3,500

減　価　償　却　費　　16

12/31	備　品	14,400	12/31	損　益	14,400

損　　益　　19

12/31	仕　　入	489,000	12/31	売　上	643,000
〃	給　　料	52,000			
〃	支払家賃	45,000			
〃	貸倒引当金繰入	3,500			
〃	減価償却費	14,400			
〃	資　本　金	39,100			
		643,000			643,000

繰　越　試　算　表

令和○年12月31日

借　方	元丁	勘定科目	貸　方
259,400	1	現　　　　金	
150,000	3	売　　掛　　金	
	4	貸　倒　引　当　金	7,500
96,000	5	繰　越　商　品	
131,200	6	備　　　　品	
	8	買　　掛　　金	90,000
	10	資　　本　　金	539,100
636,600			636,600

考え方　次の手順でおこなうこと。
①決算整理仕訳を示し，各勘定に転記する。
②収益の諸勘定の残高を損益勘定に振り替える仕訳を示し，各勘定に転記する。
③費用の諸勘定の残高を損益勘定に振り替える仕訳を示し，各勘定に転記する。
④純利益を資本金勘定に振り替える仕訳を示し，各勘定に転記する。
⑤収益・費用の各勘定を締め切る。
⑥資産・負債・純資産の各勘定を締め切る。
⑦資産・負債・純資産の繰越額から，繰越試算表を作成する。

決算整理仕訳	仕　　　　入	360,000	繰越商品	360,000
	繰越商品	437,500	仕　　　　入	437,500
	貸倒引当金繰入	2,900	貸倒引当金	2,900
	減価償却費	18,000	備　　　品	18,000
決算振替仕訳	売　　　　上	750,000	損　　　　益	750,000
	損　　　　益	568,400	仕　　　　入	372,500
			給　　　料	45,000
			支 払 家 賃	125,000
			支 払 利 息	5,000
			貸倒引当金繰入	2,900
			減価償却費	18,000
	損　　　　益	181,600	資 本 金	181,600

現　　金　　1

	436,000		359,500
		12/31 次 期 繰 越	76,500
	436,000		436,000
1/ 1 前 期 繰 越	76,500		

売　掛　金　3

	298,000		78,000
		12/31 次 期 繰 越	220,000
	298,000		298,000
1/ 1 前 期 繰 越	220,000		

貸 倒 引 当 金　4

12/31 次 期 繰 越	4,400		1,500
		12/31 貸倒引当金繰入	2,900
	4,400		4,400
		1/ 1 前 期 繰 越	4,400

繰 越 商 品　5

	360,000	12/31 仕　　　　入	360,000
12/31 仕　　　　入	437,500	〃 次 期 繰 越	437,500
	797,500		797,500
1/ 1 前 期 繰 越	437,500		

備　　品　　6

	200,000	12/31 減価償却費	18,000
		〃 次 期 繰 越	182,000
	200,000		200,000
1/ 1 前 期 繰 越	182,000		

買　掛　金　7

	90,000		250,000
12/31 次 期 繰 越	160,000		
	250,000		250,000
		1/ 1 前 期 繰 越	160,000

借　入　金　8

| 12/31 次 期 繰 越 | 120,000 | | 120,000 |
| | | 1/ 1 前 期 繰 越 | 120,000 |

資　本　金　9

12/31 次 期 繰 越	631,600		450,000
		12/31 損　　　　益	181,600
	631,600		631,600
		1/ 1 前 期 繰 越	631,600

売　　上　　10

| 12/31 損　　　　益 | 750,000 | | 750,000 |

仕　　入　　11

	450,000	12/31 繰 越 商 品	437,500
12/31 繰 越 商 品	360,000	〃 損　　　益	372,500
	810,000		810,000

給　　料　　12

| | 45,000 | 12/31 損　　　益 | 45,000 |

支 払 家 賃　13

| | 125,000 | 12/31 損　　　益 | 125,000 |

支 払 利 息　14

| | 5,000 | 12/31 損　　　益 | 5,000 |

貸 倒 引 当 金 繰 入　15

| 12/31 貸倒引当金 | 2,900 | 12/31 損　　　益 | 2,900 |

減 価 償 却 費　16

| 12/31 備　　　品 | 18,000 | 12/31 損　　　益 | 18,000 |

損　　益　　17

12/31 仕　　　　入	372,500	12/31 売　　　　上	750,000
〃 給　　　料	45,000		
〃 支 払 家 賃	125,000		
〃 支 払 利 息	5,000		
〃 貸倒引当金繰入	2,900		
〃 減価償却費	18,000		
〃 資 本 金	181,600		
	750,000		750,000

繰 越 試 算 表

令和○年12月31日

借　　方	元丁	勘 定 科 目	貸　　方
76,500	1	現　　　　金	
220,000	3	売　掛　金	
	4	貸 倒 引 当 金	4,400
437,500	5	繰 越 商 品	
182,000	6	備　　　品	
	7	買　掛　金	160,000
	8	借　入　金	120,000
	9	資　本　金	631,600
916,000			916,000

(1)

a	①	仕　　　入	690,000	繰 越 商 品	690,000
		繰 越 商 品	730,000	仕　　　入	730,000
	②	貸倒引当金繰入	60,000	貸 倒 引 当 金	60,000
	③	減 価 償 却 費	72,000	備　　　品	72,000
b		売　　　上	7,785,000	損　　　益	7,860,000
		受 取 手 数 料	75,000		
		損　　　益	7,586,000	仕　　　入	5,900,000
				給　　　料	1,080,000
				支 払 家 賃	420,000
				雑　　　費	54,000
				貸倒引当金繰入	60,000
				減 価 償 却 費	72,000
c		損　　　益	274,000	資 本 金	274,000

(2)

貸 倒 引 当 金　　　15

12/31 次 期 繰 越	60,000	12/31 貸倒引当金繰入	60,000
		1/ 1 前 期 繰 越	60,000

損 益　　　18

12/31 仕　　　入	5,900,000	12/31 売　　　上	7,785,000
〃 給　　　料	1,080,000	〃 受 取 手 数 料	75,000
〃 支 払 家 賃	420,000		
〃 雑　　　費	54,000		
〃 貸倒引当金繰入	60,000		
〃 減 価 償 却 費	72,000		
〃 資 本 金	274,000		
	7,860,000		7,860,000

(3)

繰 越 試 算 表

令和○年12月31日

借　　　方	元丁	勘 定 科 目	貸　　　方
390,000	1	現　　　　　金	
2,340,000	2	当 座 預 金	
1,200,000	3	売 　掛 　金	
730,000	4	繰 越 商 品	
584,000	5	備　　　　　品	
	6	買 　掛 　金	910,000
	7	資 　本 　金	4,274,000
	15	貸 倒 引 当 金	60,000
5,244,000			5,244,000

考え方

(1) a．②貸倒見積高
　　　　¥6,580,000 − ¥5,380,000 = ¥1,200,000
　　　　¥1,200,000 × 5 % = ¥60,000
(3) 備品の金額　¥656,000 − ¥72,000 = ¥584,000
　　資本金の金額　¥4,000,000 + ¥274,000 = ¥4,274,000

㉓ 財務諸表（損益計算書・貸借対照表）の作成　▷p.118〜

(1)

a	仕　　　入	392,000	繰 越 商 品	392,000
	繰 越 商 品	370,000	仕　　　入	370,000
b	貸倒引当金繰入	13,340	貸 倒 引 当 金	13,340
c	減 価 償 却 費	16,200	備　　　品	16,200

(2)

損 益 計 算 書

(福岡)商店　令和○年1月1日から令和○年12月31日まで

費　　用	金　　額	収　　益	金　　額
(売 上 原 価)	2,862,000	(売 　上 　高)	3,880,000
給　　　料	492,000		
貸倒引当金繰入	13,340		
減 価 償 却 費	16,200		
支 払 利 息	13,000		
(当 期 純 利 益)	483,460		
	3,880,000		3,880,000

貸 借 対 照 表

(福岡)商店　　　　　令和○年12月31日

資　　　　産	金　　額	負債および純資産	金　　額
現　　　　　金	280,000	買 　掛 　金	760,000
売 掛 金 (778,000)		借 　入 　金	420,000
(貸倒引当金)(23,340)	754,660	資 　本 　金	985,000
(商　　　品)	370,000	(当期純利益)	483,460
備　　　　　品	343,800		
土　　　　　地	900,000		
	2,648,460		2,648,460

考え方

(1) b．貸倒見積高
　　　　¥778,000 × 3 % − ¥10,000 = ¥13,340
(2) <損益計算書>
　　売上原価の金額
　　　　¥392,000 + ¥2,840,000 − ¥370,000 = ¥2,862,000

23 - 2

a	仕　　　入	1,820,000	繰 越 商 品	1,820,000
	繰 越 商 品	2,240,000	仕　　　入	2,240,000
b	貸倒引当金繰入	20,800	貸 倒 引 当 金	20,800
c	減 価 償 却 費	27,000	備　　　品	27,000

損 益 計 算 書

(佐賀)商店　令和○年1月1日から令和○年12月31日まで

費　　用	金　　額	収　　益	金　　額
売 上 原 価	4,280,000	売 上 高	6,100,000
給　　料	380,000	(受 取 手 数 料)	5,800
(貸倒引当金繰入)	20,800		
(減 価 償 却 費)	27,000		
支 払 家 賃	240,000		
消 耗 品 費	40,800		
(当 期 純 利 益)	1,117,200		
	6,105,800		6,105,800

貸 借 対 照 表

(佐賀)商店　　令和○年12月31日

資　　産	金　　額	負債および純資産	金　　額
現　　金	753,000	買 掛 金	974,000
当 座 預 金	1,560,000	借 入 金	960,000
(売 掛 金)(1,020,000)		資 本 金	3,000,000
(貸倒引当金)(40,800)	979,200	(当期純利益)	1,117,200
(商　　品)	2,240,000		
備　　品	519,000		
	6,051,200		6,051,200

考え方
　b．貸倒見積高
　　　¥1,020,000×4％−¥20,000＝¥20,800
　＜損益計算書＞
　　売上原価の金額
　　　¥1,820,000＋¥4,700,000−¥2,240,000＝¥4,280,000

23 - 3

(1)

a	仕　　　入	160,000	繰 越 商 品	160,000
	繰 越 商 品	208,000	仕　　　入	208,000
b	貸倒引当金繰入	28,000	貸 倒 引 当 金	28,000
c	減 価 償 却 費	28,800	備　　　品	28,800

(2)

	損		益	22
12/31 仕　　入	2,692,000	12/31 売　　　上	3,940,000
〃 給　　料	527,200	〃 受 取 手 数 料	142,000
〃 貸倒引当金繰入	28,000		
〃 減 価 償 却 費	28,800		
〃 支 払 家 賃	144,000		
〃 消 耗 品 費	48,000		
〃 雑　　費	18,400		
〃 資 本 金	595,600		
	4,082,000		4,082,000

(3)

損　　　益	595,600	資 本 金	595,600

(4)

貸 借 対 照 表

(宮崎)商店　　令和○年12月31日

資　　産	金　　額	負債および純資産	金　　額
現　　金	648,400	買 掛 金	1,220,000
当 座 預 金	936,000	(借 入 金)	400,000
売 掛 金 (1,360,000)		資 本 金	2,000,000
(貸倒引当金)(68,000)	1,292,000	(当期純利益)	595,600
(商　　品)	208,000		
備　　品	291,200		
土　　地	840,000		
	4,215,600		4,215,600

考え方
(1)　b．貸倒見積高
　　　　¥1,360,000×5％−¥40,000＝¥28,000
(2)　損益勘定の借方の仕入（売上原価）
　　　　¥160,000＋¥2,740,000−¥208,000＝¥2,692,000

(1)

a	仕　　　入	*1,240,000*	繰 越 商 品	*1,240,000*
	繰 越 商 品	*1,370,000*	仕　　　入	*1,370,000*
b	貸倒引当金繰入	*87,000*	貸倒引当金	*87,000*
c	減価償却費	*162,000*	備　　　品	*162,000*

(2)

	資　　本　　金		9
12/31（**次 期 繰 越**）(*4,971,000*)		1/ 1 前 期 繰 越	*4,500,000*
		12/31（**損　　　益**）(*471,000*)	
(*4,971,000*)		(*4,971,000*)	

(3)
損　益　計　算　書
長 野 商 店 令和○年1月1日から令和○年12月31日まで

費　　用	金　　額	収　　益	金　　額
売 上 原 価	*6,760,000*	売　上　高	*9,691,000*
給　　料	*1,530,000*	（**受 取 利 息**）	*32,000*
（**貸倒引当金繰入**）	*87,000*		
（**減 価 償 却 費**）	*162,000*		
支 払 家 賃	*480,000*		
消 耗 品 費	*156,000*		
雑　　費	*77,000*		
（**当 期 純 利 益**）	*471,000*		
	9,723,000		*9,723,000*

考え方

ｂ．貸倒見積高
$¥2,780,000 × 5\% − ¥52,000 = ¥87,000$

ｃ．備品減価償却高
$$\frac{¥1,440,000 − ¥1,440,000 × 0.1}{8 年} = ¥162,000$$

---

(1)

a	仕　　　入	*530,000*	繰 越 商 品	*530,000*
	繰 越 商 品	*540,000*	仕　　　入	*540,000*
b	貸倒引当金繰入	*21,000*	貸倒引当金	*21,000*
c	減価償却費	*240,000*	備　　　品	*240,000*

(2)

	支　払　利　息		19
	50,000	12/31 **損　　　益**	*50,000*

(3)
貸　借　対　照　表
鳥 取 商 店　　　　令和○年12月31日

資　　　産	金　　額	負債および純資産	金　　額
現　　金	*856,000*	買　掛　金	*1,392,000*
当 座 預 金	*2,637,000*	（**前 受 金**）	*245,000*
売 掛 金（*1,500,000*）		借　入　金	*1,000,000*
貸倒引当金（ *30,000*）	*1,470,000*	資　本　金	*2,920,000*
（**商　　　品**）	*540,000*	（**当期純利益**）	*426,000*
備　　品	*480,000*		
	5,983,000		*5,983,000*

考え方

ｂ．貸倒見積高
$¥1,500,000 × 2\% − ¥9,000 = ¥21,000$

ｃ．備品減価償却高
$$\frac{¥1,200,000 − ¥0}{5 年} = ¥240,000$$

23 - 6

(1)

a	仕　　　入	740,000	繰越商品	740,000
	繰越商品	680,000	仕　　　入	680,000
b	貸倒引当金繰入	40,000	貸倒引当金	40,000
c	減価償却費	145,000	備　　　品	145,000

(2)

備		品			7
1/ 1 前期繰越	870,000	12/31 減価償却費	145,000
		〃　次期繰越	725,000
	870,000		870,000

(3)
損 益 計 算 書
北海道商店 令和○年1月1日から令和○年12月31日まで（単位：円）

費　　用	金　　額	収　　益	金　　額
売 上 原 価	6,150,000	売 上 高	9,413,000
給　　　料	1,662,000	受取手数料	89,000
(貸倒引当金繰入)	40,000		
(減 価 償 却 費)	145,000		
支 払 家 賃	924,000		
水 道 光 熱 費	276,000		
雑　　　費	41,000		
(当 期 純 利 益)	264,000		
	9,502,000		9,502,000

考え方
　b．貸倒見積高
　　　￥2,300,000×2％－￥6,000＝￥40,000
　c．備品減価償却高
　　　$\dfrac{￥1,160,000-￥0}{8 年}=￥145,000$

23 - 7

(1)

a	仕　　　入	623,000	繰越商品	623,000
	繰越商品	702,000	仕　　　入	702,000
b	貸倒引当金繰入	34,000	貸倒引当金	34,000
c	減価償却費	170,000	備　　　品	170,000

(2)

給		料		14
	1,620,000	12/31 損　　益	1,620,000

(3)
貸 借 対 照 表
中部商店　　　　　　令和○年12月31日

資　　　産		金　　額	負債および純資産	金　　額
現　　　金		505,000	買 掛 金	868,000
当 座 預 金		1,529,000	(前 受 金)	300,000
売 掛 金	(1,300,000)		資 本 金	4,060,000
貸倒引当金	(39,000)	1,261,000	(当期純利益)	389,000
(商　　　品)		702,000		
(貸 付 金)		600,000		
備　　　品		1,020,000		
		5,617,000		5,617,000

考え方
　b．貸倒見積高
　　　￥1,300,000×3％－￥5,000＝￥34,000
　c．備品減価償却高
　　　$\dfrac{￥1,360,000-￥0}{8 年}=￥170,000$

(1)

a	仕　　　　入	420,000	繰 越 商 品	420,000
	繰 越 商 品	470,000	仕　　　　入	470,000
b	貸倒引当金繰入	53,000	貸 倒 引 当 金	53,000
c	減 価 償 却 費	140,000	備　　　　品	140,000

(2)　　　　　　　　　売　　　　上　　　　　　11

		90,000	8,236,000
12/31 損　　益	8,146,000		
	8,236,000		8,236,000

(3)　　　　　　　損 益 計 算 書

沖縄商店　令和○年1月1日から令和○年12月31日まで

費　　用	金　　額	収　　益	金　　額
(売 上 原 価)	5,653,000	売　上　高	8,146,000
給　　　料	1,260,000	(受 取 手 数 料)	90,000
(貸倒引当金繰入)	53,000		
(減 価 償 却 費)	140,000		
支 払 家 賃	540,000		
保　険　料	108,000		
消 耗 品 費	68,000		
雑　　　費	19,000		
支 払 利 息	24,000		
(当 期 純 利 益)	371,000		
	8,236,000		8,236,000

貸 借 対 照 表

沖縄商店　　　　　令和○年12月31日

資　　産	金　　額	負債および純資産	金　　額
(現　　金)	470,000	買 掛 金	978,000
当 座 預 金	1,374,000	(借 入 金)	600,000
売掛金 (1,900,000)		資 本 金	2,960,000
貸倒引当金 (57,000)	1,843,000	(当期純利益)	371,000
(商　　品)	470,000		
前 払 金	192,000		
備　　品	560,000		
	4,909,000		4,909,000

考え方
　b．貸倒見積高
　　　￥1,900,000×3％－￥4,000＝￥53,000
　c．備品減価償却高
$$\frac{￥840,000－￥0}{6年}＝￥140,000$$

総合問題Ⅳ　　　　　　　　　　　　▷p.128〜

1

(1)

a	仕　　　　入	1,600,000	繰 越 商 品	1,600,000
	繰 越 商 品	1,500,000	仕　　　　入	1,500,000
b	貸倒引当金繰入	180,000	貸 倒 引 当 金	180,000
c	減 価 償 却 費	100,000	備　　　　品	100,000

(2)　　　　　　　　　繰 越 商 品　　　　　　5

1/ 1 前期繰越	1,600,000	12/31 仕　　入	1,600,000
12/31 仕　　入	1,500,000	〃　　次 期 繰 越	1,500,000
	3,100,000		3,100,000
1/ 1 前期繰越	1,500,000		

仕　　　　入　　　　　　11

	17,000,000	12/31 繰 越 商 品	1,500,000
12/31 繰 越 商 品	1,600,000	〃　　損　　益	17,100,000
	18,600,000		18,600,000

(3)　　　　　　　損 益 計 算 書

(大阪)商店　令和○年1月1日から令和○年12月31日まで

費　　用	金　　額	収　　益	金　　額
売 上 原 価	17,100,000	(売　上　高)	22,280,000
給　　　料	2,400,000		
(貸倒引当金繰入)	180,000		
(減 価 償 却 費)	100,000		
支 払 家 賃	1,040,000		
消 耗 品 費	300,000		
(雑　　費)	260,000		
支 払 利 息	60,000		
(当 期 純 利 益)	840,000		
	22,280,000		22,280,000

貸 借 対 照 表

(大阪)商店　　　　　令和○年12月31日

資　　産	金　　額	負債および純資産	金　　額
現　　金	740,000	(買 掛 金)	1,240,000
(当 座 預 金)	3,400,000	借 入 金	1,000,000
売 掛 金 5,200,000		資 本 金	8,000,000
(貸倒引当金)(260,000)	4,940,000	(当期純利益)	840,000
商　　品	1,500,000		
備　　品	500,000		
	11,080,000		11,080,000

考え方
　(1)　b．貸倒見積高
　　　　　￥5,200,000×5％－￥80,000＝￥180,000
　　　c．備品減価償却高
$$\frac{￥1,000,000－￥0}{10年}＝￥100,000$$
　(3)　売上原価の金額
　　　　　￥1,600,000＋￥17,000,000－￥1,500,000＝￥17,100,000

24 帳　　簿　　▷p.130〜

24 - 1

(1)

仕　訳　帳　　1

令和○年		摘　　要	元丁	借　方	貸　方
1	1	前期繰越高	✓	6,520,000	6,520,000
	8	(仕　入)　諸　　口		1,280,000	
		(当座預金)	2		500,000
		(買　掛　金)	18		780,000
	10	(買　掛　金)	18	72,000	
		(仕　　入)			72,000
	16	(売　掛　金)		910,000	
		(売　　上)			910,000
	28	(当座預金)	2	450,000	
		(売　掛　金)			450,000

総　勘　定　元　帳
当　座　預　金　　2

令和○年		摘要	仕丁	借　方	令和○年		摘要	仕丁	貸　方
1	1	前期繰越	✓	1,540,000	1	8	仕　入	1	500,000
	28	売掛金	1	450,000					

買　掛　金　　18

1	10	仕　入	1	72,000	1	1	前期繰越	✓	420,000
						8	仕　入	1	780,000

(2)

仕　入　帳　　1

令和○年		摘　　要	内　訳	金　額
1	8	**長崎商店**　　　小切手・掛け		
		A　品　800個　@¥1,000	800,000	
		B　品　600〃　〃〃 800	480,000	1,280,000
	10	**長崎商店**　　　掛け返品		
		B　品　90個　@¥800		72,000

買　掛　金　元　帳
長　崎　商　店　　1

令和○年		摘　要	借　方	貸　方	借または貸	残　高
1	1	前　月　繰　越		320,000	貸	320,000
	8	仕　入　れ		780,000	〃	1,100,000
	10	仕　入　返　品	72,000		〃	1,028,000

25−1

<table>
<tr><td colspan="10" align="center">仕　訳　伝　票</td></tr>
<tr><td colspan="10" align="center">令和○年 1 月20日　　　　　　　　　　　No.12</td></tr>
<tr><td align="center">勘　定　科　目</td><td>元丁</td><td colspan="2" align="center">借　　　方</td><td align="center">勘　定　科　目</td><td>元丁</td><td colspan="2" align="center">貸　　　方</td></tr>
<tr><td>仕　　　　　入</td><td></td><td colspan="2">1 6 0 0 0 0</td><td>現　　　　　金</td><td></td><td colspan="2">6 0 0 0 0</td></tr>
<tr><td></td><td></td><td colspan="2"></td><td>買　　掛　　金</td><td></td><td colspan="2">1 0 0 0 0 0</td></tr>
<tr><td></td><td></td><td colspan="2"></td><td></td><td></td><td colspan="2"></td></tr>
<tr><td align="center">合　　　　　計</td><td></td><td colspan="2">1 6 0 0 0 0</td><td align="center">合　　　　　計</td><td></td><td colspan="2">1 6 0 0 0 0</td></tr>
<tr><td>摘要</td><td colspan="9">久留米商店　ＮＫ印ノート・ブック　2,000冊　@￥80</td></tr>
</table>

考え方

仕訳伝票には，ふつうの仕訳と同じように記入する。

25−2

<table>
<tr><td colspan="4" align="center">入　金　伝　票</td></tr>
<tr><td colspan="4" align="center">令和○年 6 月21日　　　　No.37</td></tr>
<tr><td>科目</td><td>借　入　金</td><td>入金先</td><td>長 野 商 店　殿</td></tr>
<tr><td colspan="2" align="center">摘　　　　要</td><td colspan="2" align="center">金　　　額</td></tr>
<tr><td colspan="2">借用証書によって借り入れ</td><td colspan="2">2 0 0 0 0 0</td></tr>
<tr><td colspan="2"></td><td colspan="2"></td></tr>
<tr><td colspan="2" align="center">合　　　　計</td><td colspan="2">2 0 0 0 0 0</td></tr>
</table>

<table>
<tr><td colspan="4" align="center">出　金　伝　票</td></tr>
<tr><td colspan="4" align="center">令和○年 月 日　　　　No.__</td></tr>
<tr><td>科目</td><td></td><td>支払先</td><td>殿</td></tr>
<tr><td colspan="2" align="center">摘　　　　要</td><td colspan="2" align="center">金　　　額</td></tr>
<tr><td colspan="2"></td><td colspan="2"></td></tr>
<tr><td colspan="2"></td><td colspan="2"></td></tr>
<tr><td colspan="2" align="center">合　　　　計</td><td colspan="2"></td></tr>
</table>

<table>
<tr><td colspan="6" align="center">振　替　伝　票</td></tr>
<tr><td colspan="6" align="center">令和○年 6 月21日　　　　　　　　　　No.56</td></tr>
<tr><td align="center">勘　定　科　目</td><td colspan="2" align="center">借　　　方</td><td align="center">勘　定　科　目</td><td colspan="2" align="center">貸　　　方</td></tr>
<tr><td>広　　告　　料</td><td colspan="2">8 0 0 0 0</td><td>当　座　預　金</td><td colspan="2">8 0 0 0 0</td></tr>
<tr><td></td><td colspan="2"></td><td></td><td colspan="2"></td></tr>
<tr><td align="center">合　　　　計</td><td colspan="2">8 0 0 0 0</td><td align="center">合　　　　計</td><td colspan="2">8 0 0 0 0</td></tr>
<tr><td>摘要</td><td colspan="5">山梨広告社に広告料支払い　小切手＃ 9 振り出し</td></tr>
</table>

考え方

　3 伝票制を用いている場合，入金取引は入金伝票に，出金取引は出金伝票に，入出金をともなわない取引は振替伝票に記入する。

6/21の仕訳

　(借)現　　　金 *200,000*　　(貸)借　入　金 *200,000*→入金伝票

　(借)広　告　料 *80,000*　　(貸)当座預金 *80,000*→振替伝票

25－3

入 金 伝 票		
令和○年 月 日		No.___

科目		入金先		殿
摘	要	金	額	
合	計			

出 金 伝 票		
令和○年 1 月16日		No.13

科目	消 耗 品 費	支払先	広島文具店	殿
摘	要	金	額	
コピー用紙・帳簿等購入		3 0 0 0 0		
合	計	3 0 0 0 0		

振 替 伝 票		
令和○年 1 月16日		No.25

勘 定 科 目	借 方	勘 定 科 目	貸 方
買 掛 金	1 2 0 0 0 0	当 座 預 金	1 2 0 0 0 0
合 計	1 2 0 0 0 0	合 計	1 2 0 0 0 0
摘要	岡山商店に買掛金支払い 小切手＃10振り出し		

考え方
1/16の仕訳
(借)消耗品費 30,000　(貸)現　金　30,000→出金伝票
(借)買 掛 金 120,000　(貸)支払手形 120,000→振替伝票

25－4

入 金 伝 票		
令和○年 1 月10日		No. 6

科目	売 掛 金	入金先	大牟田商店	殿
摘	要	金	額	
小 切 手 ＃ 6 で 回 収		2 5 0 0 0 0		
合	計	2 5 0 0 0 0		

出 金 伝 票		
令和○年 1 月10日		No. 7

科目	発 送 費	支払先	田川運送店	殿
摘	要	金	額	
学習机15台の発送費		3 0 0 0 0		
合	計	3 0 0 0 0		

振 替 伝 票		
令和○年 1 月10日		No. 8

勘 定 科 目	借 方	勘 定 科 目	貸 方
売 掛 金	4 5 0 0 0 0	売 上	4 5 0 0 0 0
合 計	4 5 0 0 0 0	合 計	4 5 0 0 0 0
摘要	若松商店 学習机15台 @￥30,000 掛け売り		

総 勘 定 元 帳			
現 金			1
1/ 1 前期繰越	150,000	1/10	30,000
10	250,000		
売 掛 金			3
1/ 1 前期繰越	500,000	1/10	250,000
10	450,000		

売 上			14
		1/10	450,000
発 送 費			18
1/10	30,000		

考え方
1/10の仕訳
(借)売 掛 金 450,000　(貸)売　上 450,000→振替伝票
(借)発 送 費 30,000　(貸)現　金　30,000→出金伝票
(借)現　金 250,000　(貸)売 掛 金 250,000→入金伝票

25-5

入金伝票
令和○年 月 日　　　No.__

科目		入金先			殿
摘　　要		金　額			
合　　　計					

出金伝票
令和○年1月17日　　　No.9

科目	通　信　費	支払先	川口郵便局		殿
摘　　要		金　額			
郵便切手購入			7	0 0 0	
合　　　計			7	0 0 0	

振替伝票
令和○年1月17日　　　No.16

勘定科目	借　方	勘定科目	貸　方
借　入　金	2 5 0 0 0 0	当　座　預　金	2 5 0 0 0 0
合　　　計	2 5 0 0 0 0	合　　　計	2 5 0 0 0 0

摘要　戸田商店へ借入金を返済　小切手#20

考え方
1/17の仕訳
(借)通信費　7,000　(貸)現　金　7,000→出金伝票
(借)借入金　250,000　(貸)当座預金　250,000→振替伝票

25-6

入金伝票
令和○年6月19日　　　No.17

科目	受取手数料	入金先	広島商店		殿
摘　　要		金　額			
商品売買の仲介手数料			2 3	0 0 0	
合　　　計			2 3	0 0 0	

出金伝票
令和○年 月 日　　　No.__

科目		支払先			殿
摘　　要		金　額			
合　　　計					

振替伝票
令和○年6月19日　　　No.24

勘定科目	借　方	勘定科目	貸　方
定　期　預　金	8 0 0 0 0 0	当　座　預　金	8 0 0 0 0 0
合　　　計	8 0 0 0 0 0	合　　　計	8 0 0 0 0 0

摘要　全商銀行に定期預金預け入れ　小切手#5振り出し

考え方
6/19の仕訳
(借)現　金　23,000　(貸)受取手数料　23,000→入金伝票
(借)定期預金　800,000　(貸)当座預金　800,000→振替伝票

26 仕訳に関する問題

▷p.136〜

26 - 1

	借方		貸方	
(1)	小 口 現 金	40,000	当 座 預 金	40,000
(2)	貸 付 金	650,000	現 金	650,000
(3)	仕 入	578,000	買 掛 金	570,000
			現 金	8,000
(4)	現 金	12,000	仮 払 金	100,000
	旅 費	88,000		
(5)	建 物	7,250,000	当 座 預 金	7,250,000
(6)	前 受 金	60,000	売 上	360,000
	売 掛 金	300,000		
(7)	現 金	1,000,000	資 本 金	1,000,000
(8)	給 料	810,000	当 座 預 金	810,000

考え方
(3)　仕入勘定の金額
　　¥570,000＋¥8,000＝¥578,000

26 - 2

	借方		貸方	
(1)	通 信 費	15,000	小 口 現 金	41,000
	交 通 費	16,000		
	消 耗 品 費	6,000		
	雑 費	4,000		
	小 口 現 金	41,000	当 座 預 金	41,000
	または 通信費 15,000 交通費 16,000 消耗品費 6,000 雑費 4,000		当座預金 41,000	
(2)	売 上	45,000	売 掛 金	45,000
(3)	借 入 金	1,000,000	当 座 預 金	1,010,000
	支 払 利 息	10,000		
(4)	当 座 預 金	270,000	仮 受 金	270,000
(5)	現 金	180,000	前 受 金	180,000
(6)	当 座 預 金	403,000	貸 付 金	400,000
			受 取 利 息	3,000
(7)	売 掛 金	698,000	売 上	698,000
	発 送 費	12,000	現 金	12,000

26 - 3

	借方		貸方	
(1)	仕 入	560,000	前 払 金	210,000
			買 掛 金	350,000
(2)	当 座 預 金	500,000	売 上	500,000
(3)	貸倒引当金	40,000	売 掛 金	60,000
	貸 倒 損 失	20,000		
(4)	普 通 預 金	700,000	現 金	700,000
(5)	土 地	8,250,000	当 座 預 金	8,250,000
(6)	小 口 現 金	80,000	当 座 預 金	80,000
(7)	保 険 料	48,000	現 金	48,000
(8)	給 料	470,000	所得税預り金	32,000
			現 金	438,000

考え方
(5)　取得原価
　　¥8,000,000＋¥250,000＝¥8,250,000

26 - 4

	借方		貸方	
(1)	貸倒引当金	63,000	売 掛 金	63,000
(2)	通 信 費	25,000	現 金	25,000
(3)	仮 受 金	700,000	売 掛 金	600,000
			前 受 金	100,000
(4)	備 品	250,000	未 払 金	250,000
(5)	普 通 預 金	424,000	定 期 預 金	400,000
			受 取 利 息	24,000
(6)	給 料	320,000	従業員立替金	40,000
			所得税預り金	16,000
			現 金	264,000
(7)	現 金	459,000	売 掛 金	459,000
(8)	旅 費	70,600	仮 払 金	85,000
	現 金	14,400		

仕　訳　帳				1
令和 ○年	摘　　　　要	元 丁	借　方	貸　方
1　1	前期繰越高	✓	4,750,000	4,750,000
5	諸　口　　　諸　　口			
	（売　掛　金）	4	420,000	
	（発　送　費）		7,000	
	（売　　上）	10		420,000
	（現　　金）			7,000
6	（売　　上）	10	12,000	
	（売　掛　金）	4		12,000
8	（通　信　費）		6,000	
	（現　　金）			6,000
10	（仕　　入）		800,000	
	（買　掛　金）			800,000
14	（備　　品）　　諸　　口		308,000	
	（当　座　預　金）	2		100,000
	（未　払　金）			208,000
17	（当　座　預　金）	2	280,000	
	（売　掛　金）	4		280,000
20	（消　耗　品　費）		3,000	
	（現　　金）			3,000
25	（給　　料）　　諸　　口		170,000	
	（従業員預り金）			9,000
	（現　　金）			161,000
28	（水　道　光　熱　費）	19	23,000	
	（現　　金）			23,000

総　勘　定　元　帳

当　座　預　金				2
1/ 1	358,000	1/14		100,000
17	280,000			

売　　掛　　金				4
1/ 1	472,000	1/ 6		12,000
5	420,000	17		280,000

売　　　　上				10
1/ 6	12,000	1/ 5		420,000

水　道　光　熱　費				19
1/28	23,000			

＊仕訳帳の勘定科目の（　　　）はなくてもよい。

27 伝票に関する問題　▷p.142〜

27 - 1

入　金　伝　票			
令和○年　月　日			No.＿
科目		入金先	殿
摘　　　　要		金　　額	
合　　　　計			

出　金　伝　票			
令和○年１月20日			No.57
科目　**貸　付　金**		支払先　**関西商店**　殿	
摘　　　要		金　　額	
借用証書により貸し付け		3 2 0 0 0 0	
合　　　計		3 2 0 0 0 0	

振　替　伝　票				
令和○年１月20日				No.72
勘　定　科　目	借　　　方	勘　定　科　目	貸　　　方	
定　期　預　金	8 0 0 0 0 0	**当　座　預　金**	8 0 0 0 0 0	
合　　　計	8 0 0 0 0 0	合　　　計	8 0 0 0 0 0	
摘要　**高松銀行に定期預金預け入れ　小切手＃７振り出し**				

考え方

1/20の仕訳
　（借)貸　付　金　320,000　　（貸)現　　　金　320,000→出金伝票
　（借)定期預金　800,000　　（貸)当座預金　800,000→振替伝票

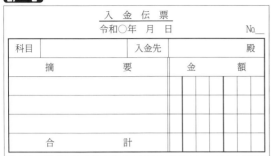

入　金　伝　票				
令和○年　月　日				No.__
科目		入金先		殿
摘　　　要			金　額	
合　　　計				

出　金　伝　票				
令和○年 1 月25日				No. 9
科目	**通 信 費**	支払先	**明石郵便局**	殿
摘　　　要			金　額	
郵便切手購入				4 0 0 0
合　　　計				4 0 0 0

振　替　伝　票						
令和○年 1 月25日						No.10
勘　定　科　目	借　　方		勘　定　科　目		貸　　方	
備　　　品	3 0 0 0 0 0		**未　払　金**		3 0 0 0 0 0	
合　　　計	3 0 0 0 0 0		合　　　計		3 0 0 0 0 0	
摘要	**神戸商店からパーソナルコンピュータ買い入れ　月末払い**					

[考え方]

1/25の仕訳

　（借）備　品　300,000　　（貸）未 払 金　300,000→振替伝票

　（借）通 信 費　4,000　　（貸）現　　金　4,000→出金伝票

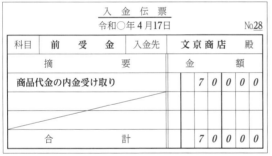

入　金　伝　票				
令和○年 4 月17日				No.28
科目	**前 受 金**	入金先	**文京商店**	殿
摘　　　要			金　額	
商品代金の内金受け取り				7 0 0 0 0
合　　　計				7 0 0 0 0

出　金　伝　票				
令和○年　月　日				No.__
科目		支払先		殿
摘　　　要			金　額	
合　　　計				

振　替　伝　票						
令和○年 4 月17日						No.32
勘　定　科　目	借　　方		勘　定　科　目		貸　　方	
借　入　金	3 5 0 0 0 0		**当　座　預　金**		3 5 0 0 0 0	
合　　　計	3 5 0 0 0 0		合　　　計		3 5 0 0 0 0	
摘要	**練馬商店へ借入金を返済　小切手＃28**					

[考え方]

4/17の仕訳

　（借）現　　金　70,000　　（貸）前 受 金　70,000→入金伝票

　（借）借 入 金　350,000　　（貸）当座預金　350,000→振替伝票

28 - 1

(1)

仕　訳　帳　　　　1

令和○年		摘　　　要	元丁	借　方	貸　方
1	1	前期繰越高	✓	3,740,000	3,740,000
	8	（仕　　入）　　諸　　口	23	430,000	
		（当座預金）			300,000
		（買　掛　金）	15		130,000
	10	（買　掛　金）	15	19,000	
		（仕　　入）	23		19,000
	19	（売　掛　金）		289,000	
		（売　　上）			289,000
	20	（売　　上）		34,000	
		（売　掛　金）			34,000
	22	（仕　　入）	23	195,000	
		（買　掛　金）	15		195,000
	27	（当座預金）		200,000	
		（売　掛　金）			200,000
	31	（買　掛　金）	15	250,000	
		（当座預金）			250,000

＊勘定科目の（　　）はなくてもよい。

総　勘　定　元　帳

買　　掛　　金　　　　15

1/10		19,000	1/ 1		840,000
31		250,000	8		130,000
			22		195,000

仕　　　　入　　　　23

1/ 8		430,000	1/10		19,000
22		195,000			

(2)

仕　　入　　帳　　　　1

令和○年		摘　　　要		内　訳	金　額
1	8	高松商店　　　　小切手・掛け			
		A品　400個　　@￥600		240,000	
		B品　200〃　　〃〃950		190,000	430,000
	10	高松商店　　　　掛け返品			
		B品　20個　　@￥950			19,000
	22	鳴門商店　　　　掛け			
		C品　300個　　@￥650			195,000
	31	総仕入高			625,000
	〃	仕入返品高			19,000
		純仕入高			606,000

買　掛　金　元　帳

高　松　商　店　　　　1

1/10		19,000	1/ 1		350,000
31		461,000	8		130,000
		480,000			480,000

鳴　門　商　店　　　　2

1/31		250,000	1/ 1		490,000
〃		435,000	22		195,000
		685,000			685,000

28 - 2

(1)

仕　訳　帳　　　　1

令和○年		摘　　　要	元丁	借　方	貸　方
1	1	前期繰越高	✓	3,580,000	3,580,000
	7	（仕　　入）　　諸　　口		660,000	
		（当座預金）			200,000
		（買　掛　金）			460,000
	11	（売　掛　金）	4	400,000	
		（売　　上）			400,000
	13	（売　　上）		2,000	
		（売　掛　金）	4		2,000
	19	諸　　口　　（売　　上）			180,000
		（現　　　金）		100,000	
		（売　掛　金）	4	80,000	
	27	（現　　　金）		200,000	
		（売　掛　金）	4		200,000

＊勘定科目の（　　）はなくてもよい。

総　勘　定　元　帳

売　　掛　　金　　　　4

1/ 1		245,000	1/13		2,000
11		400,000	27		200,000
19		80,000			

(2)

売 上 帳				1
令和○年	摘　　　　　要	内　訳	金　額
1	11	静岡商店　　　　　　　　掛け		
		A品　350個　　@¥800	280,000	
		B品　200〃　　〃〃600	120,000	400,000
	13	静岡商店　　　　　掛け値引き		
		B品　20個　　　　@¥100		2,000
	19	山梨商店　　　　　小切手・掛け		
		B品　300個　　　@¥600		180,000
	31	総売上高		580,000
	〃	売上値引高		2,000
		純売上高		578,000

売 掛 金 元 帳

静　岡　商　店　　　　　　1

1/ 1	20,000	1/13	2,000
11	400,000	31	418,000
	420,000		420,000

山　梨　商　店　　　　　　2

1/ 1	225,000	1/27	200,000
19	80,000	31	105,000
	305,000		305,000

商 品 有 高 帳

品名　A　品　　　　　　　　　単位：個

(先入先出法)

令和○年		摘　　要	受　　　　入			払　　　　出			残　　　　高		
			数　量	単価	金　額	数　量	単価	金　額	数　量	単価	金　額
1	1	前月繰越	50	620	31,000				50	620	31,000
	7	愛知商店	400	650	260,000				{ 50	620	31,000
									400	650	260,000
	11	静岡商店				{ 50	620	31,000			
						300	650	195,000	100	650	65,000
	31	次月繰越				100	650	65,000			
			450		291,000	450		291,000			

— 58 —

(1)

仕　訳　帳　　1

令和○年		摘　　　要	元丁	借　方	貸　方
1	1	前期繰越高	✓	4,365,400	4,365,400
	5	（売 掛 金）	3	456,500	
		（売　上）	10		456,500
	8	（仕　入）	11	550,000	
		（買 掛 金）	6		550,000
	10	（買 掛 金）	6	483,000	
		（当座預金）	2		483,000
	12	（消耗品費）	14	16,500	
		（現　金）	1		16,500
	13	（通 信 費）	13	58,300	
		（当座預金）	2		58,300
	16	（備　品）	5	380,600	
		（当座預金）	2		380,600
	17	（売 掛 金）	3	748,000	
		（売　上）	10		748,000
	20	（買 掛 金）	6	500,000	
		（当座預金）	2		500,000
	22	（仕　入）	11	770,000	
		（買 掛 金）	6		770,000
	24	（現　金）	1	650,000	
		（売 掛 金）	3		650,000
	25	（給　料）　諸　口	12	260,000	
		（所得税預り金）	8		19,000
		（現　金）	1		241,000
	27	（売 掛 金）	3	830,500	
		（売　上）	10		830,500
	30	（当座預金）	2	900,000	
		（売 掛 金）	3		900,000
	31	諸　口　（当座預金）	2		603,000
		（借 入 金）	7	600,000	
		（支 払 利 息）	15	3,000	

＊勘定科目の（　　　）はなくてもよい。

総　勘　定　元　帳

現　　金　　1			
1/ 1	270,000	1/12	16,500
24	650,000	25	241,000

当　座　預　金　　2			
1/ 1	1,865,400	1/10	483,000
30	900,000	13	58,300
		16	380,600
		20	500,000
		31	603,000

売　　掛　　金　　3			
1/ 1	1,026,000	1/24	650,000
5	456,500	30	900,000
17	748,000		
27	830,500		

繰　越　商　品　　4	
1/ 1	704,000

備　　　品　　5	
1/ 1	500,000
16	380,600

買　　掛　　金　　6			
1/10	483,000	1/ 1	1,071,000
20	500,000	8	550,000
		22	770,000

借　　入　　金　　7			
1/31	600,000	1/ 1	800,000

所 得 税 預 り 金　　8			
		1/25	19,000

資　　本　　金　　9			
		1/ 1	2,494,400

売　　　上　　10			
		1/ 5	456,500
		17	748,000
		27	830,500

仕　　　入　　11	
1/ 8	550,000
22	770,000

給　　　料　　12	
1/25	260,000

通　　信　　費　　13	
1/13	58,300

消　耗　品　費　　14	
1/12	16,500

支　払　利　息　　15	
1/31	3,000

(2)

買　掛　金　元　帳

岡　山　商　店　　1			
1/10	483,000	1/ 1	578,400
31	865,400	22	770,000
	1,348,400		1,348,400

秋　田　商　店　　2			
1/20	500,000	1/ 1	492,600
31	542,600	8	550,000
	1,042,600		1,042,600

(3)

令和○年1月31日

借 方	元丁	勘 定 科 目	貸 方
920,000	1	現　　　　　金	257,500
2,765,400	2	当 座 預 金	2,024,900
3,061,000	3	売 　掛　 金	1,550,000
704,000	4	繰 越 商 品	
880,600	5	備　　　　　品	
983,000	6	買 　掛　 金	2,391,000
600,000	7	借 　入　 金	800,000
	8	所 得 税 預 り 金	19,000
	9	資 　本　 金	2,494,400
	10	売　　　　　上	2,035,000
1,320,000	11	仕　　　　　入	
260,000	12	給　　　　　料	
58,300	13	通 　信　 費	
16,500	14	消 耗 品 費	
3,000	15	支 払 利 息	
11,571,800			11,571,800

28 - 4

(1)

仕　訳　帳　1

令和○年		摘　　　　　要	元丁	借　方	貸　方
1	1	前期繰越高	✓	4,290,000	4,290,000
	7	（仕　　　入）	11	820,000	
		（買 掛 金）	7		820,000
	10	（売 掛 金）	3	480,000	
		（売　　　上）	10		480,000
	12	（買 掛 金）	7	435,000	
		（当 座 預 金）	2		435,000
	14	（消 耗 品 費）	14	15,000	
		（現　　　金）	1		15,000
	15	（通 信 費）	13	54,000	
		（当 座 預 金）	2		54,000
	16	（買 掛 金）	7	300,000	
		（当 座 預 金）	2		300,000
	17	（売 掛 金）	3	700,000	
		（売　　　上）	10		700,000
	18	（備　　　品）	6	352,000	
		（当 座 預 金）	2		352,000
	20	（仕　　　入）	11	70,000	
		（買 掛 金）	7		70,000
	24	（現　　　金）	1	348,000	
		（売 掛 金）	3		348,000
	25	（給　　　料）諸　口	12	290,000	
		（所得税預り金）	8		21,000
		（現　　　金）	1		269,000
	27	（現　　　金）	1	380,000	
		（売　　　上）	10		380,000
	30	（当 座 預 金）	2	426,000	
		（売 掛 金）	3		426,000
	31	（貸倒引当金）	4	26,000	
		（売 掛 金）	3		26,000

総 勘 定 元 帳

現　　　金　1

1/ 1	362,000	1/14	15,000
24	348,000	25	269,000
27	380,000		

当 座 預 金　2

1/ 1	1,728,000	1/12	435,000
30	426,000	15	54,000
		16	300,000
		18	352,000

売 　掛　 金　3

1/ 1	800,000	1/24	348,000
10	480,000	30	426,000
17	700,000	31	26,000

貸 倒 引 当 金　4

1/31	26,000	1/ 1	30,000

繰 越 商 品　5

1/ 1	500,000		

備　　　品　6

1/ 1	900,000		
18	352,000		

買 　掛　 金　7

1/12	435,000	1/ 1	739,000
16	300,000	7	820,000
		20	70,000

所 得 税 預 り 金　8

		1/25	21,000

資 　本　 金　9

		1/ 1	3,521,000

売　　　上　10

		1/10	480,000
		17	700,000
		27	380,000

仕　　　入　11

1/ 7	820,000		
20	70,000		

給　　　料　12

1/25	290,000		

通 　信　 費　13

1/15	54,000		

消 耗 品 費　14

1/14	15,000		

＊仕訳帳の勘定科目の（　　　）はなくてもよい。

(2)

売 掛 金 元 帳

山 口 商 店　　　　　　　　1

1/ 1		348,000	1/24		348,000
10		480,000	31		480,000
		828,000			828,000

福 島 商 店　　　　　　　　2

1/ 1		426,000	1/30		426,000
17		700,000	31		700,000
		1,126,000			1,126,000

南 西 商 店　　　　　　　　3

1/ 1		26,000	1/31		26,000

(3)

残 高 試 算 表
令和○年1月31日

借　　方	元丁	勘 定 科 目	貸　　方
806,000	1	現　　　　　金	
1,013,000	2	当 座 預 金	
1,180,000	3	売 　掛 　金	
	4	貸 倒 引 当 金	4,000
500,000	5	繰 越 商 品	
1,252,000	6	備　　　　　品	
	7	買 　掛 　金	894,000
	8	所 得 税 預 り 金	21,000
	9	資　　本　　金	3,521,000
	10	売　　　　　上	1,560,000
890,000	11	仕　　　　　入	
290,000	12	給　　　　　料	
54,000	13	通 　信 　費	
15,000	14	消 耗 品 費	
6,000,000			6,000,000

㉙ 計算に関する問題

▷p.156〜

29 - 1

(1) ア：¥2,690,000

(2) イ：¥3,140,000

(3) ウ：¥6,956,000　　エ：¥3,169,000

(4) オ：¥8,520,000　　カ：¥5,490,000

考え方

ア．費用総額　¥3,080,000−¥390,000＝¥2,690,000

イ．まず期首純資産を求める

¥4,380,000−¥2,750,000＝¥1,630,000

次に期末純資産を求める

¥1,630,000＋¥420,000＝¥2,050,000

期末負債　¥5,190,000−¥2,050,000＝¥3,140,000

ウ．費用総額　¥6,419,000＋¥537,000＝¥6,956,000

エ．期末資産

¥3,460,000−¥1,182,000＝¥2,278,000（期首純資産）

¥2,278,000−¥537,000＝¥1,741,000（期末純資産）

¥1,428,000＋¥1,741,000＝¥3,169,000

オ．収益総額　¥7,940,000＋¥580,000＝¥8,520,000

カ．期首資産

¥6,230,000−¥1,500,000＝¥4,730,000（期末純資産）

¥4,730,000−¥580,000＝¥4,150,000（期首純資産）

¥1,340,000＋¥4,150,000＝¥5,490,000

29 - 2

a：¥6,080,000　　　b：¥2,800,000

考え方

a．費用総額＝収益総額−当期純利益

¥6,400,000−¥320,000＝¥6,080,000

b．はじめに期末の純資産総額を算出する。

期末の純資産総額＝期末の資産総額−期末の負債総額

（¥1,500,000＋¥3,530,000＋¥600,000＋¥900,000）

−（¥1,310,000＋¥1,200,000）＝¥4,020,000

期首の純資産総額＝期末の純資産総額−当期純利益

¥4,020,000−¥320,000＝¥3,700,000

期首の負債総額＝期首の資産総額−期首の純資産総額

¥6,500,000−¥3,700,000＝¥2,800,000

29 - 3

ア：¥250,000　　　イ：¥370,000

考え方

ア．当座預金出納帳の1/1前月繰越の金額は，当座預金勘定の
1/1前期繰越¥300,000と同額である。

当座預金出納帳の残高欄金額より

¥550,000−¥300,000＝¥250,000

よって，1/20の売上金額は¥250,000

29 - 4

ア：¥78,000　　　イ：¥167,000　　　ウ：¥330

考え方

ア．A品の商品有高帳の1/9を見ると払出数量が130個とわかる
ので，販売単価¥600を掛けて求めると

130個×@¥600＝¥78,000

イ．A品・B品の商品有高帳の1/16の受入欄金額を合計すると

¥125,000（A品）＋¥42,000（B品）＝¥167,000

ウ．商品有高帳は移動平均法によって記帳しているので

（¥24,000＋¥42,000）÷（80個＋120個）＝¥330

29-5

a：¥*5,490,000*　　b：¥*2,700,000*

考え方

a．損益勘定の資本金の金額には，資料ⅳ　当期純利益 ¥*370,000*が入るので，次のように計算する。

$$¥8,730,000-(¥1,500,000+¥1,260,000+¥50,000$$
$$+¥60,000+¥370,000)=¥5,490,000$$

b．期末純資産＝期末資産−期末負債
$$¥6,890,000-¥2,720,000=¥4,170,000$$
期首純資産＝期末純資産−当期純利益
$$¥4,170,000-¥370,000=¥3,800,000$$
期首負債＝期首資産−期首純資産
$$¥6,500,000-¥3,800,000=¥2,700,000$$

29-6

a：¥*6,540,000*　　b：¥*1,200,000*

考え方

a．費用総額　¥*6,740,000*−¥*200,000*＝¥*6,540,000*

b．期末の負債総額
$$¥2,400,000-¥900,000=¥1,500,000（期首純資産）$$
$$¥2,900,000-(¥700,000+¥1,500,000+¥200,000)$$
$$=¥500,000（借入金の金額）$$
$$¥700,000+¥500,000=¥1,200,000$$

29-7

a：¥*2,140,000*　　b：¥*3,380,000*

考え方

a．費用総額＝収益総額−当期純利益
$$¥2,570,000-¥430,000=¥2,140,000$$

b．期首純資産＝期末純資産−当期純利益
$$¥2,630,000-¥430,000=¥2,200,000$$
期首資産＝期首負債＋期首純資産
$$¥1,180,000+¥2,200,000=¥3,380,000$$

29-8

	先入先出法	移動平均法
売　上　高	¥　　*390,000*	¥　　*390,000*
売上原価	*311,400*	*311,700*
売上総利益	*78,600*	*78,300*

考え方

売上高

6月14日　　250個×@¥*650*＝¥*162,500*

　　　26日　　350個×@¥*650*＝¥*227,500*

　　　　　　　　　　　　　　　¥*390,000*

売上原価（先入先出法）

6月14日　　 80個×@¥*500*＝¥ *40,000*

　　　　　　170個×@¥*520*＝¥ *88,400*

　　　26日　　150個×@¥*520*＝¥ *78,000*

　　　　　　200個×@¥*525*＝¥*105,000*

　　　　　　　　　　　　　　　¥*311,400*

売上原価（移動平均法）

6月14日　　250個×@¥*516*＝¥*129,000*

　　　26日　　350個×@¥*522*＝¥*182,700*

　　　　　　　　　　　　　　　¥*311,700*

※平均単価は次のように求めることができる。

6月14日　$\dfrac{¥40,000+¥166,400}{80個+320個}=@¥516$

6月26日　$\dfrac{¥77,400+¥157,500}{150個+300個}=@¥522$

29-9

a：¥*850,000*　　b：¥*9,120,000*

c：**損益**　　　　d：*2*

考え方

a．¥*1,630,000*−¥*780,000*＝¥*850,000*

b．¥*9,600,000*−¥*480,000*＝¥*9,120,000*

30　文章を完成する問題　▷p.159〜

30-1

(1) a　ア：1　イ：7　　b　ウ：3　エ：5
(2) c　オ：3　カ：6　　d　キ：5　ク：8

30-2

(1) a　ア：2　イ：3　　b　ウ：5　エ：8
(2) c　オ：1　カ：3　　d　キ：5　ク：8
(3) e　ケ：1　コ：4　　f　サ：5　シ：8

30-3

(1) a　ア：4　イ：6　　b　ウ：1　エ：5
(2) c　オ：5　カ：1　　d　キ：8　ク：3
(3) e　ケ：7　コ：4　　f　サ：5　シ：3
(4) g　ス：6　セ：2　　h　ソ：7
(5) i　タ：8　チ：4　　j　ツ：5　テ：2

30-4

(1) Balance Sheet　　(2) assets
(3) liabilities　　(4) net assets
(5) Profit and Loss Statement（または Income Statement）
(6) income（または revenue）
(7) expenses　　(8) account
(9) debit　　(10) credit

30-5

(1) transaction　　(2) journal
(3) general ledger　　(4) Trial Balance
(5) Work Sheet　　(6) cash
(7) checking account　　(8) accounts receivable
(9) accounts payable　　(10) slip

30-6

(1)ク　(2)エ　(3)ケ　(4)シ　(5)オ　(6)ス
(7)ア　(8)コ　(9)イ　(10)ウ　(11)ソ　(12)カ

30-7

(1)ア：3　イ：8　　(2)ウ：2　エ：7
(3)オ：5　カ：1

— 62 —

31 決算に関する問題　▷p.162〜

31 - 1

(1)

a	仕　　　入	2,160,000	繰 越 商 品	2,160,000
	繰 越 商 品	2,235,000	仕　　　入	2,235,000
b	貸倒引当金繰入	120,000	貸 倒 引 当 金	120,000
c	減 価 償 却 費	360,000	備　　　品	360,000

(2)

貸 倒 引 当 金　　　4

6/ 6 売 掛 金	48,000	1/ 1 前 期 繰 越	258,000
12/31 次 期 繰 越	330,000	12/31 貸倒引当金繰入	120,000
	378,000		378,000

仕　　　入　　　13

7/10 諸　　口	12,210,000	7/12 買 掛 金	30,000
12/31 繰 越 商 品	2,160,000	12/31 繰 越 商 品	2,235,000
		〃 損　　益	12,105,000
	14,370,000		14,370,000

(3)

損 益 計 算 書

宮崎商店　　令和○年1月1日から令和○年12月31日まで

費　　用	金　　額	収　　益	金　　額
売 上 原 価	12,105,000	売 上 高	17,301,000
給　　料	3,171,000	受 取 手 数 料	360,500
貸倒引当金繰入	120,000		
減 価 償 却 費	360,000		
支 払 家 賃	756,000		
消 耗 品 費	67,000		
雑　　費	57,000		
支 払 利 息	14,000		
(当 期 純 利 益)	1,011,500		
	17,661,500		17,661,500

貸 借 対 照 表

宮崎商店　　　　　令和○年12月31日

資　　産		金　　額	負債および純資産	金　　額
現　　金		1,376,800	買 掛 金	5,205,400
当 座 預 金		2,305,100	(従業員預り金)	60,000
売 掛 金	(6,600,000)		借 入 金	630,000
貸倒引当金	(330,000)	6,270,000	資 本 金	6,000,000
(商　　品)		2,235,000	(当期純利益)	1,011,500
備　　品		720,000		
		12,906,900		12,906,900

【考え方】

b．貸倒見積高
　　¥6,600,000×5％−¥210,000＝¥120,000

c．備品減価償却高
$$\frac{¥2,160,000-¥0}{6年}=¥360,000$$

31 - 2

(1)

仕　　　入	351,000	繰 越 商 品	351,000
繰 越 商 品	390,000	仕　　　入	390,000
貸倒引当金繰入	45,000	貸 倒 引 当 金	45,000
減 価 償 却 費	27,000	備　　　品	27,000
売　　　上	2,847,000	損　　　益	3,042,000
受 取 手 数 料	195,000		
損　　　益	2,763,000	仕　　　入	2,307,000
		給　　　料	198,000
		支 払 家 賃	114,000
		雑　　　費	72,000
		貸倒引当金繰入	45,000
		減 価 償 却 費	27,000
損　　　益	279,000	資 本 金	279,000

現　　　金　　　1

	1,326,000		936,000
		12/31 次 期 繰 越	390,000
	1,326,000		1,326,000
1/ 1 前 期 繰 越	390,000		

当 座 預 金　　　2

	2,478,000		1,956,000
		12/31 次 期 繰 越	522,000
	2,478,000		2,478,000
1/ 1 前 期 繰 越	522,000		

売 掛 金　　　3

	2,190,000		1,290,000
		12/31 次 期 繰 越	900,000
	2,190,000		2,190,000
1/ 1 前 期 繰 越	900,000		

貸 倒 引 当 金　　　4

12/31 次 期 繰 越	45,000	12/31 貸倒引当金繰入	45,000
		1/ 1 前 期 繰 越	45,000

繰 越 商 品　　　5

	351,000	12/31 仕　　入	351,000
12/31 仕　　入	390,000	〃 次 期 繰 越	390,000
	741,000		741,000
1/ 1 前 期 繰 越	390,000		

備　　　品　　　6

	192,000	12/31 減 価 償 却 費	27,000
		〃 次 期 繰 越	165,000
	192,000		192,000
1/ 1 前 期 繰 越	165,000		

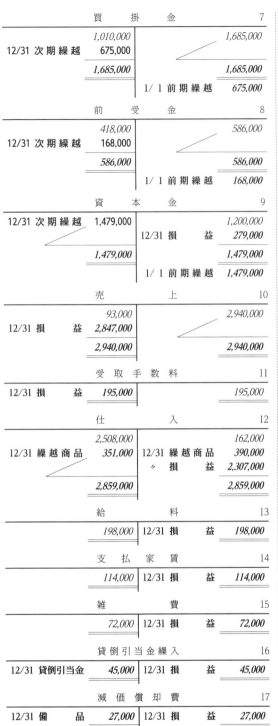

買　　掛　　金　　7

	1,010,000		*1,685,000*
12/31 次期繰越	675,000		
	1,685,000		*1,685,000*
		1/1 前期繰越	675,000

前　　受　　金　　8

	418,000		*586,000*
12/31 次期繰越	168,000		
	586,000		*586,000*
		1/1 前期繰越	168,000

資　　本　　金　　9

12/31 次期繰越	1,479,000		*1,200,000*
		12/31 損　益	279,000
	1,479,000		*1,479,000*
		1/1 前期繰越	1,479,000

売　　　　上　　10

	93,000		*2,940,000*
12/31 損　益	2,847,000		
	2,940,000		*2,940,000*

受　取　手　数　料　　11

12/31 損　益	195,000		*195,000*

仕　　　　入　　12

	2,508,000		*162,000*
12/31 繰越商品	351,000	12/31 繰越商品	390,000
		〃 損　益	2,307,000
	2,859,000		*2,859,000*

給　　　　料　　13

	198,000	12/31 損　益	198,000

支　払　家　賃　　14

	114,000	12/31 損　益	114,000

雑　　　　費　　15

	72,000	12/31 損　益	72,000

貸　倒　引　当　金　繰　入　　16

12/31 貸倒引当金	45,000	12/31 損　益	45,000

減　価　償　却　費　　17

12/31 備　品	27,000	12/31 損　益	27,000

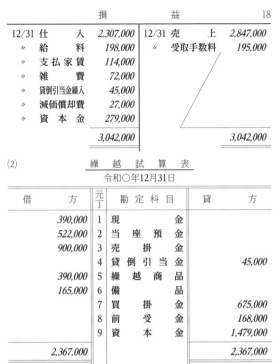

損　　　　益　　18

12/31 仕　　入	2,307,000	12/31 売　上	2,847,000
〃 給　　料	198,000	〃 受取手数料	195,000
〃 支払家賃	114,000		
〃 雑　　費	72,000		
〃 貸倒引当金繰入	45,000		
〃 減価償却費	27,000		
〃 資本金	279,000		
	3,042,000		3,042,000

(2)　　　繰　越　試　算　表
令和○年12月31日

借　　方	元丁	勘　定　科　目	貸　　方
390,000	1	現　　　　金	
522,000	2	当　座　預　金	
900,000	3	売　　掛　　金	
	4	貸　倒　引　当　金	45,000
390,000	5	繰　越　商　品	
165,000	6	備　　　　品	
	7	買　　掛　　金	675,000
	8	前　　受　　金	168,000
	9	資　　本　　金	1,479,000
2,367,000			2,367,000

考え方

(1)　b．貸倒見積高
　　(¥2,190,000−¥1,290,000)×5％＝¥45,000

精　算　表

令和○年12月31日

勘定科目	残高試算表 借　方	残高試算表 貸　方	整理記入 借　方	整理記入 貸　方	損益計算書 借　方	損益計算書 貸　方	貸借対照表 借　方	貸借対照表 貸　方
現　　　金	828,400						828,400	
当 座 預 金	1,581,200						1,581,200	
売 　掛 　金	2,900,000						2,900,000	
貸倒引当金		26,000		32,000				58,000
繰 越 商 品	920,000		950,000	920,000			950,000	
備　　　品	620,000			90,000			530,000	
買 　掛 　金		1,524,400						1,524,400
借 　入 　金		600,000						600,000
資 　本 　金		4,000,000						4,000,000
売　　　上		9,609,500				9,609,500		
受 取 手 数 料		47,700				47,700		
仕　　　入	6,710,000		920,000	950,000	6,680,000			
給　　　料	1,482,000				1,482,000			
支 払 家 賃	576,000				576,000			
消 耗 品 費	105,000				105,000			
雑　　　費	37,000				37,000			
支 払 利 息	48,000				48,000			
	15,807,600	15,807,600						
貸倒引当金繰入			32,000		32,000			
減価償却費			90,000		90,000			
当期純利益					607,200			607,200
			1,992,000	1,992,000	9,657,200	9,657,200	6,789,600	6,789,600

考え方

ｂ．貸倒見積高

$¥2,900,000 × 2\% - ¥26,000 = ¥32,000$

— 65 —

(1)

精　算　表

令和○年12月31日

勘定科目	残高試算表 借方	残高試算表 貸方	整理記入 借方	整理記入 貸方	損益計算書 借方	損益計算書 貸方	貸借対照表 借方	貸借対照表 貸方
現　　　金	637,000						637,000	
当座預金	1,740,000						1,740,000	
売 掛 金	1,600,000						1,600,000	
貸倒引当金		12,000		36,000				48,000
繰越商品	690,000		710,000	690,000			710,000	
備　　　品	520,000			130,000			390,000	
買 掛 金		1,730,600						1,730,600
未 払 金		71,000						71,000
前 受 金		132,000						132,000
資 本 金		2,800,000						2,800,000
売　　　上		8,429,000				8,429,000		
受取手数料		62,000				62,000		
仕　　　入	6,079,000		690,000	710,000	6,059,000			
給　　　料	1,194,000				1,194,000			
支払家賃	732,000				732,000			
消耗品費	25,300				25,300			
雑　　　費	19,300				19,300			
	13,236,600	13,236,600						
貸倒引当金繰入			36,000		36,000			
減価償却費			130,000		130,000			
当期純利益					295,400			295,400
			1,566,000	1,566,000	8,491,000	8,491,000	5,077,000	5,077,000

(2)

備　　　品			6
1/ 1 前期繰越	520,000	12/31 減価償却費	130,000
		〃　 次 期 繰 越	390,000
	520,000		520,000

受 取 手 数 料			12
12/31 損　　　益	62,000		62,000

考え方

b．貸倒見積高

　　¥1,600,000 × 3 % − ¥12,000 = ¥36,000

c．備品減価償却高

$$\frac{¥780,000 − ¥0}{6年} = ¥130,000$$

31 - 5

(1)

精　算　表

令和○年12月31日

勘定科目	残高試算表 借方	残高試算表 貸方	整理記入 借方	整理記入 貸方	損益計算書 借方	損益計算書 貸方	貸借対照表 借方	貸借対照表 貸方
現　　金	495,000						495,000	
当座預金	4,550,000						4,550,000	
売 掛 金	3,600,000						3,600,000	
貸倒引当金		128,000		52,000				180,000
繰越商品	2,238,000		2,346,000	2,238,000			2,346,000	
貸 付 金	1,200,000						1,200,000	
備　　品	738,000			81,000			657,000	
買 掛 金		3,200,000						3,200,000
資 本 金		7,460,000						7,460,000
売　　上		21,390,000				21,390,000		
受 取 利 息		72,000				72,000		
仕　　入	16,440,000		2,238,000	2,346,000	16,332,000			
給　　料	2,029,000				2,029,000			
支 払 家 賃	960,000				960,000			
	32,250,000	32,250,000						
貸倒引当金繰入			52,000		52,000			
減価償却費			81,000		81,000			
当期純利益					2,008,000			2,008,000
			4,717,000	4,717,000	21,462,000	21,462,000	12,848,000	12,848,000

(2) 商品売買益　　　¥　5,058,000

考え方

(1) b. 貸倒見積高

¥3,600,000 × 5％ － ¥128,000 ＝ ¥52,000

c. 備品減価償却高

$$\frac{¥900,000 - ¥900,000 \times 0.1}{10年} = ¥81,000$$

(2) 商品売買益

¥21,390,000 － ¥16,332,000 ＝ ¥5,058,000

32 手形取引の記帳 ▷p.169〜

32 - 1

(1)	仕　　　入	280,000	支 払 手 形	280,000
(2)	受 取 手 形	780,000	売 掛 金	780,000
(3)	支 払 手 形	540,000	当 座 預 金	540,000
(4)	当 座 預 金	650,000	受 取 手 形	650,000

32 - 2

9/13	支 払 手 形	200,000	当 座 預 金	200,000
21	当 座 預 金 手形売却損	495,400 4,600	受 取 手 形	500,000
27	買 掛 金	270,000	支 払 手 形	270,000
10/ 2	受 取 手 形	300,000	売　　　上	300,000
5	受 取 手 形	250,000	売 掛 金	250,000
28	仕　　　入	400,000	受 取 手 形 買 掛 金	250,000 150,000
11/ 2	当 座 預 金	300,000	受 取 手 形	300,000

受 取 手 形 記 入 帳

令和 ○年		摘　　要	金　　額	手形 種類	手形 番号	支 払 人	振出人 または 裏書人	振出日		満期日		支 払 場 所	て　ん　末		
													月	日	摘　　要
8	31	売　　上	500,000	約手	4	静 岡 商 店	静 岡 商 店	8	31	10	30	東 西 銀 行	9	21	割　　引
10	2	売　　上	300,000	約手	7	富 士 商 店	富 士 商 店	10	2	11	2	北 東 銀 行	11	2	入　　金
	5	売 掛 金	250,000	約手	9	静 岡 商 店	清 水 商 店	9	5	12	5	南 西 銀 行	10	28	裏書譲渡

支 払 手 形 記 入 帳

令和 ○年		摘　　要	金　　額	手形 種類	手形 番号	受 取 人	振 出 人	振出日		満期日		支 払 場 所	て　ん　末		
													月	日	摘　　要
8	13	仕　　入	200,000	約手	10	浜 松 商 店	当　店	8	13	9	13	中 央 銀 行	9	13	支 払 い
9	27	買 掛 金	270,000	約手	11	沼 津 商 店	当　　店	9	27	12	27	〃			

33-1

	借方		貸方	
(1)	有 価 証 券	2,340,000	当 座 預 金	2,340,000
(2)	当 座 預 金	1,700,000	有 価 証 券	1,560,000
			有価証券売却益	140,000
(3)	有 価 証 券	392,000	当 座 預 金	392,000
(4)	現 金	198,000	有 価 証 券	196,000
			有価証券売却益	2,000

考え方
(1) 有価証券の価額 ￥7,800×300株＝￥2,340,000
(2) 当座預金の金額 ￥8,500×200株＝￥1,700,000
　　有価証券売却益の金額
　　　￥1,700,000－￥7,800×200株＝￥140,000
(3) ￥400,000×$\frac{￥98}{￥100}$＝￥392,000
(4) 現金の金額
　　￥200,000×$\frac{￥99}{￥100}$＝￥198,000
　　売却する社債の帳簿価額
　　￥200,000×$\frac{￥98}{￥100}$＝￥196,000
　　有価証券売却益の金額
　　￥198,000－￥196,000＝￥2,000

33-2

日付	借方		貸方	
11/ 2	有 価 証 券	2,850,000	当 座 預 金	2,850,000
24	未 収 金 (未 収 入 金)	610,000	有 価 証 券	570,000
			有価証券売却益	40,000
12/10	当 座 預 金	1,120,000	有 価 証 券	1,140,000
	有価証券売却損	20,000		

有　価　証　券

11/ 2 当座預金	2,850,000	11/24 未 収 金 (未 収 入 金)	570,000
		12/10 諸 口	1,140,000
		31 次 期 繰 越	1,140,000
	2,850,000		2,850,000
1/ 1 前 期 繰 越	1,140,000		

有価証券売却益

12/31 損 益	40,000	11/24 未 収 金 (未 収 入 金)	40,000

有価証券売却損

12/10 有価証券	20,000	12/31 損 益	20,000

33-3

日付	借方		貸方	
10/ 8	有 価 証 券	2,400,000	当 座 預 金	2,400,000
12/31	有 価 証 券	50,000	有価証券評価益	50,000
〃	有価証券評価益	50,000	損 益	50,000

有　価　証　券

10/ 8 当座預金	2,400,000	12/31 次 期 繰 越	2,450,000
12/31 有価証券評価益	50,000		
	2,450,000		2,450,000
1/ 1 前 期 繰 越	2,450,000		

有価証券評価(益)

12/31 損 益	50,000	12/31 有 価 証 券	50,000

損　　益

		12/31 有価証券評価益	50,000

34-1

	借方		貸方	
(1)	引 出 金 (または資本金)	120,000	現 金	120,000
(2)	引 出 金	26,000	現 金	26,000
(3)	印 紙 税	20,000	現 金	20,000
(4)	租 税 公 課 (または固定資産税)	200,000	当 座 預 金	200,000
(5)	租 税 公 課 (または固定資産税)	24,000	現 金	40,000
	引 出 金 (または資本金)	16,000		
(6)	通 信 費	6,000	現 金	10,000
	租 税 公 課 (または印紙税)	4,000		

考え方
(5) ￥40,000×60％＝￥24,000（租税公課（固定資産税）の金額）
　　￥40,000×40％＝￥16,000（引出金（資本金）の金額）
(6) 郵便切手と収入印紙はともに郵便局で購入できるが，勘定科目が異なることに注意。

34-2

日付	借方		貸方	
8/23	仕 入	250,000	買 掛 金	275,000
	仮払消費税	25,000		
9/18	売 掛 金	385,000	売 上	350,000
			仮受消費税	35,000
12/31	仮受消費税	35,000	仮払消費税	25,000
			未払消費税	10,000
3/15	未払消費税	10,000	現 金	10,000

考え方
8/23 買掛金 ￥250,000＋￥25,000＝￥275,000
9/18 売掛金 ￥350,000＋￥35,000＝￥385,000
12/31 納付税額 ￥35,000－￥25,000＝￥10,000

35-1

直接法	減 価 償 却 費	180,000	建 物	180,000

建　　物

1/ 5 当 座 預 金	5,000,000	12/31 減価償却費	180,000
		〃 次 期 繰 越	4,820,000
	5,000,000		5,000,000
1/ 1 前 期 繰 越	4,820,000		

間接法	減 価 償 却 費	180,000	建物減価償却累計額	180,000

建　　物

1/ 5 当 座 預 金	5,000,000	12/31 次 期 繰 越	5,000,000
1/ 1 前 期 繰 越	5,000,000		

建物減価償却累計額

12/31 次 期 繰 越	180,000	12/31 減価償却費	180,000
		1/ 1 前 期 繰 越	180,000

35-2

	借方		貸方	
(1)	備品減価償却累計額	270,000	備 品	500,000
	未 収 金 (未 収 入 金)	80,000		
	固定資産売却損	150,000		
(2)	建物減価償却累計額	6,480,000	建 物	9,000,000
	現 金	2,700,000	固定資産売却益	180,000

36 - 1

(1)	前 払 保 険 料	25,000	保　　険　　料	25,000
(2)	前 払 利 息	6,000	支 払 利 息	6,000
(3)	消　耗　品	7,000	消 耗 品 費	7,000
(4)	前 払 地 代	13,000	支 払 地 代	13,000

36 - 2

5/1	保　　険　　料	36,000	当 座 預 金	36,000
12/31	前 払 保 険 料	12,000	保　　険　　料	12,000
〃	損　　　　益	24,000	保　　険　　料	24,000
1/1	保　　険　　料	12,000	前 払 保 険 料	12,000

保　　険　　料

5/1 当 座 預 金	36,000	12/31 前払保険料	12,000
		〃 損　　益	24,000
	36,000		36,000
1/1 前払保険料	12,000		

（前払）保険料

12/31 保　険　料	12,000	12/31 次 期 繰 越	12,000
1/1 前 期 繰 越	12,000	1/1 保　険　料	12,000

損　　　　益

12/31 保　険　料	24,000	

＊当期の損益勘定に振り替えられる保険料は，すでに支払った保険料から前払分を差し引いた金額である。

36 - 3

6/20	消 耗 品 費	50,000	現　　　　金	50,000
12/31	消　耗　品	35,000	消 耗 品 費	35,000
〃	損　　　　益	48,000	消 耗 品 費	48,000
1/1	消 耗 品 費	35,000	消　耗　品	35,000

消　耗　品　費

5/30 現　　金	33,000	12/31 消 耗 品	35,000
6/20 現　　金	50,000	〃 損　　益	48,000
	83,000		83,000
1/1 消 耗 品	35,000		

（消　耗　品）

12/31 消 耗 品 費	35,000	12/31 次 期 繰 越	35,000
1/1 前 期 繰 越	35,000	1/1 消 耗 品 費	35,000

損　　　　益

12/31 消 耗 品 費	48,000	

37 - 1

(1)	受 取 地 代	60,000	前 受 地 代	60,000
(2)	受 取 利 息	24,000	前 受 利 息	24,000
(3)	受 取 家 賃	86,000	前 受 家 賃	86,000

37 - 2

受 取 手 数 料	33,000	前 受 手 数 料	33,000

考え方

$¥66,000 × \dfrac{3 か月}{6 か月} = ¥33,000$

37 - 3

6/1	現　　　　金	84,000	受 取 地 代	84,000
12/31	受 取 地 代	35,000	前 受 地 代	35,000
〃	受 取 地 代	49,000	損　　　　益	49,000
1/1	前 受 地 代	35,000	受 取 地 代	35,000

受　取　地　代

12/31 前受地代	35,000	6/1 現　　金	84,000
〃 損　　益	49,000		
	84,000		84,000
		1/1 前 受 地 代	35,000

（前　受）地　代

12/31 次 期 繰 越	35,000	12/31 受 取 地 代	35,000
1/1 受 取 地 代	35,000	1/1 前 期 繰 越	35,000

損　　　　益

		12/31 受 取 地 代	49,000

＊当期の損益勘定に振り替えられる受取地代は，すでに受け取った受取地代から前受分を差し引いた金額である。

37 - 4

6/1	手 形 貸 付 金	600,000	当 座 預 金	600,000
9/1	当 座 預 金	72,000	受 取 利 息	72,000
12/31	受 取 利 息	30,000	前 受 利 息	30,000
〃	受 取 利 息	42,000	損　　　　益	42,000
1/1	前 受 利 息	30,000	受 取 利 息	30,000

受　取　利　息

12/31 前受利息	30,000	9/1 当 座 預 金	72,000
〃 損　　益	42,000		
	72,000		72,000
		1/1 前 受 利 息	30,000

（前　受）利　息

12/31 次 期 繰 越	30,000	12/31 受 取 利 息	30,000
1/1 受 取 利 息	30,000	1/1 前 期 繰 越	30,000

損　　　　益

		12/31 受 取 利 息	42,000

考え方　利息　$¥600,000 × 12\% × 1 年 = ¥72,000$
前受利息　$¥72,000 × \dfrac{5 か月}{12 か月} = ¥30,000$

＊手形を振り出させて貸し付けをしたときは，手形貸付金勘定で処理する。

38 費用の見越し ▷p.180〜

38-1

(1)	支払利息	3,000	未払利息	3,000
(2)	支払地代	5,000	未払地代	5,000
(3)	支払家賃	24,000	未払家賃	24,000
(4)	広告料	36,000	未払広告料	36,000

38-2

支払家賃	100,000	未払家賃	100,000

考え方

$$¥300,000 \times \frac{2か月}{6か月} = ¥100,000$$

38-3

12/31	支払利息	40,000	未払利息	40,000
〃	損益	100,000	支払利息	100,000
1/1	未払利息	40,000	支払利息	40,000
2/28	支払利息	60,000	現金	60,000

支払利息

8/31	現金	60,000	12/31	損益	100,000
12/31	未払利息	40,000			
		100,000			100,000
2/28	現金	60,000	1/1	未払利息	40,000

（未払）利息

12/31	次期繰越	40,000	12/31	支払利息	40,000
1/1	支払利息	40,000	1/1	前期繰越	40,000

損益

12/31 支払利息	100,000	

＊当期の損益勘定に振り替えられる支払利息は，すでに支払った利息と未払分を加えた金額である。

38-4

	12/31	支払家賃	48,000	未払家賃	48,000
(1)	〃	損益	48,000	支払家賃	48,000
	1/1	未払家賃	48,000	支払家賃	48,000

支払家賃

12/31	未払家賃	48,000	12/31	損益	48,000
			1/1	未払家賃	48,000

（未払）家賃

12/31	次期繰越	48,000	12/31	支払家賃	48,000
1/1	支払家賃	48,000	1/1	前期繰越	48,000

損益

12/31 支払家賃	48,000	

	12/31	支払地代	72,000	未払地代	72,000
(2)	〃	損益	96,000	支払地代	96,000
	1/1	未払地代	72,000	支払地代	72,000

支払地代

3/31	現金	24,000	12/31	損益	96,000
12/31	未払地代	72,000			
		96,000			96,000
			1/1	未払地代	72,000

（未払）地代

12/31	次期繰越	72,000	12/31	支払地代	72,000
1/1	支払地代	72,000	1/1	前期繰越	72,000

損益

12/31 支払地代	96,000	

39 - 1

(1)	未 収 利 息	17,000	受 取 利 息	17,000
(2)	未 収 地 代	26,000	受 取 地 代	26,000
(3)	未 収 家 賃	34,000	受 取 家 賃	34,000
(4)	未 収 手 数 料	8,500	受 取 手 数 料	8,500

39 - 2

未 収 地 代	90,000	受 取 地 代	90,000

考え方

$$¥360,000 × \frac{3か月}{12か月} = ¥90,000$$

39 - 3

12/31	未 収 利 息	2,000	受 取 利 息	2,000
〃	受 取 利 息	8,000	損　　益	8,000
1/ 1	受 取 利 息	2,000	未 収 利 息	2,000
4/30	現　　金	6,000	受 取 利 息	6,000

受 取 利 息

12/31 損　　益	8,000	10/31 現　　金	6,000
		12/31 未 収 利 息	2,000
	8,000		8,000
1/ 1 未 収 利 息	2,000	4/30 現　　金	6,000

（未　収）利　息

12/31 受 取 利 息	2,000	12/31 次 期 繰 越	2,000
1/ 1 前 期 繰 越	2,000	1/ 1 受 取 利 息	2,000

損　　益

		12/31 受 取 利 息	8,000

＊当期の損益勘定に振り替えられる受取利息は，すでに受け取った利息と未収分を加えた金額である。

39 - 4

12/31	未 収 手 数 料	30,000	受 取 手 数 料	30,000
〃	受 取 手 数 料	90,000	損　　益	90,000
1/ 1	受 取 手 数 料	30,000	未 収 手 数 料	30,000
3/31	現　　金	60,000	受 取 手 数 料	60,000

受 取 手 数 料

12/31 損　　益	90,000	9/30 現　　金	60,000
		12/31 未 収 手 数 料	30,000
	90,000		90,000
1/ 1 未 収 手 数 料	30,000	3/31 現　　金	60,000

（未　収）手 数 料

12/31 受 取 手 数 料	30,000	12/31 次 期 繰 越	30,000
1/ 1 前 期 繰 越	30,000	1/ 1 受 取 手 数 料	30,000

損　　益

		12/31 受 取 手 数 料	90,000

40 - 1

a	仕　　　　入	460,000	繰 越 商 品	460,000
	繰 越 商 品	420,000	仕　　　　入	420,000
b	貸倒引当金繰入	3,000	貸 倒 引 当 金	3,000
c	減 価 償 却 費	68,000	備品減価償却累計額	68,000
d	有価証券評価損	40,000	有 価 証 券	40,000
e	前 払 保 険 料	9,000	保　 険　 料	9,000
f	支 払 利 息	14,000	未 払 利 息	14,000
g	未 収 手 数 料	25,000	受 取 手 数 料	25,000
h	受 取 利 息	37,000	前 受 利 息	37,000

精算表

令和○年12月31日

勘定科目	残高試算表 借方	残高試算表 貸方	整理記入 借方	整理記入 貸方	損益計算書 借方	損益計算書 貸方	貸借対照表 借方	貸借対照表 貸方
現　　　金	115,000						115,000	
当 座 預 金	1,033,000						1,033,000	
受 取 手 形	630,000						630,000	
売 掛 金	1,240,000						1,240,000	
貸倒引当金		9,000		53,000				62,000
繰 越 商 品	967,000		982,000	967,000			982,000	
備　　　品	830,000						830,000	
備品減価償却累計額		207,500		41,500				249,000
支 払 手 形		470,000						470,000
買 掛 金		765,000						765,000
資 本 金		3,000,000	50,000					2,950,000
引 出 金	50,000			50,000				
売　　　上		5,458,000				5,458,000		
受取手数料		24,000	4,000			20,000		
受 取 利 息		18,000		3,600		21,600		
仕　　　入	4,158,000		967,000	982,000	4,143,000			
給　　　料	542,500				542,500			
支 払 家 賃	165,000		15,000		180,000			
保 険 料	15,000			6,000	9,000			
消 耗 品 費	172,000			11,800	160,200			
雑　　　費	34,000				34,000			
	9,951,500	9,951,500						
貸倒引当金繰入			53,000		53,000			
減 価 償 却 費			41,500		41,500			
未 収 利 息			3,600				3,600	
未 払 家 賃				15,000				15,000
前払保険料			6,000				6,000	
前受手数料				4,000				4,000
消 耗 品			11,800				11,800	
当期純利益					336,400			336,400
			2,133,900	2,133,900	5,499,600	5,499,600	4,851,400	4,851,400

考え方

b．貸倒見積高

$¥1,240,000 × 5\% - ¥9,000 = ¥53,000$

精 算 表
令和○年12月31日

勘定科目	残高試算表 借方	残高試算表 貸方	整理記入 借方	整理記入 貸方	損益計算書 借方	損益計算書 貸方	貸借対照表 借方	貸借対照表 貸方
現 金	195,000						195,000	
当 座 預 金	320,000						320,000	
売 掛 金	400,000						400,000	
貸 倒 引 当 金		3,000		5,000				8,000
有 価 証 券	180,000		15,000				195,000	
繰 越 商 品	313,000		354,000	313,000			354,000	
備 品	1,000,000						1,000,000	
備品減価償却累計額		125,000		125,000				250,000
買 掛 金		296,000						296,000
資 本 金		1,631,000						1,631,000
売 上		7,243,000				7,243,000		
受 取 手 数 料		20,000		17,000		37,000		
仕 入	5,937,000		313,000	354,000	5,896,000			
給 料	286,000		8,000		294,000			
通 信 費	52,000				52,000			
支 払 家 賃	564,000				564,000			
保 険 料	30,000			6,000	24,000			
消 耗 品 費	41,000			3,000	38,000			
	9,318,000	9,318,000						
貸倒引当金繰入			5,000		5,000			
減 価 償 却 費			125,000		125,000			
有価証券評価(益)				15,000		15,000		
消 耗 品			3,000				3,000	
前 払 保 険 料			6,000				6,000	
未 収 手 数 料			17,000				17,000	
未 払 給 料				8,000				8,000
当期純(利益)					297,000			297,000
			846,000	846,000	7,295,000	7,295,000	2,490,000	2,490,000

考え方

〔決算整理事項の仕訳〕

(借方)		(貸方)	
a. 仕 入	313,000	繰 越 商 品	313,000
繰 越 商 品	354,000	仕 入	354,000
b. 貸倒引当金繰入	5,000	貸 倒 引 当 金	5,000
￥400,000×2％－￥3,000＝￥5,000			
c. 減価償却費	125,000	備品減価償却累計額	125,000

(借方)		(貸方)	
d. 有 価 証 券	15,000	有価証券評価益	15,000
￥180,000÷100株＝￥1,800（1株あたりの帳簿価額）			
（￥1,950－￥1,800）×100株＝￥15,000			
e. 消 耗 品	3,000	消 耗 品 費	3,000
f. 前 払 保 険 料	6,000	保 険 料	6,000
g. 未 収 手 数 料	17,000	受 取 手 数 料	17,000
h. 給 料	8,000	未 払 給 料	8,000

(1)

	借方		貸方	
a	仕　　　　　入	812,000	繰 越 商 品	812,000
	繰 越 商 品	752,000	仕　　　　　入	752,000
b	貸倒引当金繰入	15,000	貸 倒 引 当 金	15,000
c	減 価 償 却 費	40,000	備品減価償却累計額	40,000
d	有価証券評価損	20,000	有 価 証 券	20,000
e	前 払 保 険 料	24,000	保 　険　 料	24,000
f	支 払 家 賃	11,000	未 払 家 賃	11,000
g	受 取 手 数 料	30,000	前 受 手 数 料	30,000

(2)

損　益　計　算　書

(福島)商店　　令和○年1月1日から令和○年12月31日まで

費　　用	金　　額	収　　益	金　　額
売 上 原 価	5,820,000	売 　上 　高	6,820,000
給　　　料	737,000	受 取 手 数 料	90,000
(貸倒引当金繰入)	15,000		
(減 価 償 却 費)	40,000		
支 払 家 賃	66,000		
保 　険 　料	72,000		
支 払 利 息	13,000		
(有価証券評価損)	20,000		
(当 期 純 利 益)	127,000		
	6,910,000		6,910,000

貸　借　対　照　表

(福島)商店　　令和○年12月31日

資　　産	金　　額	負債および純資産	金　　額
現　　　金	266,000	支 払 手 形	260,000
当 座 預 金	955,000	買 　掛 　金	736,000
売 掛 金 (1,400,000)		手 形 借 入 金	325,000
貸倒引当金 (28,000)	1,372,000	(未 払 家 賃)	11,000
有 価 証 券	680,000	(前 受 手 数 料)	30,000
商　　　品	752,000	資 　本 　金	2,800,000
(前払保険料)	24,000	(当 期 純 利 益)	127,000
備　　品 (400,000)			
減価償却累計額 (160,000)	240,000		
	4,289,000		4,289,000

考え方

b. 貸倒見積高

　　¥1,400,000×2％−¥13,000＝¥15,000

c. 備品減価償却高

$$\frac{¥400,000−¥0}{10年}=¥40,000$$

d. 有価証券評価高

　　(¥3,400−¥3,500)×200株＝−¥20,000

e. 保険料前払高

$$¥96,000×\frac{3か月}{12か月}=¥24,000$$

　損益計算書の売上原価の金額

　　¥812,000＋¥5,760,000−¥752,000＝¥5,820,000

(1)

	借方		貸方	
a	仕　　　　　入	580,000	繰 越 商 品	580,000
	繰 越 商 品	630,000	仕　　　　　入	630,000
b	貸倒引当金繰入	9,000	貸 倒 引 当 金	9,000
c	減 価 償 却 費	32,400	備品減価償却累計額	32,400
d	有 価 証 券	18,000	有価証券評価益	18,000
e	前 払 保 険 料	24,000	保 　険 　料	24,000
f	支 払 家 賃	40,000	未 払 家 賃	40,000
g	支 払 利 息	8,000	未 払 利 息	8,000

(2)

損　益　計　算　書

(石巻)商店　　令和○年1月1日から令和○年12月31日まで

費　　用	金　　額	収　　益	金　　額
売 上 原 価	3,064,000	売 　上 　高	3,735,000
給　　　料	397,000	受 取 手 数 料	48,000
(貸倒引当金繰入)	9,000	(有価証券評価益)	18,000
(減 価 償 却 費)	32,400		
支 払 家 賃	155,000		
保 　険 　料	12,000		
支 払 利 息	39,000		
(当 期 純 利 益)	92,600		
	3,801,000		3,801,000

貸　借　対　照　表

(石巻)商店　　令和○年12月31日

資　　産	金　　額	負債および純資産	金　　額
現　　　金	170,000	支 払 手 形	240,000
当 座 預 金	474,000	買 　掛 　金	358,400
売 掛 金 (750,000)		借 　入 　金	460,000
貸倒引当金 (15,000)	735,000	(未 払 家 賃)	40,000
有 価 証 券	468,000	(未 払 利 息)	8,000
商　　　品	630,000	資 　本 　金	1,500,000
(前払保険料)	24,000	(当 期 純 利 益)	92,600
備　　品 (360,000)			
減価償却累計額 (162,000)	198,000		
	2,699,000		2,699,000

考え方

b. 貸倒見積高

　　¥750,000×2％−¥6,000＝¥9,000

c. 備品減価償却高

$$\frac{¥360,000−¥360,000×10\%}{10年}=¥32,400$$

d. 有価証券評価高

　　¥450,000÷100株＝¥4,500（1株あたりの帳簿価額）

　　(¥4,680−¥4,500)×100株＝¥18,000

e. 保険料前払高

$$¥36,000×\frac{8か月}{12か月}=¥24,000$$

　損益計算書の売上原価の金額

　　¥580,000＋¥3,114,000−¥630,000＝¥3,064,000

41-1

(1)

仕 訳 集 計 表
令和○年2月1日

借　　方	元丁	勘 定 科 目	元丁	貸　　方
310,000	1	現　　　　　金	1	270,000
144,000		当 座 預 金		
200,000		売 掛 金		172,000
150,000		買 掛 金		200,000
12,000		売　　　　　上		494,000
320,000	21	仕　　　　　入		
1,136,000				1,136,000

総 勘 定 元 帳

現　　　　　金　　　1

		5,160,000			2,760,000
2/1		310,000	2/1		270,000

仕　　　　　入　　　21

		3,940,000			526,000
2/1		320,000			

(2)

商 品 有 高 帳
品名 電 卓

（先入先出法）　　　　　　　　　　　　　　　　　　　　　　　単位：個

令和○年		摘　　　　　要	受　　入			払　　出			残　　高		
			数量	単価	金　額	数量	単価	金　額	数量	単価	金　額
2	1	前 月 繰 越	20	2,100	42,000				20	2,100	42,000
	〃	竹 田 商 店	100	2,000	200,000				{ 20	2,100	42,000
									{ 100	2,000	200,000
	〃	玉 名 商 店				{ 20	2,100	42,000			
						{ 60	2,000	120,000	40	2,000	80,000

41-2

(1)

入 金 伝 票　　No.7
令和○年2月3日

科目	**売 掛 金**	入金先	**鹿 屋 商 店**	殿
摘　　　　　要			金　　　額	
回　　　　　収			330,000	

出 金 伝 票　　No.11
令和○年2月3日

科目	**買 掛 金**	支払先	**日 田 商 店**	殿
摘　　　　　要			金　　　額	
支 払 い			260,000	

振替伝票（借方）　　No.21
令和○年2月3日

勘 定 科 目	金　　　額
仕　　　　　入	840,000
摘要 A品 600個 @¥1,400	

振替伝票（貸方）　　No.21
令和○年2月3日

勘 定 科 目	金　　　額
買 掛 金	840,000
摘要 山 鹿 商 店	

振替伝票（借方）　　No.22
令和○年2月3日

勘 定 科 目	金　　　額
売 掛 金	880,000
摘要 筑 後 商 店	

振替伝票（貸方）　　No.22
令和○年2月3日

勘 定 科 目	金　　　額
売　　　　　上	880,000
摘要 A品 200個 @¥1,600　B品 400個 〃¥1,400	

振替伝票（借方）　　No.23
令和○年2月3日

勘 定 科 目	金　　　額
当 座 預 金	500,000
摘要 筑後商店, 小切手#9受け取り	

振替伝票（貸方）　　No.23
令和○年2月3日

勘 定 科 目	金　　　額
売 掛 金	500,000
摘要 筑 後 商 店	

振替伝票（借方）　　No.24
令和○年2月3日

勘 定 科 目	金　　　額
買 掛 金	340,000
摘要 川 内 商 店	

振替伝票（貸方）　　No.24
令和○年2月3日

勘 定 科 目	金　　　額
当 座 預 金	340,000
摘要 川内商店, 小切手#11振り出し	

(2)

仕　訳　集　計　表
令和○年2月3日

借　　方	元丁	勘定科目	元丁	貸　　方
330,000	1	現　　　金	1	260,000
500,000		当　座　預　金		340,000
880,000	5	売　掛　金	5	830,000
600,000		買　掛　金		840,000
		売　　　上		880,000
840,000		仕　　　入		
3,150,000				3,150,000

総　勘　定　元　帳
現　　　金　　　1

	1,820,000		470,000
2/ 3	330,000	2/ 3	260,000

売　　掛　　金　　　5

	3,700,000		2,630,000
2/ 3	880,000	2/ 3	830,000

(3)

買　掛　金　元　帳
山　鹿　商　店　　1

令和○年	摘　要	借　方	貸　方	借または貸	残　高
2 1	前 月 繰 越		400,000	貸	400,000
3	仕　入　れ		840,000	〃	1,240,000

日　田　商　店　　2

令和○年	摘　要	借　方	貸　方	借または貸	残　高
2 1	前 月 繰 越		700,000	貸	700,000
3	支　払　い	260,000		〃	440,000

川　内　商　店　　3

令和○年	摘　要	借　方	貸　方	借または貸	残　高
2 1	前 月 繰 越		380,000	貸	380,000
3	支　払　い	340,000		〃	40,000

42 自己振出の小切手・約束手形　▷p.196~

42 - 1

	借方科目	金額	貸方科目	金額
(1)	当　座　預　金	150,000	売　　　上	150,000
(2)	現　　　金	80,000	売　　　上	80,000
(3)	支　払　手　形	100,000	売　掛　金	100,000
(4)	受　取　手　形	780,000	売　掛　金	780,000

43 売上原価の計算—売上原価勘定—　▷p.197~

43 - 1

売 上 原 価	¥　654,000
商品売買益	¥　326,000

考え方

売　上　原　価

95,000	78,000
637,000	損　益　654,000
732,000	732,000

損　　　　益

売上原価　654,000	売　上　980,000

期首商品棚卸高＋純仕入高－期末商品棚卸高＝売上原価
　¥95,000＋¥637,000－¥78,000＝¥654,000
純売上高－売上原価＝商品売買益（マイナスの時は商品売買損）
　¥980,000－¥654,000＝¥326,000

43 - 2

	借方科目	金額	貸方科目	金額
1	売 上 原 価	70,000	繰 越 商 品	70,000
2	売 上 原 価	1,360,000	仕　　　入	1,360,000
3	繰 越 商 品	50,000	売 上 原 価	50,000
4	売　　　上	1,720,000	損　　　益	1,720,000
5	損　　　益	1,380,000	売 上 原 価	1,380,000

繰　越　商　品

1/ 1 前 期 繰 越	70,000	12/31 売 上 原 価	70,000
12/31 売 上 原 価	50,000	〃　　次 期 繰 越	50,000
	120,000		120,000
1/ 1 前 期 繰 越	50,000		

売　　　　上

12/31 損　　益	1,720,000		1,720,000

売　上　原　価

12/31 繰 越 商 品	70,000	12/31 繰 越 商 品	50,000
〃　 仕　　入	1,360,000	〃　　損　　益	1,380,000
	1,430,000		1,430,000

仕　　　　入

	1,360,000	12/31 売 上 原 価	1,360,000

損　　　　益

12/31 売 上 原 価	1,380,000	12/31 売　　上	1,720,000

1	売 上 原 価	140,000	繰 越 商 品	140,000
2	売 上 原 価	1,680,000	仕　　　　入	1,680,000
3	繰 越 商 品	120,000	売 上 原 価	120,000
4	売　　　　上	2,185,000	損　　　　益	2,185,000
5	損　　　　益	1,700,000	売 上 原 価	1,700,000

```
                    繰  越  商  品
 1/ 1 前 期 繰 越   140,000 | 12/31 売 上 原 価   140,000
12/31 売 上 原 価   120,000 |   〃   次 期 繰 越   120,000
                   260,000 |                    260,000
 1/ 1 前 期 繰 越   120,000 |

                    売          上
12/31 損       益 2,185,000 |                  2,185,000

                    売  上  原  価
12/31 繰 越 商 品   140,000 | 12/31 繰 越 商 品   120,000
   〃   仕       入 1,680,000 |   〃   損       益 1,700,000
                 1,820,000 |                  1,820,000

                    仕          入
                 1,680,000 | 12/31 売 上 原 価 1,680,000

                    損          益
12/31 売 上 原 価 1,700,000 | 12/31 売       上 2,185,000
```

1

a	水 道 光 熱 費	30,000	現　　　金	30,000
b	売　掛　金	470,000	売　　　上	470,000
	発　送　費	5,000	現　　　金	5,000
c	土　　　地	8,360,000	当 座 預 金	8,360,000
d	定 期 預 金	730,000	現　　　金	730,000

2

入 金 伝 票
令和○年 7 月15日　　　No.25

科目	前 受 金	入金先	青 森 商 店　殿	
摘　　　　要			金　　額	
商品代金の内金受け取り			80000	
合　　　　計			80000	

出 金 伝 票
令和○年 7 月15日　　　No.32

科目	仮 払 金	支払先	庄 内 太 郎　殿	
摘　　　　要			金　　額	
旅費の概算額			50000	
合　　　　計			50000	

振 替 伝 票
令和○年 7 月15日　　　No.28

勘 定 科 目	借　　　方	勘 定 科 目	貸　　　方
備　　　品	260000	未　払　金	260000
合　　　計	260000	合　　　計	260000
摘要	商品陳列用ケース買い入れ，代金は 7 月31日払い		

考え方

7/15の仕訳

（借）現　　金 80,000　（貸）前 受 金 80,000→入金伝票
（借）備　　品 260,000　（貸）未 払 金 260,000→振替伝票
（借）仮 払 金 50,000　（貸）現　　金 50,000→出金伝票

❸

(1)

仕　訳　帳　　1

令和○年		摘　　要	元丁	借　方	貸　方
1	1	前期繰越高	✓	4,485,800	4,485,800
	4	（売　掛　金）	3	389,600	
		（売　　上）	10		389,600
	6	（消　耗　品　費）	13	2,500	
		（現　　金）	1		2,500
	9	（買　掛　金）	6	480,000	
		（当座預金）	2		480,000
	11	（仕　　入）	11	600,000	
		（買　掛　金）	6		600,000
	14	（売　掛　金）	3	854,800	
		（売　　上）	10		854,800
	15	（保　険　料）	14	74,000	
		（当座預金）	2		74,000
	18	（買　掛　金）	6	400,000	
		（当座預金）	2		400,000
	20	（備　　品）	5	381,700	
		（当座預金）	2		381,700
	21	（現　　金）	1	624,000	
		（売　掛　金）	3		624,000
	23	（仕　　入）	11	541,200	
		（買　掛　金）	6		541,200
	25	（給　　料）　　　　諸　　口	12	350,000	
		（所得税預り金）	8		28,000
		（現　　金）	1		322,000
	26	（売　掛　金）	3	709,400	
		（売　　上）	10		709,400
	29	（当座預金）	2	783,000	
		（売　掛　金）	3		783,000
	31	諸　　口　　（当座預金）	2		451,500
		（借　入　金）	7	450,000	
		（支　払　利　息）	15	1,500	

＊勘定科目の（　　）はなくてもよい。

総　勘　定　元　帳

現　　金　　1

1/ 1		590,800	1/ 6		2,500
21		624,000	25		322,000

当　座　預　金　　2

1/ 1		1,960,000	1/ 9		480,000
29		783,000	15		74,000
			18		400,000
			20		381,700
			31		451,500

売　　掛　　金　　3

1/ 1		915,000	1/21		624,000
4		389,600	29		783,000
14		854,800			
26		709,400			

繰　越　商　品　　4

1/ 1		620,000			

備　　品　　5

1/ 1		400,000			
20		381,700			

買　　掛　　金　　6

1/ 9		480,000	1/ 1		1,280,000
18		400,000	11		600,000
			23		541,200

借　　入　　金　　7

1/31		450,000	1/ 1		800,000

所　得　税　預　り　金　　8

			1/25		28,000

資　　本　　金　　9

			1/ 1		2,405,800

売　　上　　10

			1/ 4		389,600
			14		854,800
			26		709,400

仕　　入　　11

1/11		600,000			
23		541,200			

給　　料　　12

1/25		350,000			

消　耗　品　費　　13

1/ 6		2,500			

保　　険　　料　　14

1/15		74,000			

支　払　利　息　　15

1/31		1,500			

(2)

買　掛　金　元　帳

京　都　商　店　　1

1/ 9		480,000	1/ 1		715,200
31		776,400	23		541,200
		1,256,400			1,256,400

奈　良　商　店　　2

1/18		400,000	1/ 1		564,800
31		764,800	11		600,000
		1,164,800			1,164,800

(3)

残　高　試　算　表
令和○年1月31日

借　　方	元丁	勘　定　科　目	貸　　方
890,300	1	現　　　　　　金	
955,800	2	当　座　預　金	
1,461,800	3	売　　掛　　金	
620,000	4	繰　越　商　品	
781,700	5	備　　　　　品	
	6	買　　掛　　金	1,541,200
	7	借　　入　　金	350,000
	8	所得税預り金	28,000
	9	資　　本　　金	2,405,800
	10	売　　　　　上	1,953,800
1,141,200	11	仕　　　　　入	
350,000	12	給　　　　　料	
2,500	13	消　耗　品　費	
74,000	14	保　　険　　料	
1,500	15	支　払　利　息	
6,278,800			6,278,800

4

(1)

ア	イ	ウ
4	6	1

(2)

ア	イ
¥　　6,726,000	¥　　3,306,000

考え方
(2)ア．費用総額　¥6,236,000＋¥490,000＝¥6,726,000
　イ．¥4,117,000－¥2,831,000＝¥1,286,000（期首純資産）
　　　¥1,286,000－¥490,000＝¥796,000（期末純資産）
　　　¥2,510,000＋¥796,000＝¥3,306,000

5

(1)

	借方科目	金額	貸方科目	金額
a	仕　　　入	920,000	繰　越　商　品	920,000
	繰　越　商　品	872,000	仕　　　入	872,000
b	貸倒引当金繰入	52,000	貸倒引当金	52,000
c	減価償却費	250,000	備　　　品	250,000

(2)

支　払　家　賃　　　　15

1/26	426,000	12/31 損　　益	852,000
7/26	426,000		
	852,000		852,000

(3)

損　益　計　算　書
長野商店　令和○年1月1日から令和○年12月31日まで（単位：円）

費　　用	金　　額	収　　益	金　　額
売　上　原　価	6,935,000	(売　上　高)	9,849,000
給　　　料	1,500,000	受　取　手　数　料	89,000
貸倒引当金繰入	52,000		
減　価　償　却　費	250,000		
支　払　家　賃	852,000		
消　耗　品　費	42,000		
雑　　　費	26,000		
支　払　利　息	16,000		
(当　期　純　利　益)	265,000		
	9,938,000		9,938,000

貸　借　対　照　表
長野商店　令和○年12月31日　（単位：円）

資　　産	金　　額	負債および純資産	金　　額
現　　金	783,000	買　掛　金	2,059,000
当　座　預　金	1,402,000	(前　受　金)	325,000
売掛金 (2,900,000)		借　入　金	800,000
貸倒引当金 (　58,000)	2,842,000	資　本　金	3,700,000
(商　　品)	872,000	(当期純利益)	265,000
備　　品	1,250,000		
	7,149,000		7,149,000

考え方
　b．貸倒見積高
　　　　¥2,900,000×2％＝¥58,000
　　　　¥58,000－¥6,000＝¥52,000
　c．備品減価償却高
$$\frac{¥2,000,000-¥0}{8年}=¥250,000$$